JN350947

봉산탈춤극본연구

鳳山假面劇本研究

崔 昌 柱 著

엠-애드

봉산탈춤의 맥

봉산탈춤 (창경원, 단오정기공연후 기념촬영 1970년)

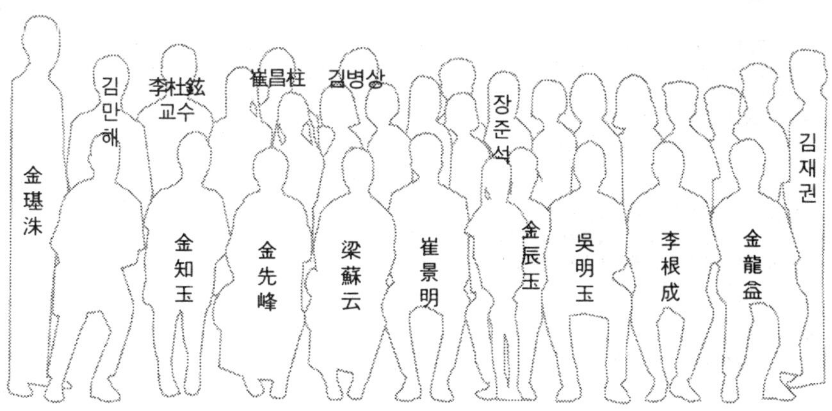

※ 故 김지옥氏와 김만해氏는 봉산탈춤을 하다가 강령탈춤이 무형문화재로 指定된 후 강령으로 옮김

※ 윤옥(尹玉) 1925년 11월 17일생(79才)으로 2004년 7월 18일(日) 20시 58분 지병으로 별세하여 동화경묘공원(경기도 파주시 탄현면 법흥리 산12번지)에 계신다. 황해도 봉산 흥수출신으로 부친 윤창석(尹昌錫)옹으로부터 봉산탈춤을 사사하여 1970년 상좌, 무당, 덜머리집, 반주자로 예능보유자 지정 받은 뒤 봉산탈춤 보존회장을 역임하였다.

최 창 주(崔昌柱)

-서울예술대학 연극과 졸업
-동국대학교 문화예술대학원(공연예술전공) 수료
-봉산탈춤보존회 부회장 역임(現在/理事, 전수조교)
-예그린악단원, 국립, 시립가무단 기획실장 역임
-한국청소년연맹 전문위원
-평양방문〈최초 85공식〉 서울예술단 총무, 간사 역임
-한국연극협회 기획위원 및 ITI 會員
-한국탈문화연구소장
-한국뮤지컬협회 常任理事 역임
-경희대학교 연극영화과 강사 역임
-육군사관학교 국악부 객원교수 역임
-동아방송대 연극영화과 겸임교수, 전임강사 역임
-서울시 자문 및 심의위원
-올해의 예술상 심의위원
-경기도 문화재단 무대평가 심의위원

現在 / 한국예술종합학교 교수
〈전통예술원 연희과 학과장〉

■ 연구실적 목록

· 주요저서
-한국가면극과 뮤지컬(엠-애드)
-봉산탈춤교본
(한국전통연희와 이론과 실제 III)
-공연(演劇)기획과 예술행정
-한국전통연희극(강의노트), 등

· 주요논문
-전통문화와 건강(탈춤크리닉)
-탈춤의 미학적 움직임(탈춤체조, 민속체조 창안자)
-봉산탈춤 사자춤 기원 재검토(한예종)
-봉산 가면 극본 비교 연구

· 주요극본
-파문, 제비왕국, 먹중놀이, 등

목 차

서 론

1988년도 서울올림픽 때 중국의 행정예술가들이 세종문화회관에 근무하고 있는 필자한테 방문하여 문화교류를 제안하였다. 필자는 남북교류의 차원으로 85년도 9월에 이미 전통연희와 봉산탈춤공연을 평양대극장에서 공연한 적이 있어 "춘향전" 공연을 통해 국제 문화교류를 하자고 제의를 했었다. 그때 중국연변에 거주하고 있는 趙得賢(演戲者/인민배우)씨를 만나게 되었는데 필자가 봉산탈춤을 한다고 하니 오청의 일어판 봉산탈춤극본을 선물로 주었다. 그래서 일본에 갈 때마다 일본의 예술가, 일본관공서 직원, 관계자, 유학생 등 친분이 있는 사람들한테 그 극본의 번역을 부탁해 보았다. 그러나 일본 고유언어로 된 텍스트이기 때문에 정확한 독해가 되지 않는다고 했다. 그러다가 필자는 『한국가면극과 뮤지컬』(97. 6. 30, 도서출판 남지)을 출판하면서 부록으로 오청의 일어판 대본과, 이동벽씨 친필극본(제2과장까지), 그리고 영문대본(이두현 채록본, 김기자 번역), 봉산탈춤 좌담회(경성 황금정 금각원/ 조선일보 주최, 1937. 5.19 오후 11시), 그리고 현재 90분 공연대본을 함께 공개하게 되었다.

이제 서연호 교수에 의해 吳晴(朝鮮總督官房文書課)의 "假面舞踊 鳳山탈脚本" 『민족문화연구 36호』 고려대민족문화연구원, 2002. 6, 『한국가면극연구』 부록자료(도서출판 월인 2002. 12. 16 서연호 교수 소장본)에서 자세히 소개되었다.

자료와 사진은 <조선민속탈놀이 연구, 김일출, 1958, 과학원출판사, 한국, 1930년대의 눈동자, 2003 이회문화사>에서 발췌하였다.

이번 봉산탈춤극본연구는 2004. 5 「봉산탈춤 사자춤 기원설 재검토」 논문을 계기로 많은 연구결과가 있었고 그동안 봉산탈춤은 학자들에 의해 민속극의 연희분야로만 집중적인 연구대상이었으나, 전쟁 또는 수렵과 전투적인 기원설은 미비하였다. 본고에서는 봉산탈춤 극본비교연구와 "수렵전략설"에 접근하여 수렵전략기원설이 과연 타당한 것인지를 접근해보고자 한다. 국제화·정보화로 인하여 분단 중에도 『삼국유사』(북한유물사관 제공)부터 시작해서 자료개방이 많이 되어 북한의 여러 탈춤극본 등 10여개의 극본을 볼 수 있었다. 오청 채록본(오청 1936년/ 구자균 필사본), 임석재 대본, 『조선의 민간오락』(1955년 국립출판사), 『조선민속탈놀이』(김일출 1958년), 『조선민간극』(권택무 1965년), 『한국가면극』(이두현 1965년)대본 등과 비교해 볼 때 과장별, 언어, 상황 등이 다르고 현격한 차이가 있다. 또 해주탈춤대본과 구조와 구성이 비교적 비슷하게 나열되었기 때문에 이 논문에서 함께 비교연구분석하여 탈춤을 연구하는 후대들에게 보탬이 되고자 한다. 따라서 제목을 「연희본」이라고 해야하나 Pongsan Masked Dance Drama의 영문 표시와 함께 「극본」이라고 했다.

2006년 4월 30일
나무골에서 최창주

Ⅰ. 硏究目的

1. 硏究方法

봉산탈춤은 계획적(計劃的)이고 의도적(意圖的)이며 목적극(目的劇)으로서 가면극(탈춤놀이)에 등장하는 배역은 사회각층의 인물들로 구성되어 총출연하게 된다. 그러므로 사회, 정치, 경제, 문화분야는 물론 지배층과 피지배층의 갈등 등 각기 다른 민간인들의 생활풍습을 엿볼 수 있다. 탈춤이 민간행사와 문화유산으로 환영을 받고 있는 것은 해학적 풍자인 오락성과 대중성이 풍부하기 때문이며, 오늘날까지 계승 발전하면서 歌·舞·樂의 종합예술로 전통연희가 중요한 위치를 차지하게 되었다. 더불어 비슷한 양식의 외국 뮤지컬(또는 연극)도 쉽게 접근되어 받아들이는데 공헌하게 해준 것으로 보인다.

우리의 역사에서 삼국시대의 건국은 고구려(기원전 1세기), 백제(2세기경), 신라(2세기중엽) 順으로 이루어졌고, 통일신라시대 와서 더욱 문화예술이 부흥하였다. 우리 전통문화예술의 일부는 기본적으로 중국(中國)의 산악백희(散樂百戱)에서 영향을 받아 고구려의 잡희로 이어졌다. 산악백희에는 假面劇과 動物로 분장한 가면희, 교예(곡예), 환술(幻術), 묘기, 인형극, 소극(笑劇) 등 다양한 연희종목이 있었다. 그후 고려의 연등회(불교제전)나 팔관회(토속신제사), 나례(方相氏), 십이支神 등으로 이어졌고, 조선시대(정조9년 1785년)에는 나례도감때 산붕(山棚)을 설치하여 산대잡극(山臺雜劇)을 연행하였다. 하지만 이같은 전통은 현재 설붕잡희(設棚雜戱/가면극인 탈춤, 산대, 꼭두각시극인 홍동지놀이, 풍물, 버나, 살판, ,덧뵈기)로만 전승되었을 뿐 온전한 모습은 제대로 찾을 수 없다. 다만 중국과 매우 유사하다는 가무백희, 산악잡희 등의 흔적은 고구려의 고분벽화에서 자주 볼 수 있다. 고구려 고분벽화의 탈춤을 추는 사람의 표현을 권택무는 다음과 같이 서술하고 있다.

> "외국인이라기보다는 해학적이고 낙천적인 내용의 탈춤을 추는 인물로 볼 수 있다. 코가 크고 눈빛이 이상하다는 것은 익살스럽고 낙천적인 성격을 체현한 탈을 기교 있게 만든 것으로 볼 수 있다.… (중략) 외국사람으로 얼핏 인정할 만큼 눈에 익지 않는 모습이 사실이지만 그러한 수법으로 만들어진 눈에 익지 않은 탈의 경우를 우리는 신라시대에서도 발견할 수 있다. 최치원의 <鄕樂雜詠>에 묘사 된 "속독"의 탈이 그러하다, 최치원은 이 탈을 묘사하면서 쑥대같은 머리에 남빛얼굴을 한 것이 이상한 사람이라고 하였다.… (중략)… 이 벽화에 "세 악사들이 관현 반주에 맞추어" 춤추는 조건에서 코가 큰 먼 이국 땅 사람이 동양악기의 반주에 맞추어 춤춘다고 하기보다는 오히려 고구려악기의 반주에 맞추어 춤추는 해학적이고 낙천적인 고구려의 탈춤이라고 보는 것이 타당하다"[1)]

이 설명은 비사실적 귀면(鬼面)형 가면인 봉산탈춤의 목중가면과 매우 흡사하다. 그 제작수법(製作手法)과 탈의 조형(造型)에서 일치한 점이 확인된다. 움직임(舞)의 동작도 세계 어느 나라 춤과 비교할 수 없는 건무(健舞)이다. 그리고 봉산탈춤의 목중과 취발이 의상 역시 "고구려의 저고리와 바지(襦袴)에 기초하여 좀 색다르게 만든 탈춤의상으로 보는 편"이라고 서술하고 있어서, 외국사람이 고구려의 의상을 입고 춤춘다는 견해를 부정하는 관점과 상통한다.

이두현교수도 봉산탈춤의 의상에 대해서 "고구려무복의 유고(襦袴)의 전통을 생각하게 하며 또 五方處容舞服의 변형(變形)이나 퇴화(退化)를 생각하게도 한다"[2)]라는 견해를 제시하였다.

또한 봉산탈춤의 춤(춤사위/ 陳法, 兵法)과 목중, 취발이 가면도 어찌 서민들이 농사짓다가 대충 춤을 추었던 가면이라고 볼 수 있겠는가?[3)] 특히 통일

---

1) 권택무, 『조선민간극』, 18쪽.
2) 이두현, 『한국가면극』(서울: 서울대학교출판부, 1994), 283쪽.
3) 최창주(한국전통연희극, 한일사, 1996). 그 외 변화과정에 대한 예가 많다. 태초에 종족과 씨족

신라시대 들어와서는 전쟁보다 자연히 놀이(戱)[4]를 즐기게 되었는데, 이러한 특징은 최치원의 “향악잡영”에 묘사 된 五伎(오기)[5]와 처용무에서 찾아 볼 수 있다. 이후 시기의 자료인 유득공(柳得恭)[6]의 『경도잡지(京都雜誌)』와 강이천(姜彛天1769-1801)의 “남성관희자(南城觀戱子)”[7]는 그러한 경향을 뒷받침해주고 있다.

1900년대 들어서면서 최초의 현대식 극장인 협률사(協律社/1902년)[8]와 광무대(1907년), 단성사(1907년), 연흥사(1908년), 원각사(圓覺社/1908년)가 원형극장으로 설립되어 공연활동이 활발하게 이루어졌다. 이와 함께 창극, 신연극(新演劇), 그리고 유학생들의 시대가 열리게 되었다. 또한 김재철이 『조선연극사』[9]에서 가면극, 인형극, 구극과 신극으로 나누면서 자연스럽게 한국의 가면극이 독립된 분야로 정립하게 되었다.

또한 경성방송국(1927년)개국과 함께 歌·舞·樂·劇이 활성화되었다. 조선총독부의 문화말살정책은 우리에게 커다란 시련이면서 동시에 자극제로 작용해서, 봉산탈춤이 농민과 5일장 위주의 장거리탈춤에서 도시탈춤으로 승화되는 계기가 되었다. 봉산탈춤은 1936년과 1980년 사이에 해방과 함께 수많은 해외공연과 대학생들의 탈춤을 이용한 사회풍자와 학생운동, 노조의

을 보호를 목적으로 했던 전투가 후대에 가면놀이로 변화하는 경우가 있었다. 지금도 남아 있는 풍장놀이(풍물) 역시 대부분 농사굿인데 반해 경북농악이나 호남 좌도굿은 군사훈련인 진굿(陣굿)가락으로써 전립(戰笠)을 쓰고 기본훈련(제식훈련), 전쟁, 공로치하, 귀가(勝利)조치, 재 귀대 등을 줄거리로 하는 특징이 있다.

4) 戱의 어원을 살펴보면, 전쟁에 출전할 때 승리를 빌기 위해 神앞에 무기를 들고 춤을 추는 행위를 나타낸다. 그러나 후대에 ‘가지고 놀다’ 의 뜻으로 변하였다.

5) 최치원의 “향악잡영”에는 오기(五伎)가 있는데, 이는 각각 금환(金丸), 월전(月顚), 대면(大面), 속독(束毒), 산예(狻猊)이다.

6) 유득공(柳得恭: 1749~1807, 1779년 규장각 검서로 활약, 영조 때 진사시 합격, 풍천부사, 저서로 『경도잡지』, 『古藝堂筆記』, 『冷齋集』 등)

7) 전경욱, 『한국가면극 그 역사와 원리』, 112~115쪽. 강이천의 “南城觀戱者”는 10살 때(1779) 남대문 밖에서 관람했다는 꼭두각시와 가면극.

8) 협률사(協律社) : 최초 국립극장, 演戱의 최초무대(劇場)공연.

9) 金在喆, 『朝鮮演劇史』, 1933. 민속원 발행 2001.

사물놀이 등 많은 역사적・사회적・문화적 상황들이 전환되면서 여러 시행착오들 속에서 오늘의 모습으로 재탄생・재정립되었다.

이렇게 다양성을 가지고 있는 봉산탈춤(無形文化財 17호)이 문화재지정 당시와 현재의 모습은 상당한 차이가 보일 정도로 극본이 변화되었다. 현재 봉산탈춤은 극본만 7~10종류가 되며 대본별 과장구성에서 나름대로 7과장이 있는가하면, 11~12과장까지 있는 텍스트들도 다수 있기 때문에 많은 사람들이 이해에 혼란을 느끼고 있다. 또한 학자들 마저도 공통된 견해가 없고 각각의 주장들만이 난무할 뿐이다. 봉산탈춤은 서양의 연극처럼 진행과장(1막, 2막)을 갖고, 각 과장은 서로 다른 내용의 극(劇)과 춤(舞)을 추고 있다. 그러나 일견에서는 취발이를 통해 일목요연하게 스토리를 연결하기도 한다. 또한 극본 10여 개 중에 초기에 채록되었던 극본들이 발견되면서 봉산탈춤의 本質을 정리하고 原形을 정립할 수 있는 배경이 마련되었다.

본고는 그 동안 오청 채록본과 원형의 비교라는 연구성과가 없었기 때문에 1936년도와 현재의 공연대본의 차이점을 살펴서 그 변화의 원인과 대본별 특징을 밝혀 보고자 한다. 단, 춤사위를 글로써 표현한 춤사위 본(봉산탈춤이해와 실제/ 춤사위 설명)[10]은 이미 미약하나마 출판되어 있어 본고에서는 지면의 한계로 생략하고, 1)名稱, 2)構成(줄거리, 內容 포함). 3)登 退場, 4)대사, 5)가면을 위주로 서술할 것이다. 이러한 비교작업을 통해서 봉산탈춤의 연희예술적 정체성을 살필 수 있을 것이다.

2. 硏究範圍와 對象

본 연구의 대상은 황해도 봉산탈춤의 극본이다. 한국가면극(韓國假面劇)은 서울을 中心으로 경기지방의 山臺놀이, 경남일원의 五廣大와 야류, 강원도의 관노가면극, 낙동강 상류의 하회별신굿탈놀이, 황해도 해서탈춤, 북청사자놀

10) 최창주, 『한국전통연희의 이해와 실제: 봉산탈춤』 서울: 청아문화사, 2000.

음 등이 있다. 본 연구는 봉산탈춤에 한정하고자 한다. 그리고, 인근 지역인 해주탈춤과 비교하고, 그 기원설의 재고점도 살펴보겠다.

탈춤은 개인이 아닌 단체로 전승되었기 때문에 연구의 대상이 되는 연희자가 여러 명이 될 수밖에 없다. 다수로 이루어진 조직체이기 때문에 무형(無形)의 춤사위도 제대로 정리되어 있지도 않고 유형(有形)의 대본도 기록의 소실 등으로 자료구입에 어려움이 있었다. 본고에서 분석하는 텍스트는 국립영화제작소의 영상자료와 본인이 여러 선생들로부터 배우고 직접 인터뷰하여 조사한 대담자료를 적극적으로 활용할 것이다. 또한 필자는 탈춤의 자료를 습득하기 위해 北韓을 방문('85. 9월)하기도 하는 힘겨운 시간과 세월을 보냈다. 필자가 일찍부터 예그린악단의 단원으로 근무했기 때문에 퇴근시간 후에 마음놓고 탈춤을 원로선생님들한테 사사할 수 있는 기회가 주어졌다. 그때 천신만고 끝에 월남하신 예능보유자(人間文化財) 故김진옥(金辰玉)·윤창석(尹昌錫)·이근성(李根成)·김룡익(金龍益)·최경명(崔景明)·김선봉(金先峰)·윤옥(尹玉) 어른과 악사인 故박동신(朴東信)·지관용(池寬容)·오명옥(吳明玉)어른 등 그리고, 현재 활동 중인 양소운·김애선·김기수보유자와 김학실(金鶴實)님을 비롯해서 미지정된 보유자들로부터 전과장을 이수하여 전수를 받았다. 이후 35년의 탈춤생활을 하루도 빠짐없이 생활할 수 있는 행운을 얻어 선생들의 다양한 예술적 기교(技巧)와 정신을 학습 받게 된 것은 큰 영광이 아닐 수 없다.

본 연구를 위해서 봉산탈춤의 11개의 대본 중 4개 대본을 채택하였고, 참고로 유사한 구조와 비슷한 양식으로 구성되어 있는 해주탈춤11)을 함께 비교 검토하겠다.

현재까지 발표된 봉산탈춤의 대본은 다음과 같다.

11) 문화선전중앙인쇄공장, 『우리나라의 탈춤놀이』, 국립출판사, 1957.

〈표 1〉 봉산탈춤 대본

	대 본	출 처
①	오청 채록 대본(1936년 채록)	서연호, 『한국가면극연구』
②	오청 채록 일어판 대본	최창주, 『한국가면극과 뮤지컬』
③	90분 각색 대본	최창주, 『한국가면극과 뮤지컬』
④	임석재 채록 대본	임석재, 『국어국문학』, 1957.
⑤	송석하 채록 대본	『文章』, 문장사, 1940. 6~7월 (오청의 대본을 표준말로 각색)
⑥	『조선의 민간오락』 수록 대본	물질문화유물보존회, 『조선의 민간오락』, 평양국립출판사, 1955.
⑦	이장산 대본	권택무, 『조선민간극』
⑧	박성찬 · 김수정대본	권택무, 『조선민간극』
⑨	이동벽 친필 대본	권택무, 『조선민간극』
⑩	김일출 채록 대본	김일출, 『조선민속탈놀이연구』, 과학원출판사, 1958.
⑪	이두현 채록 대본	『한국가면극』, 문화재관리국, 1969.

본 논문에서는 ①1936년 오청대본[12], ④1957년 임석재대본[13], ⑩1958년 김일출대본[14], ⑪1965년 이두현대본과 해주탈춤 대본만을 연구대상으로

---

12) 원본입수과정: 1936년 10월에 다카하시도루(高橋亨, 1878~1967)에게 기증되어 그의 문고가 된 원본(프린트본 19.5×26.8㎝)은 1964년 4월에 오타니(히로시마 현립 여자대학교수)에게 이관되어 그의 수장본이 되었고, 2001년 11월에 서연호에게 이관됨. (다카하시와 오타니는 天理大學 사제간)

13) 이 봉산탈춤대본의 채록은 다음절차에 따라 채록하였다고 기록되어 있다.
<1936년 8월31일(음7월15일 백중날) 주간1회. 야간1회> 오래 동안 中止되었던 탈춤 노리를 映畵로 撮影하고 電波를 태워 放送할 必要가 있어 演出하였는데, 이튿날 9월1일 主題宰者 李東碧씨와 名演技者 金景錫, 羅雲仙, 李潤華, 林德濬, 韓相健,諸氏의 각별한 호의에 의하여 그들이 口述한 바를 宋錫夏, 吳晴, 任晳宰의 3인이 각기 몇 장씩을 분담하여 筆記하고 그것의 最後整理를 임석재가 擔當하였다. 그런데 意味不明한 것은 解明, 漢字音 같은 表記는 임석재의 아는 範圍內에서 正確을 期하였다. 만일에 錯誤未備가 있으면 임석재의 책임에 돌릴 것이다.
<"이렇게 하여 된 것을 오청씨는 일찍이 이를 프린트하여 내놓았고 일어로 번역하여 <朝鮮>지에 발표하였다. 그런데 어찌 된 일인지 吳씨의 것은 임석재가 가지고 있는 것과 다른 데가 많이 있게 되었다. 대체로는 같다하나 細部에 들어가서는 상당히 어긋나고 있었다. 그것을 알랴면 <민속학보> 제1집 (1956년刊)에 게재된 <鳳山假面劇脚本>을 참조하면 된다. 이것은 吳씨의 것을 그대로 실은 것이라고 여겨지기 때문이다".>

하였다. 특히 이번 논문은 1936년과 1965년에 채록된 극본을 더 관심 있게 비교 연구하고자 한다.

위의 각 각본들 중에서 ③을 제외한 10개 각본들의 과장구성을 확인하면 다음의 <표 2>와 같다. 이 각본들은 모두 7과장에서 12과장까지 분야별로 구성되었음을 확인할 수 있다.

<표 2> 鳳山탈춤 科場 別 構成脚本

채록자 / 과장	오청	임석재	송석하	이장산	이두현	물질문화유물 보존회	이동벽(봉산탈 보존위원회)	김일출	권택무	박성찬,김수정
1	四上佐舞	제1장 (상좌)	상좌	사상좌춤	사상좌춤	상좌춤	사상좌춤	상좌춤	상좌춤	사상좌춤
2	八黑僧舞	제2장 (목중)	목중	먹중춤	팔목중춤	먹중춤	목중춤	팔중춤	8목춤	8목춤
3	社堂舞	제3장 (사당)	사당	사당춤	사당춤	사당춤	법고춤	법고춤	법고춤	법고춤
4	老僧舞	제4장 (노승)	노승	로승	노장춤 (3경)	노승춤	사자춤	거사사당춤	사당춤	사자춤
5	獅子舞	제5장 (사자)	사자	신장사	사자춤	취발춤	노승	로승	로승춤	사당춤
6	兩班舞	제6장 (양반)	양반	량반	양반춤	사자춤	신장사	신장사	신장사춤	로승
7	미알舞	제7장 (미얄)	미얄	미알	미얄춤	량반춤	취발이	취발이	취발이춤	신장사
8						미얄춤	량반	량반	량반춤	취발이
9							포도비장	포도비장	포도비장춤	량반
10							미알	미알	미알춤	포도비장
11							남극로인	남극로인	남극로인춤	미알
12										남극노인

14) 권택무극본(1989)도 김일출의 극본과 비슷하게 11과장으로 구성되어 있기에 김일출대본을 대표로 채택하였다. 『조선민속탈놀이연구』에는 그외에도 1) 봉산탈춤보존위원회 리동백대본(11과장), 2) 이장산대본(7과장), 3) 박성찬·김수정대본(12과장)이 있다. 그 내용은 대체로 가면극과 무용 위주로 되어 있다.

Ⅱ. 劇本 比較硏究

1. 비교극본의 채록배경

본문에서 비교될 4개의 대본들은 비교의 편의를 위해서 각각 명칭을 따로 붙이기로 한다. 즉, 1)이두현 채록 대본은 이하 '이두현'으로, 2)오청 채록 대본은 '오청'으로, 3)김일출 채록 대본은 '김일출'로, 4)임석재 채록 대본은 '임석재'로 하겠다. 또한 이 봉산탈춤의 대본들과 비교하게 될 5)해주탈춤의 대본은 신영돈이 채록한 것으로 별도로 '해주'로 칭하도록 한다.

먼저 비교 될 각 극본들의 채록자·구술자·채록일시·채록장소·과장구성·출처의 내용을 비교해보면 다음의 <표 3>과 같다.

<표 3> 각 극본의 채록정보와 구성내용

	채록자	구술자	채록일시	채록장소	과장구성	구 성 내 용
1)	이두현	김진옥 민천식	1965.8 (녹음)	서울	제7과장	1. 출처: 이두현,『한국가면극』 ㄱ. 가면극의 始源(시원)과 분포 현황 등 ㄴ. 역사적 유래, 과장별 기록, 사진, 연희자 등 소개 ㄷ. 무대와 춤, 가면, 의상과 제도구 설명 2.『韓國假面劇選』('97)을 출판하여 해설을 덧붙여서 탈춤 이해에 도움을 주었다. 특히 중국의 古事成語와 漢詩의 인용이 가장 많은 북쪽의 봉산탈춤과 이남의 동래야류는 향리(鄕吏)집단인 吏屬들의 참여와 후원자의 영향이 컸던 것이라고 했다. 탈춤에 사용된 여러 사설이고소설인 춘향가, 판소리 심청가와 단가, 시조, 12가사, 12잡가, 평안도민요의 엮음 수심가 등에서 옮겨 온 것과 이른바 상투어구에 해당되는 대목이라고 했다.

	채록자	구술자	채록일시	채록장소	과장구성	구 성 내 용
2)	오청	이동벽, 김경석, 이윤화, 한상건, 나운선, 김태혁	1936.8.31 .(소하 11년 음력 7.15)	황해도 봉산 사리원 경암산	제7과장	1. 출처 : 서연호, "假面舞踊 鳳山탈 脚本" 『한국가면극연구』 ㄱ. 오청의 해석(일어판/ 일본인을 위해 다소 설명적이고 생략하거나 縮約번역, 오류라고 판단한 어휘만을 수정. = 구자균 필사본(一梧文庫)/ 송석하/ 임석재) ㄴ. 해설과 당시 연희자 명단기록 ㄷ. 『한국가면극 연구』(서연호, 2002. 12. 공연과 미디어)한국어 부록 ㄹ. 『한국가면극과 뮤지컬』(최창주, 1997, 앰애드) 일어판 부록 2. 고려조말엽 때 만복사절에서 만석이라는 늙은 도승이 있었는데 그는 생불(生佛)이라 불릴 만큼 존경받고 있었다. 함께 근무하고 있는 방탕한 취발이가 여러 가지 술책으로 도승을 꾀어내려고 해도 좀처럼 움직이지 않아 최후의 수단으로 어린 중과 속가의 소무(小巫)를 투입시켜 파계시키는 과정을 극으로 그린 풍자적 가면극이라 槪說.
3)	김일출	박성찬, 김수정	1953	·	제11과장	1. 출처 : 『조선 민속탈놀이 연구』 ㄱ. 제1편과 제2편으로 구성되어 있으며, 제1편은 원시적 탈놀이의 유습과 처용무, 나례와 나희 등 ㄴ. 제2편은 사자놀이 산대놀이, 서흥, 재령, 강령, 해주, 개성탈놀이 등 부록1, 2로 구분 ㄷ. 특히 사자춤은 목중과 사당춤 사이 혹은 사당춤과 노장사이에 놀기도 하는 독립한 막간적인 과장이라고 하여 뒷부분에 포함되어 있다.
4)	임석재	김경석, 나운선, 이윤화, 임덕준, 한상건	1936.8.31 (각주 13번 참고)	·	제7과장	1. 출처 : 임석재, 『국어국문학』, ㄱ. 제7과장까지 나뉘어 있으며 과장만 기록되어 있고 과장별 제목은 없다.

	채록자	구술자	채록일시	채록장소	과장구성	구 성 내 용
5)	해주	·	1957	·	제7과장	1. 출처 : 문화선전중앙인쇄공장, 『우리나라의 탈춤놀이』 ㄱ. 우리나라 탈춤놀이의 종류와 기원과 분포도 ㄴ. 산대도감놀이의 유래와 그 발전과정 ㄷ. 황해도지방탈춤 놀이내용 ㄹ. 오광대놀이 내용

각 극본들에서 연희자에 대한 기록을 찾아볼 수 있는데, 이두현에는 연희자를 별도로 기록하였고, 오청은 배역과 출연자가 세부적으로 기록되었다. 김일출은 과장별 앞에 배역을 기록하였으며, 임석재는 탈의 명칭과 種類를 後記로 기록하였다. 아래의 <표 4>에는 오청, 김일출, 임석재에 나타난 배역 명칭을 확인할 수 있고, 특히 오청본에서 출연 연희자를 확인할 수 있다.

〈표 4〉 극본의 배역과 출연자

배 역 명			출 연 자 < 오청 >	
오청	김일출	임석재		
老僧	로승	老丈	김경석(金景錫)	감독: 李東碧
醉發	취발이	醉發	이윤화(李潤華)	
上佐	상좌	上佐	이명화(李明花), 김란심(金蘭心), 정월선(鄭月仙), 정운선(鄭雲仙)	
黑僧	팔목	먹중	초목 : 이윤화(李潤華), 이목 : 임학준(林學濬), 삼목 : 김수정(金守正), 사목 : 한상건(韓相健), 오목 : 김진옥(金振玉), 육목 : 김태혁(金泰赫), 칠목 : 양석현(梁錫鉉), 팔목 : 나운선(羅雲仙)	
거사		호래비거사	임덕준(林德濬), 김태혁(金泰赫), 김수정(金守正), 김진옥(金振玉), 나운선(羅雲仙), 한상건(韓相健)	

배 역 명			출 연 자 < 오청 >	
오청	김일출	임석재		
墨僧	마부	馬夫	양석현(梁錫鉉)	감독: 李東碧
社黨	녀사당	사당	송연홍(宋蓮紅)	
소무(1)	소무	小巫 I	김채선(金彩仙)	
소무(2)			정영산홍(丁映山紅)	
鞋商	신장사	鞋商	한상건(韓相健)	
猿公	원숭이	猿	김금선(金錦仙)	
양반(1)	맏양반	兩班(生員)	김경석(金景錫)	
兩班(2) 次弟	둘째양반	書房	나운선(羅雲仙)	
兩班(3) 末弟	종가집 도령님	道令	한상건(韓相健)	
말뚝이	말뚝이	말둑이	이윤화(李潤華)	
獅子(앞)	사자	獅子	이윤화(李潤華)	
獅子(뒤)			김진옥(金振玉)	
미얄	미알	미얄	이윤화(李潤華)	
미얄夫	미알영감	영감	임덕준(林德濬)	
龍山麻浦 덜머리집	룡산삼개집	삼개덜 머리집	한상건(韓相健)	
南江老人	남극노인	南江老人	김경석(金景錫)	
樂工	재비		김춘학(金春學), 김학원(金學元), 김성진(金成珍), 방원환(方永煥), 연덕붕(延德鵬), 김명근(金明根)	

길 놀 이 1

길 놀 이 2

고 사

2. 각 극본의 구성방식

산대도감놀이는 고려말경부터 놀았다. 『목은집(牧隱集)』에 의하면 "동대문으로부터 궁궐 문 앞에 이르기까지 산대잡극(山臺雜劇)을 놀았는데 이것은 지금까지 보지 못한 것이다"라고 한 것으로 보아 적어도 고려말부터 놀아온 것으로 추정된다. 또 『성호사설(星湖僿說)』에서도 "높은 다락을 매고 노는 것은 고려의 유속이다."라고 하였고, 조선시대에 도감을 두고 관리까지 두어 이때부터 산대놀이는 산대도감(山臺都監)놀이라고 부르게 되었다. 이러한 자료들로 미루어 보아서 탈춤 즉, 산대도감 놀이는 고려로부터 전해온 것이다.

牧隱이 탈춤놀이를 보고 지은 시(詩)의 한 구절에 "山臺結綴似蓬萊"(산대놀이의 무대는 봉래산과 같더라.) 읊은 것과 같이 탈춤놀이를 놀 때 고려사람들은 의례히 무대장치를 높이 설치해서 탈춤놀이를 하였고, 이로부터 산대놀이라고 부르게 되었다고 신영돈은 주장한다.

산대도감놀이는 크게 두 가지로 나눠져 있다. 하나는 고려 말기에 불교의 타락상을 형상화한 것과 또 하나는 조선왕조 중엽에 양반의 부패상을 형상화한 것이다. 당시 불교는 왕실의 보호하에 점차 세도가 강화하면서 왕실과 결탁하여 인민들을 무제한적으로 수탈하였다. 왕실귀족은 사원을 자기들에게 전속시키면서 토지와 노비를 기진(寄進)하였다. 그러므로 농민들에게 곡물을 고리로 대부(고리대금업자)하고 술을 빚어 팔기도 하였다. 이러한 사회적인 문제를 가면극으로 표현하면서, 현재의 형태와 같은 가면극이 형성된 것이다.

구술자, 채록자, 채록한 시기가 각기 다른 대본들은 구성방식에서 조금씩 차이를 보인다. 특히, 이두현본과 오청본의 극본표현방식은 많이 다르게 구성되어 있다.

팔목중 첫장면에 대한 설명을 예로 들어 보면, 이두현본은 여자(상좌)가 등장하여 사방신에 대해 춤을 추면 첫목이 춘정에 못이기는 남성의 춤을 추는 것으로 시작한다. 그러나 오청본은 노장이 첫 장면에 등장한다. 필자는 노장배역을 적장(농악은 대포수가 적장역할)으로 처리해서 여성(상좌, 소무가 함께 등장)은 유혹의 춤으로 적장을 유인하고, 남성들(목중)이 은폐·엄폐의 동작으로 기본훈련(기본동작)의 각개전투(개인춤)로 공격한다. 적을 향해 돌격하는 합동춤으로 총공격하여 전쟁에 승리하게 된다. 태평성대 속에서 서민들의 삶인 희로애락이 진행하는 공연양식(1~12과장)으로 구성되어 있다.

앞에서 제시한 4가지 극본들의 구성방식은 해주탈춤의 극본과 비교하겠다. 구체적인 구성방식에 대한 비교는 각 과장별로 나누어서, 과장별로 명칭·가면·등퇴장·대사·내용에 대한 부분을 상세하게 비교해보겠다.[15)]

탈춤은 길놀이로부터 시작한다. 봉산에서의 길놀이는 우령(優伶 또는 倡優 / 연희자와 악사)들이 공연前 공연을 알리는 작업이다. 마을 어귀부터 공연장까지 홍보작업의 일환으로서 고사지내는 마당까지 안내한다. 그러나 해주탈춤에서는 원래 길놀이가 앞놀이로서 성대하게 기록되어 있다. 해주탈춤의 길놀이 대열 질서는 다음과 같다. 1) 취발이-도보, 2) 곤장-말뚝이, 3) 포도부장-도보, 4) 량반 3형제-노새를 탄다, 5) 종가집 도령님-당나귀를 탄다. 6) 사자-마부가 끌고 도보, 7) 원숭이-원숭이 애비가 끌고 도보, 8) 상좌2명-당나귀를 탄다, 9)로승-노새를 탄다, 10) 소무-양산을 받고 교자를 탄다, 11) 미알영감-말을 탄다, 12) 미알할멈-도보, 13) 태상로군-소를 탄다. 삼현육각은 대열 적당한 장소에 끼어서 주악을 하면서 연주한다. 해주탈놀이가 기린 것보다 훨씬 규모가 크며 질서가 정연하다. 길놀이를 마치면 본격적으로 가면극이 시작한다. 가면극이 진행되는 순서에 따라서 각 대본들을 비교해보자.

---

15) 비교주제별 비교내용에서 내용의 문체는 각 대본상 원문의 문체를 그대로 살려서 기록하는 것을 원칙으로 하였다.

3. 극본 비교(劇本比較)

1) 제1과장 사상좌춤

(1) 명칭 비교

〈표 5〉 제1과장의 명칭 비교

구분 / 판본	명 칭	비 고
이두현	제1과장 사상좌춤(四上佐舞)	
오청	제1장 사상좌무(四上佐舞)	
김일출	제1과장 상좌춤(上佐舞)	
임석재	제1과장	
해주	ㄱ, 사상좌춤(四上佐舞)	

(2) 가면 비교

〈표 6〉 제1과장의 가면 비교

구분 / 판본	가 면
이두현	여성스러운 백색의 인물 탈이다. 높이 25.2㎝, 너비 16㎝ 흙으로 빚어 만든 형의 가면틀(모형)위에 종이(한지)를 여러 겹 부하여 만든 다음에 분리시켜서 (모형의 흙을 파내고) 흰 바탕에 흑선으로 두발, 눈썹 눈가 장자리, 그렸으며 입술을 붉게 칠하였다, 흰 탈보를 달았고 귀는 어느 탈이든지 만들지 않았다.
오청	구체적 기록 없음.
김일출	길이23센치, 넓이15.5센치 표정이 없이 빤빤하고 갸름한 젊은 여자 흰 분면에 눈꼬리가 아래로 처진 어형(魚形)의 두 눈과 반달과 같은 두 눈썹을 먹으로 그렸다.
임석재	白面, 近來에는 이면이 없어지고 妓生으로 代用.
해주	아담한 백색 녀자탈.

봉산탈춤 놀이의 상좌 탈
(上佐假面)
(1954년 4월 20일, 박성찬 로인 제작,
과학원 고고학 및 민속학 연구소 소장)

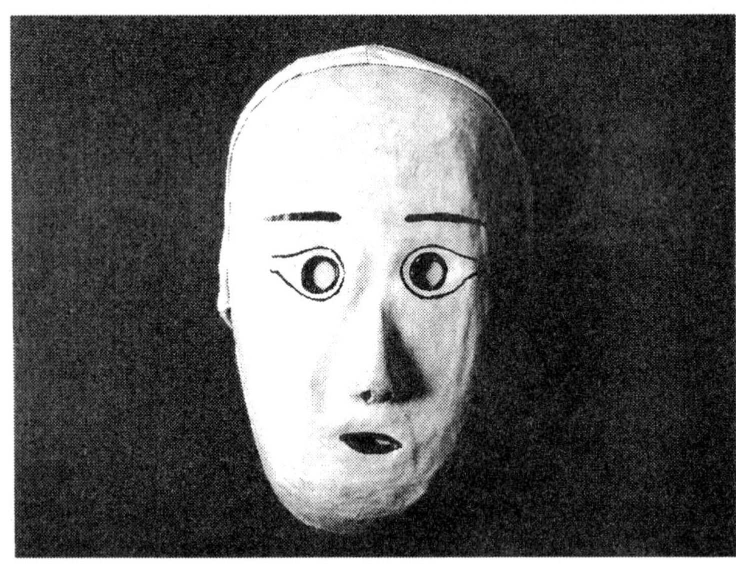

상좌가면 <현재>

상좌 춤의 첫장면

봉산탈춤 놀이 사상좌춤의 한 장면

(1955년 11월 문화 선전성 주최로 조직된 봉산 탈춤 놀이 현지 영화촬영 시에 촬영함)

<조선민속탈놀이 연구, 김일출>

『무라야마가 본 조선민속, 한국, 1930년대의 눈동자』
<사진/무라야마지준(村山智順)>

황해도 사리원에서 벌어졌던 탈춤. 놀이 처음에 흰 탈을 쓴 네 사람의 상좌가 나와서 천지사방에 절한다. 의식무. [사리원 네 상좌의 춤 봉산]

상좌 춤의 중간 장면

상좌 춤의 마지막 장면
(조선민속탈놀이 연구 김일출)

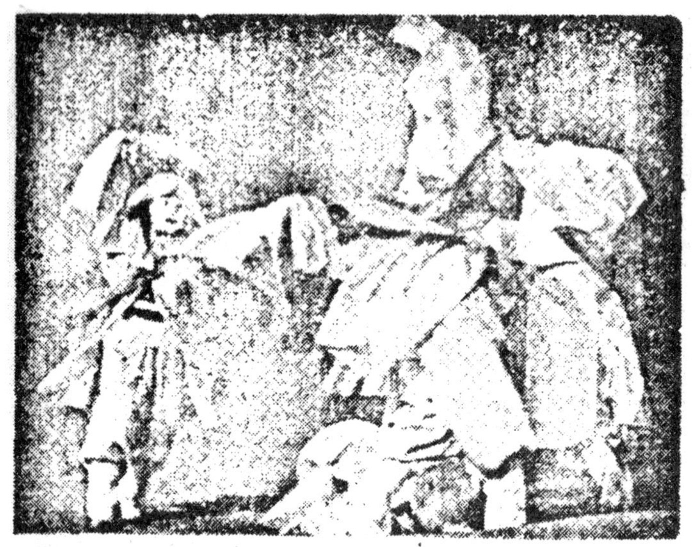

상좌 춤의 마지막 장면

사상좌춤 <현재>

사상좌춤 〈현재〉

사상좌춤 〈현재〉

(3) 등퇴장 비교

〈표 7〉 제1과장의 등퇴장 비교

구분 / 판본	등 퇴 장	비 고
이두현	사방신에 대한 배례와 의식무이다. 달음질하여 한 조씩 등장, 등장하기 위한 수단. 타령곡에 퇴장.	
오청	한 조씩 춤을 추면서 등장(취발이가 상좌4명을 꾀어내서 금강경을 읽고 있는 노장을 파계시키려 계획적으로 등장, 유혹의 화려한 춤)	
김일출	목중에 업힌 상좌도 춤추면서 등장, (네 모퉁이에)	
임석재	타령곡으로 전(轉)하면 먹중이 등장한다.	이두현본과 같음
해주	4명의 상좌가 일시에 퇴장. (오청본과 같음)	오청본과 같음

(4) 대사 비교

봉산탈춤의 각 대본에는 대사가 없고, 무(舞)로 시작해서 무(舞)로 끝낸다. 다만 목중들이 춤을 시작하기 위해서 불림을 불러서 반주음악의 템포를 청한다.

(5) 구성내용 비교

〈표 8〉 제1과장의 내용 비교

구분 / 판본	구 성 내 용	비 고
이두현	사방신에 대한 배려를 포함한 놀이를 시작하는 의식무이다. 상좌 넷이 등장, 모두 흰 장삼을 입고 붉은 가사를 메고 고깔을 썼다.	

구분 / 판본	구 성 내 용	비 고
이두현	목(먹)중 하나가 타령곡에 맞추어서 상좌를 업고 달음질하여 등장해서, 불림을 청한 후 장내를 한바퀴 돌고, 새면(樂士席)앞에 상좌를 내려놓고 퇴장한다. 다음도 같은 방법으로 둘째, 셋째, 네째, 차례로 등장하여 첫 상좌 옆에 일렬로 선다. 재비(樂士)들이 연주하는 느린 영산회상곡에 맞추어 춤추다가 도도리곡으로 바뀌면, 두 사람씩 동서로 갈라서서 대무(對舞)한다. 다시 타령곡으로 바뀌면 첫째목이 등장하여 쓰러진다. 상좌는 타령곡으로 계속 춤추면서 퇴장한다. 원래는 남자가 상좌 탈을 쓰고 춤을 추었으나 일제시대에 흥행을 위하여 비속화 되어 기생들이 동원되고 얼굴자랑을 하기 위하여 탈마저 쓰지 않았다.	
오청	악마가 수도를 방해하는 서막으로써 취발이라고 하는 방탕한 처사 한 사람이 생불과 갓흔(같은) 노승의 마음을 움지기게(움직이게) 하라(려)고, 그의 상좌(上佐) 4명(四名)을 꾀여서 노승이 금강경(金剛經)을 읽고 잇는(있는) 법당 압에서(앞에서) 가장 화려한 춤을 추히는(추는) 것이다. 장내의 한편에는 푸른빛 혹은 누른빛갈의 옷을 입은 악공 6인이 鼓(고), 杖鼓(장고), 奚琴(해금), 觱篥(필률), 笛(적)의 순서로 느러(늘어) 안젓(앉었)다. 사상좌 등장, 상좌4인은 모다(모두) 흰 장삼(長衫)을 입고 홍가사(紅袈裟)를 억게(어깨)에 걸고 꼬깔을 썻다. 팔묵승중(八墨僧中) 한 사람에게 업히여(업혀) 타령곡의 반주에 맛(맞)추어 춤을 추면서 한 사람식(씩) 등장한다. 묵승(墨僧/먹중)은 상좌를 업고 춤을 추며 다름질하야(여) 들어와서 장내를 한바긔(한바퀴) 도라다니며(돌아다니며) 춤을 추다가 상좌를 내려노코(놓고) 퇴장 한다. 먹중은 이러케(이렇게) 상좌 4명을 한사람식(씩) 등장 식힌다(시킨다). 사상좌(四上佐). 처음 일렬로 서서 긴-영상곡의 반주에 맛(맞)추어 상좌 춤을 추기 시작하야(여) 두사람식(씩) 동서로 갈라서서 서로서로 엇박구어(엇바꿔)가며 긴영상곡(靈像曲)의 전장(全章)이 다 끗(끝)나도록 화려하게 춤을 춘다. 상좌무가 거의 끗(끝)날지음(즈음)에 첫목(初目(초목/ 처음 입장하는 먹중)이 다름질하야(여) 등장하자 사상좌(四上佐) 모다(두) 퇴장한다. 악(樂)의 반주는 타령곡으로 전환한다.	

구분 / 판본	구 성 내 용	비 고
김일출	4상좌는 먹중(墨僧/묵승: 가면을 쓰고 등거리만 입는다)에게 한 사람씩 업히여 탈판으로 등장한다(현재는 사상좌가 걸어서 등장한다). 상좌를 업은 먹중은 한 사람씩 탈판으로 나타나서 탈판을 한 바퀴 돌아 재비 앞에 서서 타령곡에 맞추어 홍겨운 춤을 (이때 먹중에 업힌 상좌도 등에 업힌 채 춤을 춘다)추다가 상좌는 합장하고 재비 앞에 일렬로 정렬하여 단아한 춤을 춘다. 춤은 점차로 활기를 띠여(어) 굽혔던 팔을 뻗으면서 한삼을 휘뿌리는가 하면 넓은 장삼 소매를 너울거리면서 빙빙 돌기도 한다. 그러나 천지사방을 향하여 합장 배례를 하는 종교적 의식의 동작은 여기서는 볼 수 없다. 또한, 세속적인 경향이 농후하다. 녀(여)자가 상좌역을 한 것은 일제통치 기관에 흥행을 위하여 비속화한 것이라고 하는데, 원래는 남자가 상좌 탈을 쓰고 춤을 추었다고 한다.	
임석재	상좌넷이 등장. 모두 흰장삼을 입고 붉은 가사를 들처 입고 고깔을 썼다. 등장의 절차는 다음과 같다. 즉 먹중 하나가 상좌 하나를 업고 달음질로 입장하여 가지고 타령곡에 맞추어 춤추며 장내를 한 바퀴 돌고 나서 상좌를 적당한 곳에 내려놓고 퇴장한다. 그런 뒤 다른 먹중이 다른 상좌를 업고 달음질하여 장내를 춤추며 돌다가, 첫번 상좌 서있는 옆에다 내려놓고 퇴장한다. 제3, 제4의 상좌도 이와 같은 방법으로 등장. 상좌들 일렬로 서서 춤추다가 긴 영산회상곡(靈山會上曲)에 맞추어 두 명씩 동서로 갈라서서 대무(對舞)한다. 영산곡이 끝날 때까지 춤은 계속, 타령곡으로 전(轉)하면 먹중1(첫목)이 등장한다. 상좌들은 팔목중이 등장하는 동안 그 서 있는 자리에서 손 춤을 춘다.	

구분 / 판본	구 성 내 용	비 고
해주	도를 닦아 수도승이 되겠다고 굳은 결심을 하고 어려서 머리 깍고 부모의 슬하를 떠나 불문에 들어간 상좌가 독경에 열중할 대신에 사찰을 벗어나 항간에 내려와서 춤추기에 열중하는 것이다. 승려계급의 타락상을 형상화하기 위해 서막으로 상좌를 등장시킨다. 령산회상 전곡이 너무 길어서 中靈山(중영산), 殘靈山(잔영산)을 배합하여 약식으로 춘다. 일제시기 흥행의 효과를 내기 위하여 꾸며 낸 것을 그대로 답습하는 것이며 그 전에는 남자가 머리를 깍은 상좌탈을 쓰고 등장하였다.	기린, 강령, 봉산에서는 독립적으로 되어 있으나 로승춤과 결합

오청대본의 구성은 악마가 수도를 방해하는 서막(序幕)으로서 취발이가 금강경(金剛經)을 읽고 있는 생불과 같은 노승의 마음을 움직이려고 사상좌(四上佐)를 등장시켜 법당 앞에서 가장 화려한 유혹의 춤을 추게 한 것이다. 이는 송석하대본에서도 똑같이 표현되고 있다. 김일출·이두현 대본 역시 오청본의 구성과 같다. 그러나 산대놀이에서 상좌가 천지사방을 향하여 합장 배례를 행하는 종교적 의식의 동작은 여기서는 볼 수 없다.16)

봉산탈춤의 각 4편의 대본은 모두 상좌를 한 조씩(목중1인이 상좌1인을 업고) 등장시킨다. 그러나 현재 공연은 상좌 4인과 목중 4인이 함께 등장하여 중앙에서 횡대로 늘어서서 상좌를 내려놓은 후에, 목중들은 불림하고 까치걸음으로 퇴장한다.

첫 번째 과장인 사상좌춤이 모두 끝나갈 때 다음과장의 첫목이 등장하는 장면에 대해서, 이두현, 오청, 임석재본은 모두 '첫목이 등장한다'라고 기록했다. 이와 다르게 김일출본은 "험상궂은 탈을 쓰고 등에 푸른 복숭아 가지 또는 버들가지를 꽂고 탈판으로 나와 중앙에 눕는다"까지 설명하면서, 4명의

16) 김일출, 『조선민족탈놀이연구』, 152쪽.

상좌가 퇴장한다고 하였다.

그리고, 임석재본에서 두 번째과장의 목중들의 등장과 연관시킨 부분에서 상좌들은 八먹중이 등장하는 동안 그 서 있는 자리에서 손 춤을 춘다는 기록은 좀 더 연구해 볼만한 가치가 있다.

해주본은 오청본과 유사하게 구성되었는데, 이두현본·오청본과 비슷하게 승려계급의 타락상을 형상화하기 위해 서막으로 상좌를 등장시킨 것으로 설명한다.

2) 제2과장 팔목중춤

(1) 명칭(名稱)비교

〈표 9〉 제2과장의 명칭 비교

구분 / 판본	명 칭	비 고
이두현	제2과장 팔목중춤(八目僧舞 / 제1경 목중춤, 제2경 법고놀이) <첫째목중 - 여덟째 목중 이라고 한글로 나열>	『우리나라탈춤놀이』(신영돈) 기록에서는 '먹중' 이라고 하지 않고 흔히 '목중'이라 부른다.
오청	第2 場 八墨僧舞 <初目-八目 한자로 나열>	
김일출	제2과장 팔목춤 <목중춤이 없고 '0' 로 나열>	
임석재	제2과장, 2과장 <먹중I, 먹중II 로 나열>	
해주	ㄴ, 팔목춤(八目舞, 八黑僧舞)	

'봉산 탈'군, 좌 - 리 기영, 우 - 김 수정과 팔목탈

봉산탈춤 놀이의 첫목춤의 한 장면
(1955년 11월 문화 선전성 주최로 조직된 봉산 탈춤 놀이 현지 영화 촬영 시에 촬영함)

첫목 춤의 여러 모습
<『조선민속탈놀이연구』, 김일출 저>

목중탈 (현재)

재령탈춤 놀이의 목탈(目僧假面)
(1953년 6월, 박 형식 로인 제작, 교통성 예술 극장 소장)

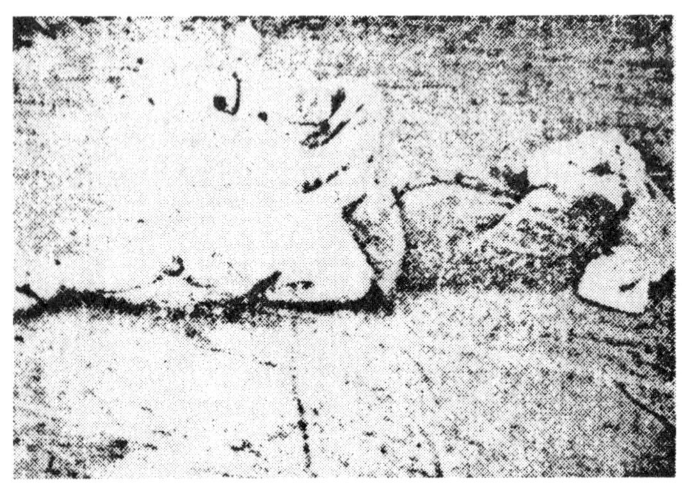

첫목춤 누워서 시작하는 장면

첫목춤 일어나 앉은 모양

뭇뚱춤의 한 장면 <『조선민속탈놀이연구』, 김일출 저>

팔목의 탈 『무라야마가 본 조선민속, 한국, 1930년대의 눈동자』

팔먹중은 수행을 뒷전으로 하고, 술과 여식에 겨를이 없다. 놀이 마당에서 노장을 발견하고서는 놀려준다. 사리원의 탈춤이 세상에 알려진 것은 1934년 송석하가 『돌멘』에 「사리원 민속에 대하여」를 일본어로 발표하면서부터였던 것 같다. 이 탈춤은 일찍이는 봉산읍에서 치러졌기 때문에 봉산탈춤이라 했지만, 당시는 사리원으로 옮겨져 치러졌다. 대단한 인기여서 근린으로부터 관중은 약 2만 명에 이르렀다.

이런 가운데 1936년에 조선총독부 문서와 활동사진촬영대가 현지에 가서 촬영하게 되었다. 거기에 함께 무라야마도 출장 가서, 이것을 바탕으로 잡지 『조선』에 조선의 탈춤이 특집으로 꾸몄다. 그 첫 대목에는 무라야마의 "민중오락으로서의 봉산 가면극"이 있고, 다음에 다카하시 토오루(高橋亨)의 "산대잡극에 대하여", 거기에다 오청(吳晴) 번역의 「가면무용극 봉산탈 각본」이 게재되어 있다.

무라야마는 앞에 적은 논문에서 6장의 사진을 쓰고 있다. 이 사진은 그 때의 것으로 「팔목의 탈」로 『조선』에 게재되어 있다. ["민중오락으로서의 봉산가면극 - 팔목의 탈" 『조선』]

뭇뚱춤의 한 장면 〈『조선민속탈놀이』, 김일출 저〉

봉산탈춤 놀이 팔목춤의 한 장면
(1955년 11월 문화 선정성 주최로 조직된 봉산 탈춤 놀이 현지 영화 촬영 시에 촬영함)

묫동춤 『무라야마가 본 조선민속, 한국, 1930년대의 눈동자』

먹중의 춤. 이 사진은 『조선의 향토 오락』에 「탈춤(봉산)」으로 게재되어 있다. [사리원 팔목 묫종(동)춤 봉산]

사라지는 民俗舞·탈춤
촬영 金奎赫

1971년 명동 국립극장 정기공연

국립극장 "미르" 04. 05 "조원경씨 춤" (국립무용단 이송 총무 제공)

목중개인춤 (현재)

제2과장 八目僧舞(팔목중춤)

(2) 가면 비교

<표 10> 제2과장의 가면 비교

구분 / 판본	가 면	비 고
이두현	주황색 붉은 바탕으로 흑백반점을 무수히 찍었고, 이마에 뿔과 같은 혹(突起) 두 개와 미간(眉間)에 두 개, 양볼 아래 두 개, 아래턱에 하나, 모두 7개의 혹. 괴이한 붉은 가면(높이29㎝, 너비21㎝)이었으나, 높이26㎝, 너비17(68년조사)로 또 작아졌다. 그 중 2목은 둘레에 靑色紙 선을 쳤다. 높이 30㎝ 너비22㎝ 등 제각기 다른 특색을 가졌던 것이 최근에 와서 同一한 것으로 퇴화한 것 같으며, 이러한 현상은 팔목춤의 춤사위의 경우도 마찬가지로 보인다.	석고틀로 높이27㎝, 너비 21.3㎝ (96.9.30, 최창주 조사)의 중간크기로 다시 제작되었다.
오청	울퉁불퉁한 기괴한 가면(가면에 대한 특별한 설명은 없다.)	
김일출	험상궂은 탈(박성찬 제작 8먹중은 붉은 바탕에 백반점 <김일출, 『조선민속탈놀이연구』, 140쪽 참고>: 길이30㎝, 넓이 24.5㎝). 김수정 제작의 8목탈은 24㎝, 넓이 20㎝ 적색으로서 이마 위에 세 개의 뿔이 돋쳤다. 눈구멍이 '코'잔등 좌우 검은 '눈'동자 앞에 따로 뚫려있다.	
임석재	한번 쓰고 탈을 소각(燒却)해 버리므로 매년 새로 만들어야 한다. 탈춤 연기자들은 端午前 일개월부터 舊邑에서 10리쯤 떨어진 白雲庵에서 假面製作과 연습을 위하여 合宿을 했다. 탈의 제작은 기왓장을 넣어 흙으로 탈의 원형을 만들고 그 위에다 종이를 여러 겹으로 부하여 두텁게 하여 紙탈로 만든다. 이렇게 된 탈은 요철굴곡(凹凸屈曲)도 있는데다 種類에 따라 黑, 白, 朱, 監色으로 彩色을 하고 거기다가 白點 黑點, 金色點을 찍게 됨으로 더욱 묘미(妙味)있게 된다.	

구분 / 판본	가 면	비 고
임석재	약 2백년 전까지 木製의 탈을 사용하였던 것인데, 그때의 봉산의 吏屬, 安草木(첫목의 訛傳?)외 1명이 전남의 어느 섬으로 流配當하였다가 귀향하여, 그 후 그들은 탈춤上에 많은 개변(改變)을 加하였다. 탈을 紙탈로 한 것은 그 중 현저(顯著)한 改變이라 하겠다. 이노리(놀이)의 연기는 安초목 以前에는 어떠한 階層의 사람이 하였는지는 미상(未詳)하나, 安의 歸鄕이후로는 吏屬들이 담당하게 되었다. 그러므로 탈춤연기자를 <탈꾼>이라고 부르기는 하나, 山臺戱의 연기자에 대한 것과 같이 천시(賤視), 祖上祝祭 등의 가제참여(家祭參與)에의 거부(拒否)의 일은 없다고 한다.	
해주	목탈(목가면)의 크로테스크한 면이 민속학자에 의해 의도가 있겠지만 그보다도 가증스런 승려의 얼굴, 옴 딱지 같이 부스럼이 닭 알만한 혹이 코잔등에 네 개씩이나 나고 눈이 움뻥 들어간 인간이하의 어떠한 괴물형의 흉칙한 것으로 풍자적인 조형 예술의 수법이 얼마나 훌륭한가를 말하여 주는데 더 큰 의의가 있다.	

목중탈에 대한 견해들을 종합해보면 다음과 같다.

첫째, 사람의 얼굴과 다르다. 궤면형 가면(軌面型 假面)으로 그 특징이 외형적인 면에서부터 확인된다.

둘째, 벽사진경(辟邪進慶)의 특징을 갖고 있는데, ①팔목탈과 귀면과 동일 취급, ②문에 걸어두면 마귀침범 못함, ③농사가 잘됨, ④조형예술 수법, ⑤민속신앙의 측면에서 귀신을 쫓는 동작으로서 복숭아나무·버드나무가지로 때려서 쫓는 동작과 한삼으로 때리는 동작 일치한 점에서 그러한 사실을 확인할 수 있다. 한편 김일출은 황해도에서는 형상이 기괴한<팔목탈>을 문앞에 걸면 <사기(邪氣)가 범접하지 못한다>고 하는 민속신앙이 지금도 잔존하고 있다.

셋째, 봉산의 대표적인 목중가면은 7개의 혹이 있다. 물론 목중마다 자기의 캐릭터를 가지고 있지만, 혹(요철)의 뜻은 우리민족이 자연에 순응하는 민족이기 때문에 자연 현상을 표시한 일주일(週日: 7일)을 표시된 것과 인간의 신체구조인 경추(頸椎: 목뼈7개/ 목중의 혹 7개, 또는 3~6개)와 취발이 탈의 혹 12개(胸椎<흉추: 12개>의 등뼈/ 1년은 12달)와 연관관계가 있어 세찬 풍파에 시달린 우리민족의 삶과 애환을 표현했다고 볼 수 있다.

제2과장에서 목중들이 추는 춤에 대한 몇 가지 견해를 김일출의 글을 인용해서 요약해보면 다음과 같다.

첫째, 두 팔로 얼굴을 가린 채 오른편을 살피고 왼편을 살핀다.

둘째, 사자(死者)의 부활과 부활의 환희를 표현한 것이다.

셋째, 전술한 신라의 <대면무>이래의 전통이 부지불식중 전승되고 있는 것이다.

넷째, 자연의 재해(災害)와 불행을 가져온다고 믿어온 <역귀>를 구축하는 유쾌함, 또 이것을 물리치고 난 후에 승리감 · 행복감을 표현하고 있는 것이다.

다섯째, 자기의 적으로 인정해온 <역귀>와의 투쟁을 표현한 점에서 쾌활하고 낙천적인 동작들로서 행복에 대한 지향, 암흑에 대한 증오와 투쟁의 승리를 표현한 점 등 생활의 창작과 오랜 생활을 통하여 민족적 형식을 결합해서 독특한 민속무용의 정화(精華)된 춤이다.

여섯째, 춤사위를 통해 한국인의 창작재능을 측정하는 좋은 기회이다.

일곱째, 極其長袖(극기장수)/ 춤(舞)을 오래도록 소매 속에 숨기어 한삼이 다 떨어지도록 춤을 익힌다. 곧 춤을 창조한다.

(3) 등퇴장 비교

〈표 11〉 제2과장의 등퇴장 비교

구분 / 판본	등 퇴 장	비 고
이두현	한삼(汗衫)이 달린 붉은 원동에 남색소매를 단 더거리를 입고 큰 방울을 무릅에 달고 버드나무 생가지를 허리에 꽂고 달음질하여 등장하여 쓰러진다. 三傳三伏하고 네 번만에 간신히 일어나 만(卍)사위로 휘저으면서 전신을 격렬하게 부르르 떨며 쾌활한 깨끼춤을 춘다. 2번째 3번째목중의 등장은 앞목의 면상을 한삼자락으로 탁치면 아무 말도 없이 힐끗 뒤돌아보고 퇴장하며, 그 외 목중의 퇴장은 동일하다. 합동춤은 8목중이 목중들을 불러내어 뭇동춤을 추고, 장내를 한 바퀴 돌고 퇴장한다.	더거리는 『한국가면극선』의 더그레에서 온 말. 봉산탈춤의 더그레는 갈도<喝道: 營門의 軍士와 馬上才軍, 司諫院<사간원>의 갈도와 나장(羅將: 義禁府의 나장의 더그레를 닮은 것 같다.
오청	靑葉에 유지를 꼽고 큰 방울 한아(하나)를 차고 다름질(달음질)하야 머리를 앞으로 푹-수구리고 술 취한 사람모양 비틀거리며 저고리의 두 소매로 얼굴을 가리우고 타령곡의 반주에 맞추어 춤을 추면서 장내로 빙빙 도라(돌아)다니다가 땅에 넘어진 그대로 팔과 몸과 다리를 움지기며(움직여) 업더지기를(엎어지기) 3차하고 네 번째 일어나 쾌활한 춤을 춘다.(엄숙한 노장 앞에 공축<恐縮>함을 느낀 까닭)	등퇴장은 이두현본과 같다.
김일출	특별히 1목의 등장 표시는 없으나, 2목중은 등장하여 복숭아가지로 첫목의 얼굴을 때려 쫓고, 3번째 목중도 복숭아가지로 얼굴을 쳐서 퇴장시키고, 타령곡 반주에 맞추어 탈판을 한바퀴 돌면서 춤을 춘 후에 장내를 훌적 보면서 대사를 한다. 퇴장은 오청본과 같다.	
임석재	첫목이 다름질하여 등장(登場), 첫목이 춤을 추고 있는데 면상을 탁 치면 첫목이 아무 말 않고 퇴장, 다른 목중 등장이 동일하다.	
해주	개인춤을 추다가 중들이 합류하여 노래(唱/단가, 잡가)를 부르면서 打鈴調(타령조)에 맞추어 뭇동춤(群舞)을 얼마 동안 추다가 퇴장.	

(4) 대사 비교

사실적인 대화 어법이 아닌 허구를 객관화한 말투이다. 즉 한량이 아닌 한량을 대변하는 언어표현방식으로 되어 있다. 2목의 춤과 대사는 봉산탈춤의 4각본에서 모두 다른 목중들이 반복해서 사용하게 구성되어 있다.

가) 이두현본

각 목중마다 "아앗쉬 아앗쉬 쉬"를 외치면 반주가 멈추는 형식이 반복된다.

〈표 12〉 제2과장의 대사 비교 – 이두현본

구분 / 판본	이두현본 목중의 대사	비 고
첫목	대사 없음(누워서 춤)	
2목	1. 쉬이! 아앗쉬! 아앗쉬!(이하 동일) 2. 산중에 무력일 하여 … (이하생략) 3. 修人事연후에 待天命이요, 奉祭祀연후에 接賓客이라 하였으니~	
3목	1. 2목과 동일 2. 이곳에 당도하여 사면을 돌아보니 담박령정(澹泊寧靜) … (이하생략) 3. 2목과 동일	
4목	1. 2목과 동일 2. 명라수 맑은 물은 굴삼려에 충혼이요 삼강수 … (이하생략) 3. 2목과 동일	
5목	1. 2목과 동일 2. 오호로 돌아드니 범려(范蠡)는 간곳없고 백빈주(白蘋州) 青孟德 一世(梟)雄(爾)今은 安在哉요 … (이하생략) 3. 2목과 동일	

구분 / 판본	이두현본 목중의 대사	비 고
6목	1. 2목과 동일 2. 산불고이 수려하고 수불심이 청등(징?)이라 … (이하생략) 3. 2목과 동일	
7목	1. 2목과 동일 2. 천지현황 생긴 후에 일월영측(日月盈昃) 되었어라 … (이하생략) 3. 감사도처에 선화당이요 병사도처에 읍주헌이요. (대사하기도 한다)	
8목	1. 죽장짚고 망혜신어 천리강산 들아가니- 2. 2목의 3과 동일.	
합동춤	8목중이 개인춤을 춘 후에, 1. 쉬 - 아나야 - 2. 목중들 : 그래애(그랴와이) - 3. 우리가 본시 목중으로 이곳에 당도하여 좋은 풍류정을 만났으니 다 같이 합동춤을 추고 가는 것이 어떠냐? 4. 목중들 : 오오냐- (일제히 대답하고 불림도 다 같이 한다) 5. <낙양동천 이화정> 일제히 장단에 맞추어서 불림. 6. 뭇동춤을 추면서 장내를 한 바퀴 돌고 퇴장한다.	

나) 오청본

먼저 창을 하고 난 다음 "쉬"를 불러서, 대사를 한후에 이두현본을 제외한 다른 대본은 "奉祭祀然後에 接賓客하고 -"의 대사를 한다.

각 목중마다 "쉬-"를 한 번만 하고, 악의 반주와 무는 그친다.

漢字표기 예/ 淡泊淸正(1,4는 澹泊寧靜), 健叔(1,4는=蹇叔) 등 한문이 표기가 틀리게 기록 되어있다.17)

17) 서연호, 『한국가면극연구』, 251쪽.

〈표 13〉 제2과장의 대사 비교 － 오청본

판본＼구분	오청본 목중의 대사	비 고
첫목	靑葉에 柳枝를 꼽고 큰 방울 한아(하나)를 차고 다름질하야 등장, 머리를 앞으로 푹 수구리고 술 취한 사람모양 비틀거리며 (이하생략) : 대사없음.	엄숙한 노승의 공포함을 늣긴 까닭이다.
二目	1. 창 : 산중에 無曆日하야 철가는 줄 몰랏더니 …(이하생략) 2. 奉祭祀然後에 接賓客하고 修人事然後에 待天命이라 하얏으니~(동일)	
三目	1. 창 : 이곳을 당도하야 사면을 도라보니 淡泊(淸正) … (이하생략) 2. 봉제사연후에 접빈객하고 ~	
四目	1. 창 : 汨羅水 맑은 물은 屈三閭의 충혼이요 …(이하생략) 2. 봉제사연후에 접빈객하고 ~	
五目	1. 창 : 오호로 도라드니 范呂는 간곳 없고 白(瀕)州, (潘)陽江에 도라드니 白樂天一去後에 琵琶聲이 끈어지고, (趙)孟德一世之雄爾今에 安在哉오 月落鳴啼 깁흔 밤에 ~(생략) 2. 봉제사연후에 접빈객하고 ~	
六目	1. 창 : 山不高而秀麗하고 水不深而淸澄이라 ~ 노라잇고, 노라잇다. 2. 봉제사연후에 접빈객하고 ~	
七目	1. 창 : 天地玄黃 생긴 후에 日月盈昃 되엿서라 ~(생략) 2. 봉제사연후에 접빈객하고 ~	
八目	1. 창 : 죽장짚고 망혜신어 천리강산 조타만은 驪山이 여긔로다 蘇武는 무삼일로 소골피를 거슬이고, 안저잇고, 소리쪼차 … (이하생략) 2. 奉祭祀然後에 接賓客하고 修人事然後에 待天命이라 하엿으니~修人事 한마듸 들어가오. 萬事無心一釣竿 可笑롭다--	퇴장하엿든 7인이 등장, 한데 엉키여서 각자 장기춤을 춘다

다) 김일출본

김일출의 대사는 다른 대본에 비해서 순서가 색다르며, 추가된 단어가 있다.

〈표 14〉 제2과장의 대사 비교 – 김일출본

구분 / 판본	김일출본 목중의 대사	비 고
첫목	첫목이 누워서 동작을 시작하여 일어나서 춤춘다. 둘째목이 등장하여 복숭아가지로 첫목의 얼굴을 때려 쫓고	
2목	竹杖痲鞋로 이곳에 당도하니 萬山紅綠은 … (이하생략)	망(痲)
3목	멱라의 淸水流는 굴삼려의 忠魂(충혼)이요 … (이하생략)	복숭아가지로 얼굴을 쳐서 퇴장시킴
4목	세거인두백(歲去人頭白)이요 秋來木葉黃이라 … (이하생략)	
5목	오호(五湖)로 돌아드니 범려(范蠡)는 간곳없고 홍호안(江湖岸)= … (이하생략)	(①은 '紅蓼岸')
6목	산불고(山不高)에 수려하고 수불심이 등청(燈淸)=이라 … (이하생략)	(①은 '淸澄')
7목	天地玄黃…(중간생략)… 봄이 오면 산수경치를 구경하려고 ~죽장망혜 단표자(單瓢子)로 천리강산을 당도하니 산에 찬 홍(紅)과 록(綠)은 일년일도(一年一度) -- (이하생략)	
8목	죽장 짚고 망혜신어 … (이하생략)- 퇴장한 7명의 먹중이 함께 다시 등장 뒤섞여 춤을 춘다.	

라) 임석재본

임석재본의 제2과장의 대사는 이두현본의 해설과 비슷하게 나열되어 있다.

〈표 15〉 제2과장의 대사 비교 - 임석재본

구분 판본	임석재본 목중의 대사	비 고
첫목	·	
2목	1. 한양성 좋단 말을 풍편(風便)에 넌즛이 들었더니 - 八仙女(蘭陽公主 英陽公主, 秦彩鳳 翟驚鴻, 沈裊燕, 白凌波, 賈春雲, 桂蟾月), 2. 산중에 무력일 하여 … (이하생략) 3. 奉祭祀然後에 接賓客하고 修人事然後에 待天命이라 하였으니 修人事 한마디 들어가오 -	1은 고소설 <구운몽>의 성진이와 팔선녀 내용 2는 사설시조 심재완의 <교본역대시조전서 1450번>을 차용한 것임. 경우에 따라 다른 사설을 함께 기록함.
3목	1. 이곳에 당도하여 사면을 바라보니 … (이하생략) 2. 2목의 3과 동일	1은 춘향가 중 이도령이 춘향방의 사벽에 붙은 그림을 묘사하는 사벽도사설을 차용한 것임.
4목	1. 멱라수 맑은 물은 굴삼녀의 충혼이요. … (이하생략) 2. 2목의 3과 동일	1은 판소리의 단가 <불수빈>의 일부를 차용한 것임
5목	1. 오호로 돌아드니 范(蠡)는 간곳없고 白(蘋)州, (潯)陽江에 당도하니 李謫仙 간곳없고 … (이하생략) 2. 2목의 3과 동일	
6목	1. 추가대사 : 秋夜月에 蘇東坡놀아있거든, 洛陽東天柳下亭 이러한 풍류정에 한번 놀고가려던 ~ 2. 불림 : 商山四皓 네 늙은이 날 찾는다~ 3. 2목의 3과 동일	6목 대사속에 洛陽東天柳下亭
7목	1. 天地玄黃 생긴後에 日月盈昃 되었어라 … (이하생략) 2. 2목의 3과 동일	
8목	1. 좋다마는 廬山이 여게로다, 蘇父는 무삼일로 소(고삐)를 거슬리고 … (이하생략) 2. 2목의 3과 동일	
합동춤	목중8이 춤추는 동안 퇴장했던 먹중 七人이 一齊히 入場자기의 장기(長技)춤을 관중(觀衆)에게 보인다.	

마) 해주탈춤본

봉산탈춤과 비슷하게 구성되어 있다.

특히 탈판 한 구석에 서 있는 로승을 보고 목중들은 옹기장사, 숯장수, 심지어 대망이라고 까지 하면서 수도승을 한 개의 물건, 또는 로승을 개(동물)로 취급하고 있다. 더욱이 노승님을 "타고남은 집기둥과 같이 저렇게 세워두는 것은 미안하니 이곳으로 모셔오는 것이 어떠한가?"하고 타다 남은 집기둥으로 취급한다.

탈춤은 종교가 지배계급들의 착취도구로 사용된 시대에 불교의 소멸성을 풍자한 수법으로 사상성을 신랄하게 표현하고 있다. 따라서 류류정정화화(柳柳井井花花)죽었다는 표현법을 사용하고, 6, 7월에 썩은 냄새가 코를 찌르고 구더기가 들끓더라도 누구 한 사람 동정할 자가 없다는 착취계급의 말로를 비판하고 있다. 구월산(九月山), 정방산(政房山), 수양산(首陽山) 중들에게 착취와 억압을 받아 오던 황해도 지방에서는 놀이를 통하여 무자비하게 규탄하였다. 더욱 로승의 타락상을 혹독하게 폭로하기 위하여 노승(노장과장)을 다시 등장시켜 소무의 미색에 정신이 팔려서 희롱하고 추태를 부리는 장면이 연출된다.

바) 목중의 불림비교

그 외 불림은 녹음방초승화시(綠陰芳草勝花時), 만사무심일조간(萬事無心一釣竿) 등이 있으며, 현재 봉산탈춤의 기본동작이나 목중춤의 2목 불림은 "낙양동천이화정"이다. 목중춤의 대표적인 이 불림이 이두현본은 '洞天'·'梨花亭'으로 기록되어 있고, 임석재본에서는 '東天'으로 기록되어 있다. 오청·김일출·임석재본에서는 목중춤에 "낙양동천이화정"이란 불림이 없고, 다만 임석재본에서는 목중 대사 속에 '梨花亭'을 '柳下亭'으로 대사가 포함되어 있다. 오청본 역시 취발이 대사 중에만 "洛陽東天 리화전"이라고 표시하였고, <洞天, 東天(동천)과 東村(동촌)>특색이 있다. 불림은 中國의 漢詩로 음률이 있는 七言絶句, 七言律詩로서 춤을 청하는 소리이며, 템포대로 樂士들이 장단을 치게 하는 文句이다.

〈표 16〉 제2과장의 목중 불림 비교

구분 판본	불 림	비 고
이두현	2목: 첫번째 춤- "白首寒心不老 수인사…" 후에 "洛陽洞天 梨花亭" 3목: 첫번째 춤- "黑雲而滿天天不見" 후에 "이 두견(杜鵑) 저 두견 만첩청산(萬疊靑山)에 문두견(問杜鵑)" 4목: 소상반죽(瀟湘班竹) 열두마디 후에 추천은 경출 수양이(鞦韆은 更出垂楊裡) 5목: 월락오제 상만천(月落烏啼 霜滿"/ 불림 한번만) 6목: 고소성외한산사(姑蘇成外寒山寺) 후에 "李白騎鯨飛上天" 7목: "萬壑千峰 雲深處" 후에 "玉洞桃花 萬樹春"(감사도처에 선화당이요) 8목: 청산녹수(靑山綠水) 깊은 골 후에 <江東에 범이나니 길로래비 훨훨> 쉬이 아나야. (춤과 반주 멈추고 다른 목중들을 부른다)	
오청	2목: 첫 번째 춤-불림이 없으나 창이 끗나자(끝나자) 타령곡을 반주하고, 한참 추다가 "쉬-" (악의 반주와 무는 긋친다.) 봉제사연후에 -- 또 춤을 추면서 창 (다른 목중들도 모두 같음) " 心不老 心不老 白首寒山에 心不老" 3목: "이 두견 저 두견 萬疊靑山에 문두견" 4목: "節槪는 驪山이요 地上仙은" 5목: "商山四晧 옛 늙은이 날 찻(찾)는다" 6목: "洗耳人間不聞 閑暇롭다" 7목: "玉洞桃花萬樹春 가지가지---" 8목: "萬事無心一釣竿可笑 롭다"	(8목이 "아나야" 불러내는 대사 없음. 3, 4같음

구분 판본	불　　림	비 고
김일출	2목: 첫 번째 춤-불림이 없음(다른 목중들도 모두 같음) 후에 "백수한산심불로" 3목: <이두견 저 두견 萬疊靑山(만첩청산)에 문두견> 4목: <寂寞(적막)은 막막 중천외(中天外)의 구름이 둥실 높이 떴다.> 5목: <월락오제(月落五啼) 깊은 밤에 한산사(寒山寺) 고소성외(姑蘇城外) 배를 대니 한산사 철고(鐵鼓)소리 객선(客船)이 둥둥.> 6목: <추천(鞦韆)은 경출수양리(境出垂楊裡)> 7목: <옥동도화만수춘(玉洞桃花 滿樹春)> 8목: 흑운만천(黑雲滿天) 천불견(天不見)	"낙양동천이화정"이 없다.
임석재	2목: 불림=넘노라 낸다(6목을 제외한 다른 목중들도 모두 같음) "心不老 心不老 白首寒山에 心不老" 3목: "이 두견 저 두견 만첩청산에" 4목: "절개는 여산(廬山)이요 지상신선은-" 5목: "商山四皓(호) 네늙은이 날 찾는다." 6목: "洛陽東天柳下亭(대사속에)", "洗耳人間事 不聞하는 한가롭다" 7목: "옥동도화 만수춘 가지가지" 8목: "강동(江東)에 범이나니 길로래비 훨훨" (또는 만사에 무심하니 일조간도 가소롭다)	먹중8이 춤추는 동안 7인이 등장. 伴奏는 타령, 구꺼리, 等이다

(5) 구성내용 비교

산대도감극계통의 대사진행방식은 대화체방식과 운문시를 노래한다. 그 내용은 풍자·욕설 등의 내용으로 민중들은 대리만족을 느낀다.

전체적인 내용을 살펴보면, 금강경을 읽고 있는 노승을 유혹하기 위해서 취발이가 목중과 소무·상좌를 이용하는 것이다. 노장을 퇴치하는 과정에서 첫목중의 은폐, 엄폐로 각개전투(개인춤) 방식을 통해 전개되고, 결국에 합동공격(합동춤/ 뭇동춤)으로 적(노장)을 퇴치하는 구성이 제4과장까지 연결된다. 특히 이 중에 오청의 극본은 노장이 제1과장 사상좌춤에 이미 등장해 있는 점에서 내용의 연관성을 확인할 수 있다.

목중들의 차례 표기는 각 대본별로 약간의 차이를 보인다. 이두현본은 '첫째목중'·'둘째목중'의 방식으로 각 목중을 명칭하고 있다. 오청본은 목(目)이라는 용어를 사용해서 각 목중들의 명칭을 '첫목', '二目', '三目'이라고 한문으로 표기했다. 김일출본은 "0" 재담, 불림, 하고 둘째목이 등장한다". 임석재본은 '먹중I', '먹중II'로 다르게 기록하였다.

각 대본들에서 목중들은 대사를 2번하고, 2번 춤을 추는 동일한 형식의 구성을 갖고 있다.

〈표 17〉 제2과장의 내용 비교

구분 / 판본	구 성 내 용	비 고
이두현	제2과장 제1경은 목중춤으로, 전체적인 설명은 없고, 첫목 소개로 춤추는 상황과 파계과정이 기록되어 있다. 첫째목중춤 소개: 한삼이 달린 붉은 원동에 남색소매를 단 더거리를 입고 큰 방울을 무릎에 달고 버드나무 생가지를 허리 뒤쪽에 꽂고 달음질하여 등장하다가 쓰러진다. 얼굴을 두 소매로 가리고 누운채로 타령곡에 맞추어 발끝부터 움직이는 동작을 시작한다. 겨우 전신이 움직이면 좌우로 삼전삼복(三輾三伏)하고, 네 번만에 간신히 일어서다가 쓰러지나 끝내 일어서서는 두 팔로 얼굴을 가리운채로 오른편을 살피고 왼편을 살핀다. 턱앞에 모은 양소매를 머리 위에서 만사위로 휘저으며 전신을 격렬하게 부르르 떤다. 그리고 비로소 얼굴을 가린 소매를 떼고, 괴이한 붉은 가면을 관중에게 처음 보인다. 재비의 타령곡이 한층 더 빨라지면 팔을	춤사위인 외사위, 깨끼춤 사위명칭을 기록하였다. 제2경에 법고놀이가 있다.

구분 / 판본	구 성 내 용	비 고
	휘저으며 한쪽 다리를 쳐드는가 하면, 한편으로 소매를 외사위로 휘저으며 매우 쾌활한 깨끼춤을 추면서 탈판을 휘돈다. 둘째목중이 달음질하여 등장, 첫목의 면상을 한삼자락으로 탁 치면 첫목은 아무 말없이 힐끗 돌아다보고 퇴장한다. 달음질하여 장내를 한 바퀴 돌고 탈판 한가운데에 서서 좌우를 돌아보고 쉬이(반주 멈춘다) 하고 대사가 끝나면 춤이 시작된다. (이하 팔목중의 등, 퇴장하는 방식은 같다) 각 목중들은 대사를 한다. 8목이 춤이 끝나면 쉬하고, '아나야아'로 8목이 퇴장했던 7명을 불러내어 "뭇동춤을 추고 가는 것이 어떠냐?"하고 묻고, 일제히 대답하고 장단에 맞추어 뭇동춤을 추면서 장내를 한 바퀴 돌고 퇴장한다.	
오 청	이 장면은 승려들의 파계과정을 표현하는 것으로서 취발이가 그 절에 잇(있)는 먹중 8명을 타락식혀(시켜)노승의 마음을 움지겨(직여) 보는 것이다. 八墨僧은 모다(모두) 또는 紅色(홍색)의 황홀한 긴 저고리를 입고, 울퉁불퉁하고 기괴한 가면을 쓰고 한 사람식(씩) 등장하여 타령곡의 반주에 맛(맞)추어 장래로 뛰어 도라(돌아)다니면서, 기괴하고도 쾌활한 춤을 추며 여러 가지 방탕한 노래를 부른다. 첫째목중춤 소개 : 붉은 빗갈(빛깔)의 웃옷을 입고 허리에는 청엽(青葉)의 유지(柳枝)를 꼽고 큰 방울 한아(하나)를 차고 달음질하야(여) 등장한다. 머리를 앞으로 푹-수구리고(숙이고) 술 취한 사람모양으로 비틀거리며, 저고리의 두 소매로 얼굴을 가리우고 타령곡의 반주에 마추어(맞춰) 춤을 추면서, 장래로 빙빙 도라(돌아)다니다가 땅에 넘어저서 넘어진 그대로, 타령곡의 반주에 맛추어(맞춰/맞추어) 춤을 춘다.	춤추는 목적이 뚜렷하게 기록. 법고놀이가 없다

구분 판본	구 성 내 용	비 고
	이는 엄숙한 노승의 앞혜(에)서 공축(恐縮)함을 늣긴(느낀) 까닭이다. 한참동안 그대로 춤을 추면서 이러나랴고(일어나려고) 하다가 업더(엎어)지기를 3차나 거듭한다. 네 번만에 겨우 이러나서(일어나서) 매우 쾌활한 춤을 추기 시작하야(여) 조곰(조금)도 꺼림업시(꺼리낌없이) 한참 추고 잇(있)을 때에 둘재(째)목이 다름질하야(여) 등장한다. 이목이 다름질하야(여) 들어와서 첫목의 면(面)을 한번 탁- 쳐서 퇴장식히고(시키고) 타령곡반주에 맞추어(맞추어)장내를 한박구(한바퀴) 도라(돌아)다니며 쾌활하게 춤을 추다가, 악공의 앞으로 와서 좌우를 도라(돌아)보면서 "쉬이" 하면 악의 반주와 무는 긋친다<그침/멈춤> 대사후 춤을 춘다. (목중들의 등, 퇴장방식 같음) 여덜재목(여덟째목)이 한참 춤을 출 때에 퇴장하엿든(였던) 먹중 七人이 일제히 등장한다. 먹중팔인이 한데 엉키어서 각자의 장기춤을 각 각 하부로 춘다. 六角은 타령곡과 굿거리곡을 석거서(섞어) 반주한다. 먹중 八人은 이와 같이 한참 뭇동춤을 추고 모다(두) 퇴장한다.	
김일출	등장인물을 첫목이 누워서 동작을 시작하여 일어나서 춤을 춘다. 둘째목이 등장하여 복숭아가지로 첫목의 얼굴을 때려 쫒고 재담<쉬 - 음악이 그친다. 이하 동일함> 다만 대사법은 ①, ②, ④와 같으나 목중의 대사가 차이가 있으며, 합동춤은 ②, ④와 같이 8목이 타령곡 반주에 맞추어 추고 있을 때 퇴장한 七人의 먹중이 함께 다시 등장한다. 8명의 먹중이 뒤섞여 뭇동춤을 춘다. 이 때 재비는 타령곡을 반주한다. 이리하여 흥겨워 춤을 추던 8명의 먹중은 퇴장한다.	오청본과 같다. 목중춤마다 춤을 춤추는 상황기록.
임석재	2목 대사는 구운몽의 팔선녀, 3목은 춘향가중 이도령이 춘향방의 사벽도사에 붙은 그림묘사, 4목은 판소리단가<불수빈>의 일부차용 등 음악에 맞춰 춤추고 노래부른다.	오청본과 대사가 같다.

구분 판본	구 성 내 용	비 고
해주	승려계급의 타락상을 형상화 한 것이다. 어린 상좌중만이 풍류장에 나타나서 화려한 춤을 추면서 노는 것이 아니라, 이번에는 불경을 읽을 대로 읽고 다시 수도승이 되겠다고 도를 닦고 있는 어른 중들까지 불경과 목탁을 버리고 속계에 내려와서 단가 잡가 등을 부르면서 된짖 안 된짖 중의 행동에서 탈선한 음탕한 언행을 한다. 첫목(1목)부터 탈판으로 뛰어 들어 온다. 단가 잡가 등을 부를 뿐만 아니라 음탕한 언행을 하면서 얼마간 경쾌하게 춤을 춘다. 2목이 뛰어 들어와서 1목을 손으로 툭 쳐서 퇴장시키고 1목과 마찬가지의 방탕한 짓을 하면서 춤을 춘다.	

사) 법고놀이

각 대본별로 공통된 부분 외에 제2경으로 법고놀이가 포함된 것이 있다. 이두현본은 제2과장 제2경인 '법고놀이'가 있고, 오청본과 임석재본은 법고춤 자체가 없고 제3과장으로 바로 이어진다. 김일출본에서는 법고춤을 제2과장이 아닌 제3과장춤이라고 하여서, 갑먹중과 7명의 먹중이 법고(法鼓)와 옷을 벗구 놀자는 부분을 따로 분리해서 란무(亂舞)하다 퇴장한다는 몇 줄의 대사와 지문설명만으로 간단하게 기록하였다. 따라서 법고 춤을 출 때 "재비(樂士)는 악기를 내 놓고 퇴장한다" 이러한 과정에서 악사들은 이때 잠시 휴식을 취한 것으로 보인다. 각 대본에서 법고놀이의 내용은 '법고춤'을 '벗고 놀자'는 뜻으로 풀이해서 노는 것이 비슷하지만, 이두현본은 연극식 대사를 리얼하게 사용해서 100여 줄을 할애한 특징이 있다.

3) 제3과장 사당춤

(1) 명칭(名稱) 비교

〈표 18〉 제3과장의 명칭 비교

구분 / 판본	명 칭	비 고
이두현	사당춤(社堂舞)	
오청	社黨舞	
김일출	거사 사당 춤(제4과장으로 표현했고 제3과장은 법고 춤)	
임석재	제3과장	
해주	ㄷ, 사당춤(社黨舞)	

(2) 가면 비교

가면을 쓰지 않고 출연자 모두가 배역가면을 머리 위에 얹어서 쓰는 형식을 취하였다. 이중 임석재본은 홀아비거사와 거사는 목중탈을 공용하고, 사당은 소무탈을 공용한다.

(3) 등퇴장 비교

〈표 19〉 제3과장의 등퇴장 비교

구분 / 판본	등 퇴 장	비 고
이두현	등장인원: 총9명(거사 7명과 홀애비거사, 사당1명) 사당은 남여에 타고(혹은 걸어서) 등장한다. 4과장 출연자만 제외하고 남녀 전원 등장해서, 놀량1 · 놀량2(놀량가) · 앞산타령 · 뒷산타령 · 경발림 등을 부른다.	

구분 / 판본	등 퇴 장	비 고
오청	등장인원: 8명 절(寺) 부근의 촌락에 왔든 거사 社黨 一團으로 하야금 老僧의 마음을 간즈려(건드려?)보는 것으로 등장하여 놀량가를 합창한다. 거사1인이 사당1인을 업고 거사6인이 뒤따른다.	앞산타령, 뒷산타령, 경발림은 기생들을 초청하여 한 두 번씩 들었다고 한다. 김선봉, 윤옥, 김애선 현재 보유자 증언.
김일출	녀사당 머리는 낭자를 틀고 록의홍상(綠衣紅裳)의 옷을 입고 우수(右手)에 양산(陽傘)을 들고, 좌수(左手)에 딱선을 들고, 교자 (轎子)바탕에 타고 등장. 등장인원: 9명(녀사당1인, 거사8명). 거사(녀사당의 남편)는 부인이 다른 사람에게 롱락이나 당하지 않을가 하여 당황하여 덤빌 때 교군이 교자를 탈판 밖에다 내려 놓고 법관이 거사를 잡아들이라는 령(令)을 내렸다고 거짓 말로 큰소리로 쑥덕거린다. 시대기짐을 진 거사는 더욱 녀사당을 버리고 도망갈 일이 안타까워서 녀사당 앞으로 왔다갔다하면서 혹은 녀사당 귀에 대고 씨부렁거리면서 당황하며 덤비다가 6명의 거사들이 잡아들이라는 소리에 놀라 도망하여 퇴장한다.	비교적 상황설명을 하고 있다.
임석재	홀아비거사가 뭇동춤을 되는대로 함부로 추며 등장. 등장인원: 9명(가마4인, 등롱2인, 일산1인, 거사1인 사당1인) 놀량가 부른 후 난무(亂舞)하며 퇴장한다.	
해주	교자를 타고 네 명의 거사에 메여 등장하는데, 두 명의 거사는 등롱을 들고 길을 안내한다. 그 때 홀아비거사는 여사당의 앞뒤를 왔다갔다하면서 방정을 떨고 돌아다닌다. 탈판에 이르자 여사당은 교자 위에 서 있는다. 다른 거사들이 홀아비거사를 내쫓고 여사당을 가운데에 놓고 희롱하면서 춤을 추다가 퇴장한다.	

사당춤 『무라야마가 본 조선민속, 한국 1930년대의 눈동자』

봉산은 경의선 철도의 개통과 함께 쇠락하고, 대신 정거장이 있는 사리원이 번성했다. 역전에는 경암산이 있고, 그 산기슭에 가설 관람석을 만들어 탈춤을 하였다. 탈춤은 밤에 벌어져 일찍이는 횃불만으로 조명을 하였지만, 송석하의 시대에는 전등을 끌어 들여 썼다(송석하의 논문). 사진은 팔먹중이 사당과 함께 등장하는 즈음. 정면에 「경암루」가 있고, 그 누의 앞에는 총독부의 관료들이 앉아서 보고 있다.

이 사진은 「민중오락으로서의 봉산탈춤」에 「경암산 아래의 공연장」으로 게재되어 있다. [경암산 아래의 공연장]

제3과장 놀량가 장면 〈현재〉

(4) 대사 비교

〈표 20〉 제3과장의 대사 비교

구분 판본	대 사	설명지문표기
이두현	거사1 : 술렁수우 거사들: 예에잇(일제히 대답) 거사1 : 홀아비거사 다무기(가무기)잡아들여라. 거사들: 예에잇(일제히 홀아비거사를 잡으러 쫓아간다)	시래(대)기짐
오청	거사甲: 술렁수-(악의 반주는 긋친다) 거사 : 乙丙丁戊己(五人 일제히). 예-잇 거사甲: 홀아비 거사 잡아드려라 거사乙丙丁戊己: 예-잇(소고・장고・정・꽹매기 등의 악기를 각각 울니며, 응덩이춤을 추면서 홀아비거사를 붓잡으랴고 장내를 쪼차다닌다.…이하생략)	시래기집

구분 / 판본	대 사	설명지문표기
김일출	거사 갑: 여보라(법관) 6명의 거사: 네(일제히) 거사 갑: (도망하여 탈판을 이리저리 들고 있는 시대기짐을 진 거사를 손질하면서) 저 거사를 잡아오너라. 6명의 거사들: 네(일제히) (6명의 거사는 징, 장구 등 악기를 치며 시대기짐을 진 거사를 잡으려고 하면서 장래를 뛰어든다.…이하생략)	시대기짐
임석재	거사1: 술녕수우. 거사一同: (五人一齊히)예에잇. 거사1: 호래비거사 잡아들여라 거사一同: 예에잇(거사들은 各己 ,북, 杖鼓, 징 괭과리, 小鼓 등을 들고 웅뎅이춤을 추면서 호래비거사 잡으러 쫓아간다.…(중략)… 내종에는 場外로 逃亡간다.)	시래기짐(호래비거사 一名 가무기)

(5) 내용 비교

①, ②, ④는 전출연자가 나와서 서도민요를 부르는 양식이나, ③의 김일출은 극적인 배역을 통해 법관을 출연시키고 녀(여)사당의 남편으로 설정 등장시켜 부인이 농락 당하지 않을까 사랑의 애닮은 구성을 하였다. 이렇게 거사들이 여사당을 희롱하는 것을 보고 홀애비거사가 나타나 부인의 옷도 만져보고 안타까워 얼굴도 만져보고 하는 구체적인 설명을 하고 있다. 해주탈춤도 록의홍상(綠衣紅裳)에 소무(小巫)의 탈을 쓰나 탈을 쓰지 않고 그냥 나오기도 한다고 기록하였다. 따라서 3의 내용이 다음장면에서 수도승이 소무와 파계하는 과정을 더 효과적으로 표출하게 한다.

〈표 21〉 제3과장의 내용 비교

구분 / 판본	구 성 내 용	비 고
이두현	한 명의 홀아비거사가와 7명의 거사가 등장해서 홀아비거사를 잡아들이게 하고, 놀량4거리(놀량1,2 앞산타령 등)를 부른다. 사당이 화려하게 치장을 하고 걸어서 혹은 남여를 타고 등장하여 7명의 거사들이 사당을 앞세우고 장고, 북, 소고 등을 치면서 탈판으로 들어온다. 시래기짐을 지고 장단에 맞지도 않은 춤을 추면서 들어와서 사당을 보고는 괜히 좋아서 어쩔 줄을 모른다. 사당의 옷도 만져보고 얼굴도 만져보고 갖은 짓을 다한다. 거사들이 이것을 못마땅히 여겨 “술령수우” 하고 거사들을 불러들여 잡게 하나 도망친다. 거사들이 다시 사당과 어울려서 놀량가 사거리(놀량1, 2. 앞산타령 뒷산타령, 경발림)를 부른다.	
오청	절(寺) 부근 촌락에 왓든(왔든) 거사 社黨 一團으로 하야금 노승의 마음을 간즈려 보는 것이다. 거사1인이 사당을 업고 거사5인(甲, 乙, 丙, 丁,戊, 己)이 모여 선다. 놀량가만 부른다.	이두현본과 줄거리가 같다.
김일출	홀아비거사가 시래기짐(사당의 행장)을 지고 나와 녀사당간의 부부의 사랑을 극적으로 미화시켰다. 머리는 낭자를 틀고 옷은 록의홍상(綠衣紅裳)에 우수에 양산을 들고 좌수에 딱선을 들고 교자바탕에 타고 등장하면, 3명은 패랭이를 쓰고 중앙에 3명은 사물을 들고 4명의 거사는 교자를 메고 교군 뒤에는 거사(녀사당 남편)를 따라와 다른 사람들에게 롱락이나 당하지 않을가(까) 당황하여 덤빈다. 이때 법관이 거사를 잡아드리(들이)라는 령(令)을 내렸다고 숙덕거리니 시래기짐을 진 거사는 녀사당을 버리고 도망갈 일이 안타까워서 녀사당 앞을 왔다갔다하고 혹은 귀에 대고 씨부렁거리면서 당황하다 퇴장한다. 일동은 놀량사거리를 부르며 란무(亂舞)한다.	

구분 판본	구 성 내 용	비 고
임석재	거사4인이 사당을 가마에 태우고 일산을 바치고 등장하여 가마에서 나와 거사6인과 같이 만장단調에 맞추어 놀량가만 부른다. 홀아비거사가 시래기짐을 지고 되지도 않는 춤을 함부로 출때 4인이 화관 몽두리를 화려하게 치장을 한 사당을 가마에 태우고 등장한다. 거사 둘이 등롱을 들고 1인은 일산을 들고 등장한다. 거사들이 홀아비거사를 내쫓고 만장단조에 맞추어 놀량가만 합창하며 군물(軍物)을 치며 난무한다.	
해주	사당춤은 해주, 강령에서는 놀지 않고 기린에서는 거사춤으로 놀고 있다. 여사당을 연모하는 홀아비거사를 내쫓고 다른 거사들이 여사당을 희롱하는 것을 주제로 하고 있으며, 합동무용으로 가무극을 구성하고 있다. 홀아비거사1명, 거사6명(교군4명, 초롱잡이 2명) 여사당, 1명. 승려의 파계장면의 한 막간으로 등장하는 것이다. 거사라는 것은 늦게 도를 닦으려 절에 들어갔다가 초지를 관철 못하고 다시 속계에 내려와 떠돌아 다니면서 풍류장에 드나드는 존재이며 여사당이라는 것은 일종의 저급한 흥행단체에 따라다니면서 가무에 종사하는 여자로서 사회풍기를 문란시키는 타락한 생활을 하는 존재이다. 거사들이 미색을 둘러싸고 희롱하는 장면을 등장시킴으로서 다음과정에서 벌어지는 수도승의 파계상을 더 효과적으로 표현할 수 있는 것이다.	

4) 제4과장 노장춤

(1) 명칭(名稱) 비교

〈표 22〉 제4과장 노장과장의 명칭 비교

판본＼구분	명 칭	비 고
이두현	노장춤(老長舞)	
오청	老僧舞	
김일출	제5과장 로승	
임석재	제4과장	
해주	ㄹ, 로승춤(老僧舞), 신장사춤, 취발이춤(醉發舞)	

재령 탈춤 놀이의 소무 탈(小巫假面)
(1953년 6월, 박 형식 로인 제작, 교통성 예술 극장 소장)

봉산탈춤 소무 〈현재〉

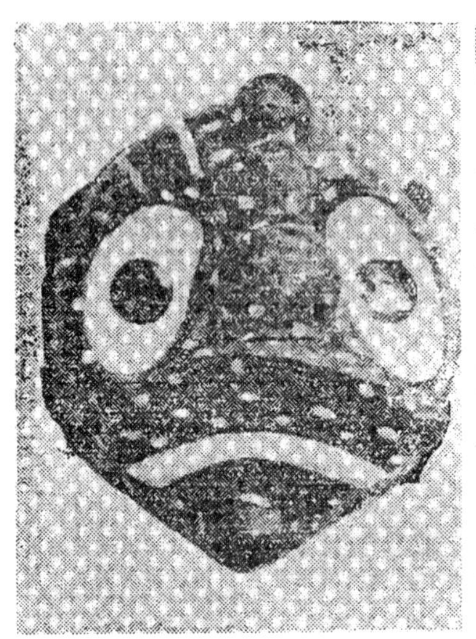

봉산탈춤 놀이의 목 탈(墨僧假面)
(1954년 4월 20일, 박 성찬 로인 제작,
과학원 고고학 및 민속학 연구소 소장)

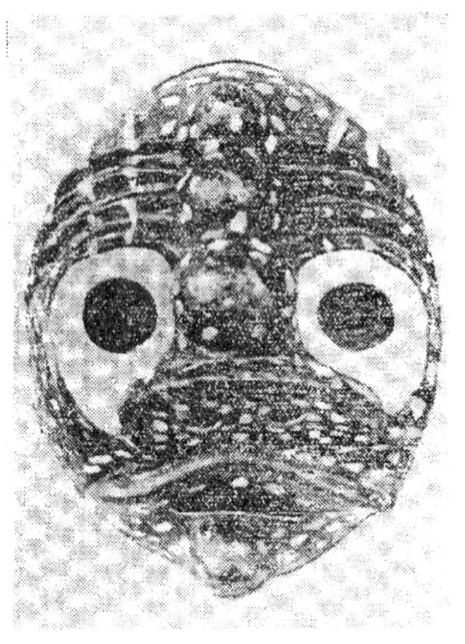

봉산탈춤 놀이의 로승 탈(老僧假面)
(1954년 4월 20일, 박 성찬 로인 제작,
과학원 고고학 및 민속학 연구소 소장)

노장가면 (필자 소장)

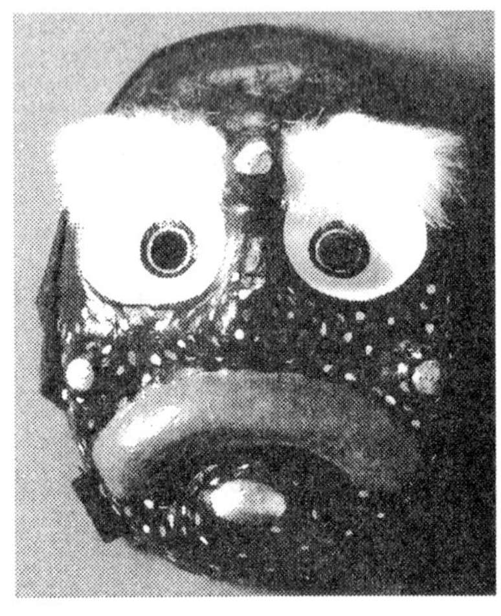

노장가면 〈현재〉

(2) 가면 비교

〈표 23〉 제4과장 노장과장의 노장가면 비교

구분 / 판본	가 면	비 고
이두현	노승 가면은 검푸른 바탕색에 金色點(紙탈/특색)을 눈아래 얼굴전면에 찍었고, 흰색으로 눈썹을 표시하고 눈은 금지(金紙)와 검은 선을 둘렀고 백색으로 흰 눈자위를 나타내고 내민 입술은 붉다. 혹은 미간(眉間)에 두 개 볼에 두 개, 아래턱에 세 개의 혹을 만들고 금종이를 발랐다.(1목: 높이28㎝ 너비20㎝)	쇠맥(釗貊)은 북방종족 이름이다.
오청	울퉁불퉁한 탈	
김일출	박성찬 제작/로승탈 : 길이35㎝, 넓이 28㎝, 람색 빛깔에 흰반점 취발이탈: 길이40㎝, 넓이30㎝, 홍색빛깔.	
임석재	소무는 一名 쇠맥씨(近來는 妓生으로 대용), 노장은 黑面 외에 구체적인 가면설명이 없다	
해주	남색바탕에 두 눈이 움펑 들어가고 콧등에는 큰 혹이 2~3개씩 툭툭 비져 나오고 국직국직한 이마주름이 좌우로 세 줄 그어져 있고 온 얼굴에 옴 같은 부스럼이 두덕두덕 난 기괴망칙한 탈에 송락을 쓰고 무릎까지 늘어진 염주를 목에 걸고 큰 사선선(四仙扇)을 들고 있다.	

(3) 등퇴장 비교

〈표 24〉 제4과장 노장과장의 노장 등퇴장 비교

구분 / 판본	등 퇴 장	비 고
이두현	노장등장을 목중8명이 인위적으로 모시고 입장, 노장이 목중들에게 안내되어 나오다가 노장이 없어진 듯 하여 목중들이 찾는 것부터 劇(극)이 시작된다.	목중들이 도(道)에 다만 신경 쓴 노장을 일방적으로 끌어 낸 것 같은 구성
오청	소무가 인위적으로 가마를 타고 입장, 노장이 소무와 목중들의 춤추는 모습을 공감하여 남모르게 슬쩍 입장, 사선선을 얼굴을 가리고 서 있다. 소무와 목중들이 춤을 추다가 노장을 발견하고 깜짝 놀래어 목중1(初目)이 대사한다.	극적으로 자연스럽게 구성되었고, 취발이의 계략적 꼬임에 넘어가 불도에만 신경 쓴 노장이 속세를 알고 싶어하는 것을 나타낸다.
김일출	오청본과 같다.	
임석재	오청본과 같다.	
해주	오청본과 같다. 파계한 노승은 갖은 추태를 부리면서 미색을 데리고 희롱하다가 나중에는 취발이의 완력에 그 미색까지 빼앗기고 퇴장하고 만다.	

(4) 대사 비교

일반적으로 탈춤에 등장하는 노장은 대사가 없다. 단, 해주탈춤은 로승이 소무를 끼고 노는 것을 본 취발이가 로승을 시기해서 조롱하는 것으로 시작한다. 능글맞은 노승이 눈치를 알아차리고 '이 당돌한 놈 어디 감히 스님이 데리고 노는 소무를 꾀여 내려고 하는고'하면서 주제에 호령을 탕탕 치기도 하고 취발이를 때리기도 한다. 봉산탈춤은 극이 시작되면서 도입부분에서 목중들의 대사가 이두현의 대본과 오청, 김일출, 임석재가 다르며, 노장이 등장하는 상황도 다음과 같이 다르다.

〈표 25〉 제4과장 노장과장의 노장확인 대사 비교

판본＼구분	대 사	비 고
이두현	1. (등장하여) 우리가 노장님을 모시고 나왔는데 노장님은 간 곳 없고 지팡이만 가지고 떵꿍하였구나. 2. 백구타령, 오도독이 타령 2곡을 부른다.	
오청	1. (등장하여 노승을 가르치며) 저 동편을 바라보니 비가 오실나는지 날이 흐렷구나. 2. 억개(어깨)를 겨누고 노승에게 향하여 가면서 (백구타령을 하는 대목에 있어서 추가 가사와 지문) 1) 五柳春光景 조흔대(좋은데) 백마금편 花柳가자 2) 三目이 初目, 二目의 뒤로 따라가다가 두 사람의 억개를(어깨를) 한번 탁 친다. 두 사람은 깜짝 놀라며 뒤를 횔근(힐끔) 도라다(돌아다) 본다. 3) '백구야 껑충 날지 마라, 너 잡을 내 안이다'라고 창하면서 初目 二目 두 먹중과 억개를(어깨를) 견우고(견주고) 춤을 추며 도라(돌아) 온다. 4) 오도독이 타령 대신, 먹중 八名이 이러케(이렇게) 서로 각각 番갈아 가면서 무슨 타령이니 무슨 노래니 하면서 노승에게 무러(물어)보고 도라(돌아) 와서 노승을 모욕한다 5) 1은 만변야락 재를 올려보자꾸나 인데, 6) 나무아비타불 관세음보살에 대해 - '願我臨欲命終時 盡除一切諸 障碍 面見彼佛阿彌陀卽 得往生安樂刹'으로 표현하였다.	오청은 '만변야락굿을 하여 보잣구나.' 그외 '누워'를 '업더져' 등으로 한다.
김일출	저 동편을 바라보니 비가 올 듯하다. 날이 캄캄하구나. 여보시오(군중들을 보고) 비가 올 듯하니 장독 덮으시오.	
임석재	목중이 한참 춤을 추다가(노장 쪽을 가르키면서) 동편을 바라보니 비가 오실랴는지 날이 흐렸구나.	상황전개 2)와 같음

구분 / 판본	대 사	비 고
해주	목중의 대사 1) 확실히 노승님이시다.(봉산/ 노승님이 분명하더라) 2) 백구타령이나 불러볼까?(봉산/ 백구타령을 한번 하여보자) 3) 슬쩍 귀에 들리게 할까요?(봉산/ 귀에다 소르르-----) 4) 죽은 것이 틀림없다. 6, 7월에 죽었는지 썩은 냄새가 코를 찌르고 구더기가 끓고 있네(봉산/ 개 썩은 냄새가 나더라) 5) 로승이 이 세상에서 없어지고 말게 된다, 이렇게 무자비하게 승려 계급을 규탄하는 것이다. 그리고 재등장한다(봉산/ 중은 중의 행세를 해야 하고--(중간생략)--스님이 돌아가셨으니 천변수락에 만변야락에 굿(재)를 하여 보잣구나 하고 염불로 갱생시켜 극을 연결하게 한다.)	

(5) 내용 비교

노장이 미인계에 빠져서 자신의 도리를 잃고, 불교의 상징인 염주를 여인(小巫/小梅)에게 선물을 걸어주며, 노총각인 취발이한테 혼이 나서 여자 마저 빼앗긴다. 노장은 불교를 취발이는 유교적 민중을 동경하고 배척도 하는 2중 성격으로 묘사되면서, 유교와 불교와 혼합된 복잡한 관계를 가지고 있다.

이두현본은 노장과장의 내용을 각각 제1경, 제2경, 제3경을 나누어 경으로 설명한 극본이고, 김일출본은 제5과장 로승, 제6과장 신장사, 제7과장 취발이 과장으로 구별하였다. 그 외의 오청, 임석재본은 노장과장을 경, 과장, 표시가 없이 내용을 전개하였다.

노장과장에 대한 문제의식은 소무를 통해서 확실하게 보여준다. 즉, 이두현본에서는 소무1인을 출연시켜서 종교인으로서 인간이기 때문에 어쩔 수 없는 본능을 드러내더라도 한 번의 실수로 체면을 유지하게 하는 암시적인 행위를 한다. 그러나 오청, 김일출, 임석재본은 노장이 한편구석에서 이미 입장해서, 목중과 소무2인이 춤을 추는 것을 보고 山中에 틀어 박혀 無味하게 보낸 것을 후회하게 된다. 이렇게 "비속한 노장"이 완전하게 "파계된 인간"으로 되었더라도, 회개하면 그 행동이 용서될 수 있도록 다음과장에 등장하는 獅子의 성격에 극적인 효과를 가져다주고 있다.

〈표 26〉 제4과장 노장과장의 노장확인 내용 비교

구분 판본	구 성 내 용	비 고
이두현	목중들이 노장의 육환장(六環杖)을 어깨에 메고 노장을 끌고 개복청으로부터 타령곡으로 탈판으로 들어온다. 소무는 화려하게 치장을 하고 머리엔 족두리를 썼다. 부채로 얼굴을 가리고 얌전히 남여 위에 앉아 있다가 부채를 남여에 놓고 내려와서 춤을 춘다. 제1경 노장춤, 제2경 신장수춤, 제3경 취발이춤으로 연결하여 노장의 파계하는 과정. 소무1인/ 1. 취발이가 유혹하여 돈을 줌 2. 소무가 애(아이)를 낳고 퇴장.	제1경/ 노장춤, 제2경/ 신장수춤, 제3경/ 취발이춤
오청	소무2인이 각각 가마를 타고 먹중八人에게 떠바치어 등장하여 타령곡에 맞추어 먹중들과 같이 화려한 춤을 춘다. 이러는 동안에 노승이 송낙을 쓰고 먹장삼(長衫) 우에(위에) 홍가사(紅袈裟)를 메고 백팔염주(百八念珠)를 목에 걸고 남모르게 슬적이 입장하야 한편구석에서 사선선(四仙扇)을 얼골(굴)을 가리우고 육환장(六環杖)을 집고 가만히 선다. 먹중들은 소무2인과 같이 한참 춤을 추다가 그중 한사람이 노승의 서 잇는 편을 바라보고 깜작 놀랜다.(이때에 악의 반주와 무는 긋친다) 소무2인/ 1. 소무가 돈을 달라고 노골적으로 손을 벌림 2. 애를 낳고 소무가 앉아 있음.	제1경 2경, 3경 구분 없이 노장춤으로만 연결하였다. 4)와 같음

구분 / 판본	구 성 내 용	비 고
김일출	제일 먼저 8목이 탈판에 나타나 춤을 춘다. 로승은 8목의 홍겨운 춤을 보면서 탈판 한 모퉁이에 서 있는다. 소무와 팔목이 로승을 유인하여 탈판에 나온 후 등장하여 로승에게 어울린다. 8명의 먹중들이 한창 홍겨운 춤을 추고 있을 때 로승이 탈판 한 모퉁이에 나타난다. 그외 2)의 오칭과 같다. 소무2인/ 1. 취발이가 유혹하여 돈을 줌 2. 애를 낳고 버린다.	제5과장 노승, 제6과장 신장사, 제7과장 취발이 (醉發)
임석재	소무둘(2인)을 가마에 태워 들어와 장내중앙쯤 와서 내려놓는다. 소무는 화관몽두리를 쓰고 검무복을 입고 등장한다. 가마에서 내려와서 먹중들과 어울려서 타령곡에 맞추어 춤을 춘다. 이렇게 추는 동안 장내의 한편으로 다가가서 손춤을 추다가 먹중과 노장사이에 여러 가지 일이 일어나게 되면 적당한 시기에 살며시 퇴장한다. (노장과 먹중놀이를 하던 목중들이 퇴장하면 소무는 노장이 누워 있는 자리에서 좀 떨어진 데서 양인(兩人)상당거리를 두고 서서 염불곡조에 맞추어 춤을 춘다 소무2인/ 1. 소무가 돈을 달라고 손을 내민다. 2. 애를 낳고 퇴장한다.	먹중과 소무들이 亂舞(난무)하는 동안 남모르게 가만이 입장하여 사선선으로 얼굴을 가리고 육환장을 짚고 난무상을 본다. 제1경 2경, 3경 구분없이 노장춤으로만 연결하였다.
해주	제1경 2경, 3경 구분없이 노장춤으로만 연결하였다 기린, 봉산에서는 로승춤, 신장사춤, 취발이춤 등 3과정으로 분리해서 노는데 해주에서는 파계승 또는 노승춤과정에서 통합하여 한 과정으로 놀고 있다.(김일출 극본과 비교한 것 같다) 소무2인/ 1경에서 노승이 완전히 죽게 된다. 승려계급의 타락상을 나타나게 하기 위하여 '개'로 취급했다가 타다 남은 '기둥'으로 취급하여 결국은 사망으로 연결하게 한다. 최후의 발악을 하면서 죽어 넘어져 가는 노승을 버드럭 버드럭 우물우물 꿈틀꿈틀하다가 꼿꼿이(柳柳井井花花)죽었다고 야유로 표현한다. 또 죽은 송장은 썩어서 구더기가 끓여도 누구 한 사람 동정할 사람이 없다는 착취계급의 말로를 비판하고 있다.	봉산탈춤은 노승이 극적으로 다음장면에 출연장면의 연결을 문제삼아 염불을 하며 재를 올림으로써 다음과장으로 자연스럽게 이어지게 되나 해주에서는 노승의 타락상을 더욱 혹독하게 폭로하기 위하여 로승을 다시 등장시켜 소무를 얼리는 장면이 벌어진다.

(6) 신장수경 비교

가) 신장수의 명칭과 등퇴장 비교

〈표 27〉 제4과장 노장과장의 신장수명칭과 등퇴장 비교

구분 / 판본	명 칭	등 퇴 장
이두현	신장수	신짐을 짊어지고 등장, 신장수가 노장한테 신을 팔고 난 다음 원숭이가 가지고 온 노장의 편지를 보고 돈을 받지 못하고 매(장작찜)를 맞을까봐 급히 퇴장
오청	혜상(鞋商)	원숭이 짐을 지고 등장, 원숭이가 노승에게 매맞고 있는데 신장수가 노승에게로 뛰어가서(쪼차가서) 빼앗아 원숭이를 치료받기 위해 퇴장(노장이 때림으로 해서)
김일출	신장사	신장사가 원숭이 짐을 지고 타령곡에 맞추어 탈판으로 등장한다. 신값을 계산하다가 원숭이가 방해해서 그냥 흉내를 잘 낸다는 견해로 불림"이두견, 저두견 만첩청산에 문두견" 춤을 추다가 퇴장한다.
임석재	신장사	오청본과 같다.
해주	신장사	원숭이가 편지를 전달한 뒤 소무 치마 속으로 들어가 음탕한 짓을 한다. 신 값을 주지 않자 편지를 남기고 퇴장한다.

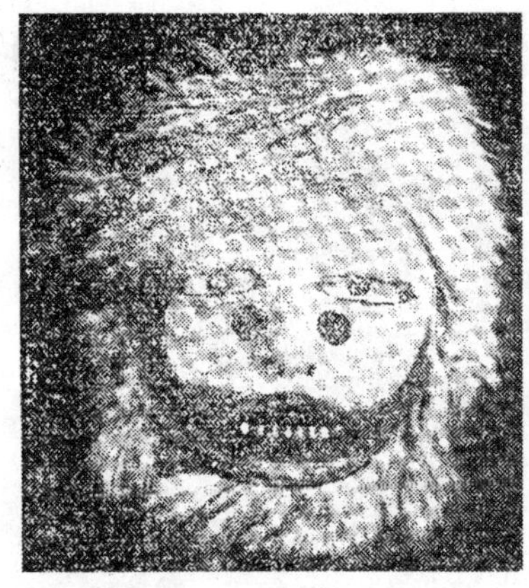

봉산탈춤 놀이의 원숭이 탈
(1954년 4월 20일, 박 성찬 로인 제작, 과학원 고고학 및 민속학 연구소 소장)

원숭이 탈 〈현재〉

신장수 등장 <현재>

신장수 탈 <현재>

신장수 원숭이 공연장면 <현재>

신장수와 원숭이 로승 한 장면

신장수와 원숭이 로승 한 장면
〈『조선민속탈놀이연구』 김일출저, 사진 上, 下〉

나) 원숭이

원숭이는 이두현·오청·김일출·임석재본이 모두 비슷한 내용을 가지고 있으나, 이두현본은 신장수의 신 값을 받아오는 과정을 연출하였고 오청·임석재본은 음탕(淫猥)한 동작을 소무와 신장수와 상호관계를 하다가 원숭이가 노승에게 매를 맞아 치료 때문에 퇴장하게 된다. 또, 김일출본은 원숭이가 사람의 흉내를 잘 낸다고 해서 춤을 춘다. 다만 오청본에서 원숭이를 원(猿)이란 명칭으로 기록하였고, 다른 대본에서는 모두 원숭이로 기록하였다. 그 외에 해주탈춤에서는 신장수의 편지전달자로 기록한다.

다) 신장수경의 내용 비교

〈표 28〉 제4과장 노장과장의 신장수경 내용 비교

구분 / 판본	신장수경의 내용	비 고
이두현	신장수가 노래(간다 간다네에/ 청춘가 조)를 하면서 노장 쪽으로 지나가려는데 노장이 신장수의 면상(얼굴)을 치면 극(劇)이 시작된다. 또한 원숭이는 소무 등 뒤에 붙어 음외(淫猥)한 짓을 한다. 노장에게 신발을 팔았으나 결국 신발값을 못 받고 퇴장하게 된다.	
오청	혜상(鞋商/신장수)이 신발을 팔고 있는데 노장이 신장수 뒤에서 부채(扇)로 억개(어깨)를 친다. 원숭이가 소무 등에 붙어 음탕한 동작을 노골적으로 표현하여 신장수가 그것으로 보고 원숭이를 엎어놓고 '너는 소무하고 했으니 나는 너를 하겠다'고 한다. 또 원숭이가 다시 신장수한테 일어나서 한참동안 그 짓을 한다. 혜상이 계산을 하고 있는데, 원숭이는 또 다시 소무한테 음탕한 동작을 하다가 노승한테 맞아 원숭이 치료를 위해 혜상이 퇴장하게 된다.	현재 원숭이는 형식적인 섹스 행위를 하면 원숭이를 노장이 부채로 친다.

구분 / 판본	신장수경의 내용	비 고
김일출	탈판 한 모퉁이에 섰던 노승이 신 사라는 말을 듣고 터벅 터벅 걸어 나와 신장사를 부채로 때리면 신장수가 깜짝 놀래어 극이 시작된다. 로승이 계속 구타로 인해 신을 팔게되는데 원숭이가 뛰어나오자마자 소무한테 숨어버려 점복사설(점치는 행위)을 하게된다. 신값을 계산하는 신장수를 방해하나 털어 버리고 사람의 흉내를 잘 낸다고 하니 춤이나 한번 추자고 하면서, 신장수의 불림(이두견, 저두견 만첩청산에 문두견)에 맞춰 춤을 추다가 퇴장한다.	
임석재	신장수가 신을 팔고 있는데 노장이 신장수 뒤로 가서 부채로 치며 신을 사겠다는 노장의 동작에 바로 신 짐을 내려놓고 보따리를 꺼내는데 원숭이가 뛰어나와 대화를 나누게 된다. 신 값을 받으러 간 원숭이가 소무한테 음외(淫猥)한 짓을 하다가 노장한테 맞아서 치료(治療)하러간다고 신장수와 원숭이가 퇴장한다	②와 같음
해주	노승은 소무에게 환심을 사려고 갖은 봉변을 당하면서까지 외상으로 신발을 산다. 신장수는 원숭이를 시켜 신값을 받아오라고 편지를 써서 노승에게 보낸다.	신을 매매하는 장면을 연구해 볼 가치가 있다

라) 편지내용 비교

해주탈춤에 보이는 편지의 내용을 보면, "기체후 일향만강한지 알고저일세. 신값 두돈칠푼. 홋장날 장작전 모퉁이에서 만나보자" 이다. 원숭이란 놈은 로승이 사랑하는 소무의 치마 속으로 들어가서 수작을 벌이고는 시침을 뚝 떼고 로승 앞에 와서 눈만 말똥말똥, 깜짝거리면서 그의 얼굴만 쳐다본다. 이를 눈치챈 로승은 원숭이를 때리려고 하지만 날랜 원숭이는 이를 피해서 달아난다. 외상값을 받지 못한 신장수가 앞의 내용과 같은 편지를 써서 보내게 된다. 로승에게 이루 형용할 수 없는 욕설을 하면서 편지대로 홋장날 장작전 모퉁이에서 만나면 장작개비로 때려죽이기라도 할 듯이 분개하여 그 장소를 떠난다. 노장이 이와같이 주색잡기에 밤낮을 가리지 않았으니, 이제는 신 한 켤레 살 돈조차 떨어 졌고 신값 살 돈이 있겠는가? 외상값 독촉하는 편지에 반말의 문투가 뚜렷히 나타나고 있다. 외상값을 진 죄로 이러한 봉변쯤이야 참을 수 있었을까? 수도를 파계했을 뿐만 아니라 이번에는 육체적 운명까지 위험을 느끼게 되나, 그래도 소무를 희롱하는 3단계의 수법으로 취발이가 등장하게 된다.

이와 같은 내용이 봉산탈춤 1)에서는 반대로 노승이 신장수한테 편지를 써서 장작전 뒷골목에서 만나자고 한다. 내용의 전후맥락을 따져볼 때 劇的(극적)으로는 해주탈춤이 더 타당하게 구성되어 있는 것 같다.

(7) 취발이경 비교

가) 명칭·등퇴장 비교

〈표 29〉 제4과장 노장과장의 취발이경 명칭과 등퇴장 비교

구분 / 판본	과장명칭	명 칭	등 퇴 장
이두현	제4과장 <제3경> 취발이춤	취발이	비틀거리며 타령곡에 들어와 노장과 소무와 삼각관계 후 춤추며 아이를 들고 퇴장한다.
오청	제4과장 노승무에 포함	醉發	술 취한 것처럼 비틀거리며 들어오다가 타령곡의 반주에 맞추어 춤을 추며 다름질하여(야) 등장하여 小兒(아해)를 안고 퇴장한다.
김일출	제7과장 취발이 (醉發)	취발이	술 취한 듯이 비틀비틀하면서 록음가지를 이마에 대고 너머질 듯 너머질 듯 하면서 등장하여 불림을 청하여 퇴장한다.

구분 판본	과장명칭	명 칭	등 퇴 장
임석재	제4과장 포함.	취발이	술 취한 것처럼 비틀거리며 등장하다 갑자기 달음질하여 중앙으로 온다. 언문뒤풀이 도됴두듀 도장에 늙은 몸이 두고 가기 막연하다. …(이하생략) 타령곡에 맞추어 춤을 한바탕추고 아이를 들고 퇴장.
해주	오청본과 같음	취발이	

나) 탈과 복색의 의미

취발이탈은 붉은 색 바탕에 긴 얼굴에 이마주름살이 6개정도가 있다. 예전에는 가면이 커서 코 옆에다가 눈구멍을 뚫었으나, 요즘은 석고보드에다가 맞춤형식으로 사람얼굴형 가면(높이34㎝, 너비25㎝ 정도)에 맞게 제작된다.

초창기의 의상, 가면은 아래 해주탈춤 참고해서 확인할 수 있다. 해주탈춤에 사용하는 취발이의 탈은 붉은 바탕에 두 눈이 움푹 들어가고, 이마에는 큰 주름살이 세 줄씩 좌우로 내려 째져있다. 그리고, 온 얼굴에는 옴딱지 같은 부스럼이 울퉁불퉁 흑점과 백점으로 표시되어 있으며 코는 돼지코처럼 뒤로 벌떡 자빠져 있는데다가, 더꺼머리총각 머리카락이 이마에 늘어져 있어서 아주 험상궂게 보인다. 의상은 먹중이 입는 흰 장삼을 입고 그 위에 붉은 바탕에 녹색동다리에 기장이 긴 더거리를 입고, 허리에는 남색 띠를 띠고 방울을 찬다. 취발이의 더거리에는 황해도 무당이 장수거리에서 입는 의대처럼 앞뒤에 광못이 주렁주렁 달려있어서 춤 출 때 번쩍번쩍하는 무용효과를 내게 한다. 종다리에는 목중들처럼 중대님을 치고 등장한다. 취발이 아이는 사내아이의 인형을 만들어 붉은 옷을 입혔는데, 소무가 치마 속에 미리 감추어서 나온다.

다) 대사방식

타 배역의 대사는 상대방의 답변 연희자가 있으나, 취발이는 대사가 없는 노장과 소무와 상대하기 때문에 대사방식이 자문자답 형식이거나, 일방적으로 공격적이다. 취발이는 소무(매)와 연인처럼 어울리는 행동하면서 특유의 해학적인 모습을 보여준다. 남녀문제뿐만 아니라 경제적·가정적 측면의 문제들을 모두 자문자답으로 풀어나간다.

마지막 부분에서 취발이는 소무가 낳은 취돌이(마당이)와 대화하는데, 취발이가 인형의 조정자가 된다. 취발이는 등장시킨 인형에게 생명력을 불어넣어서, 1대1의 대화법으로 관객에게 제3의 인물을 호소하고 전달한다. 또한 말의 대사법을 허공에다 터뜨려서 관객으로 하여금 기분 나쁘지 않게 내용을 전달받게 하는 것이 한국 대사말(言)의 특징이다.

라) 대사 비교

각 대본별로 지문과 대사 설명이 조금씩 차이가 있고 다르다.

(가) 취발이경의 대사 비교

〈표 30〉 제4과장 노장과장의 취발이대사 비교

구분 / 판본	취 발 이 대 사	비 고
이두현	대명(망) 또는 大蛇이냐? ~ 五岳之中… (이하생략) 1. 부채를 들어 때리려는 시늉을 한다. 2. 이쁜아씨를 다려다 놓고, 3. 춤과 장단이 멎음. 4. 네놈의 행세는 잘 안됐다. 5. 너하고 나하고 내기나 해 보자. 6. 너는 풍구가 되고 나는 풀떼기가 되어… (시합의 개념) 7. 너는 나하고 대무(對舞)를 하여 네가 못견… (이하생략) 불림: 백수한산에심불로 들어가는데~ 8. 춤을 추며 노장에게로 걸어간다 9. 이놈이 때리긴 뒤발축을 때렸는데	②는 大蟒이냐 ②는 五壑之中

구분 / 판본	취 발 이 대 사	비 고
	10. 옛날 의사 말에 …(이하생략) 11. 그러면 그렇지 영낙 아니면 송낙이라 ~ 12. 아이를 안고 응등이춤을 추면서, 둥둥 타령 13. 소아(취돌이) 14. 아버지 …(이하생략) 15. 양서라니 평안도하고 황해도하고? 16. 나냐너녀 날아가는 원앙새야 널과 날과 짝을 (두워), 노뇨 누뉴 노류장화(路柳墻花) 인개가 절(人皆可折) 눌로 말미암아 생겨났는고 …	
오청	1. 고개를 좌우로 흔들어 부정하며 앞으로(앞흐로)두어 거름(걸음) 나온다. 2. 입분(이쁜)아씨를 하나도 뭣한데 둘씩 셋씩 다려다 놋코(놓고) 낑코랑 깽꼬랑 3. 악과 무는 그친다. 4. 네놈의 행동도 잘 되었다(前<전> 둘씩이나 다려다 놋코) 5. 너하고 나하고 날기(對舞)나 하여보자. 6. 너는 풍구가 되고 나는 불테니(시합의 개념) 7. 너하고 내하고 같이 춤을 춰서 네가 못견 …(이하생략) (고개를 끄덕 끄덕한다)한 후에 불림. 8. 슬금슬금 소무에게로 거러(걸어)간다. 9. 이놈이 때리긴 바로 때렸구나, 얼굴을 탁친다 10. 옛날 의원(醫員)말에, 六出奇計…(이하 이두현본과 같다) 11. 때렷네(때렸네) 때렷네 뒷절 중놈을 때렷네 영낙 아니면 송낙이지~ 12. 돈 달라고 손을 벌린다.(소무) 13. 아이 얼르는 소리로, 둥둥 타령. 14. 아이소리(취돌이) 15. 여보시오 아버지! 16. 양서라니 평안도하고 황해도란 말이냐? 17. 나냐너녀 나귀등에 솔질하여 순금안장 지여타고 사해강산 넓은 천지 周遊天下(주유천하)를 하잣구나.…	대망(人蟒)이냐? ~

구분 판본	취 발 이 대 사	비 고
김일출	1. 네가 대사(大蛇)이냐 2. 이번에 들어가 박살을 먹이겠다. -- 3. 이번에는 너하고 나하고 무예(武藝)로 내기 상(賞)을 해보자. …(중략) 내 가지면 할말이 무엇 있느냐 나의 방구판이나 해라<로승이 어슬렁 어슬렁 걸어나온다) 4. 상판을 딱 때린다. 5. <악>하고 놀라서/ 아게아게 게게게 코피난다. …(중략) 자 여기모인 여러분들 코에 막았던 나뭇잎을 불살아 먹으면 아이를 못 낳는 부인은 아이를 낳는 답니다. 6. 강산 외입쟁이는 방구 냄새도 향내난다. 7. 오 알것다 내가 이것 더벌더벌하니까 네가 변발(辮髮) 아이로 생각하는구나 네 이제 보아라, 하면서 상투를 튼다 8. 소무가 돈을 받고 난 다음에 "야 우리 방아를 한번 찌어보자' 하면서 방아노래를 한다. 9. 소무 치마 속으로 들어가 허리에다 꽂고 간아이를 소무 치마 속에다 꽂고<예 덥다> 하면서 나온다. 한다. 10. 옥동자를 낳아서 저편구석에 밀어둔다. 11. 천자뒤풀이 후 언문한문을 다 알았으니 노래 한 장을 요구 시조를 한다. "반 남아 늙었으니 다시 젊지 못하리라". 12. 시조 후 불림<청산록수 저고리까지 바지까지>춤추면서 퇴장한다	
임석재	네가 大명이냐? 面相을 한 대친다, 손을 내민다, 꾸응 꾸응, 五岳之中(이두현본과 동일), (愈)出奇計, 鴛鴦새냐 널과 날과 짝을 (무쳐) …(이하생략)	오청본과 비슷하나 표준말로만 변화를 주었다
해주	쳤구나 쳤어, 산골중놈을 쳤다. 맞았다 맞았어, 산골 중놈이 맞았다	

위의 지문과 대사의 예를 보듯이 단어와 문귀 표현에 차이점이 있다. 이두현본의 "내가 洗耳人間事不間하여"로, 오청본은 "내가 人間事不聞하야", 임석재본은 "洗耳人聞事不聞하여"로 각각 표현되어 있어서, '洗耳'와 '人聞'·'人間'의 끝부분 글자인 '間', '聞'에 차이가 있다.

이두현본과 오청본은 다른 대본에 비해서 다른 면을 확인할 수 있는데, 먼저 이두현본은 오청에 없는 추가대사가 삽입되어서 노장을 퇴장시키고 있다.

> "중놈에게선 노린내가 나고 취발이에게선 향내가 나느니라 취발이와 놀아 보는데 -<추천은 경축 수양이> (취발이 춤을 춘다)
> 쉬이~ 앵도를 똑똑 따는구나. 오, 오 네가 나를 총각이라 업신여기는구나. 상투를 틀터이니 봐라.(상투를 튼다)
> (노랫조로) 개미 상투 열두 도리 틀구나니 풀어진다--(취발이 춤을 춘다)
> 쉬이~ 여봐라 말 듣거라 날로 말하면 강산 외입장이로 술 잘 먹고 노래 잘하고 춤 잘 추고 돈 잘 쓰는 한량이라. 금전이면 事鬼神(사귀신)이라 돈이면 귀신도 사는 법이라 돈으로 네 마음을 사 보리라
> (돈을 받고 난 후에) 어이쿠 잘 먹는다 다 먹어라 내 몸뚱아리까지 다 먹어라. (소무의 치마를 떠들고 머리를 들여 민다) 쉬이. 야아 이놈의 곳이 뜨겁기도 뜨겁구나 어디 관함이나 한번 세워보자, 한 관, 두 관, 세 관, 네 관, 다섯 관, ~ 야아 나왔다 (털을 뽑는다)아 이놈의 털 길기도 길구나 한발 가웃이로구나. (취발이는 자기의 털 몇 개를 뽑아 가지고 또한 인형을 사타구니에 꽂아주고 나온다)."

또한, 오청본은 극본의 대사가 표현을 다르게 했다. 취발이가 아이를 위해서 부르는 언문뒤풀이 뒤 소절이 그것이다. "라랴러려 랄아가는 앵무(鸚鵡)새야 너와 나와 짝이로다"는 이두현본에서 "나냐너녀 날아가는 원앙(鴛鴦)새야 널과 날과 짝을 두워~"로 불리고 있는데, 오청본은 'ㄴ'을 'ㄹ'로 발음한 것 같다. 그리고, 로료루류 "노류장화 인계가절(人皆佳絶) 날로 위해 푸러를 내네"에 가(佳)가 이두현본은 가(可), 절(折)로 오청본은 가(佳), 절(絶) 등 한자를 다르게 기록하였다.

취발이의 대사에서 洗耳人間事不聞, 天下名勝, 五岳之中, 蘭陽公主 秦彩鳳 등 말뚝이의 琥珀柱礎, 翡翠椽木, 仁義禮智, 百忍堂中, 有泰和 등의 대사를 사용하고 있는데, 이는 자기배역에 맞지 않는 고차원적인 대사이다. 이처럼 신분에 맞지 않는 대사를 인용하면서 직책의 모순점을 제시하고 있는 것이다.

법고 춤의 한 장면<김일출 조선민속탈놀이 연구>

로승 등장 장면

로승 한 장면 <『조선민속탈놀이연구』, 김일출 저>

로승 한 장면

로승 한 장면<김일출 조선민속탈놀이 연구>

취발이가 로승을 때리는 장면

취발이가 소무를 얼리는 장면 <『조선민속탈놀이연구』 김일출 저>

노장과 소무 『무라야마가 본 조선민속, 한국, 1930년대의 눈동자』

마당의 가운데 넘어져 있던 장로가 젊은 여자(중앙에 우두커니 서 있는 사람)를 보고 활력을 회복해 간다. 이 때 장로승은 먹중에 뒤지지 않을 만큼 힘차게 춤춘다. 이 사진은 "민중오락으로서의 봉산탈춤"에 「무희와 노승」으로 게재되어 있다. [사리원 춤 노장과 소무 봉산]

봉산탈춤 놀이의 로승춤의 한 장면
(1955년 11월 문화 선전성 주최로 조직된 봉산 탈춤 놀이 현지 영화 촬영 시에 촬영함)

70년대 복식

노장과 취발이 춤 <현재>

노장과 취발이 탈(필자 소장)

취발이 탈 〈현재〉

취돌이 〈현재〉

봉산 탈놀이 의상의 일부

우로부터 소무 저고리,
팔목 더거리, 로승 장삼

(나) 취발이경의 불림 비교

불림 또는 불림식의 용어가 사용된 사례를 비교해 보면 다음과 같다.

〈표 31〉 제4과장 노장과장의 취발이경 불림 비교

판본 \ 구분	취발이경의불림	비고
이두현	1. 행불인지, 2. 감돌아들고 풀 돌아든다. 3. 대사후에 '낑꼬랑 깽꼬랑' 4. 적막은 막막 중천에 구름은 둥실 떳네 5. 강동에 범이나니 길로래비 훨훨 6. 소상반죽 열두마디 7. 때렷네 때렷네 뒷절 중놈을 때렷네(불림이 없고 만족해서 춤을 춘다) 8. '낙양동천이화정' 앞에 대사를 추가 '아이쿠 잘먹는다. 다 먹어라 내 몸뚱아리까지 다 먹어라'	
오청	1. 햇불인지 2. 풀 도라 들고 감돌아드는구나 3. 대사 후에 <'쿵더쿵'> 4. 적막은 막막 중천에 구름은 뭉게뭉게 솟앗네 5. 江東에 범이나니 질나래비 훨훨 6. 소상반죽 열두마듸 7. 때렷네 때렷네 뒷절 중놈을 땟렷네 8. 洛陽東天 리화전	
김일출	1. 곱불인지, 행불인지 작년에 들린 곱본이 ~ 2. 강동에 봄나니 길놀아비가 훨훨 3. 녹음방초 승화시(綠陰芳草 勝花時) 4. 추천은 경출수양리, 옥동도화만수춘, 백수한산 심불로, 5. 적막은 막막, 가양소화 제백수(舸陽素花諸百樹), 적막은 막막.	

구분 / 판본	취발이경의 불림	비 고
김일출	6. 瀟湘班竹열두마디, 개미상투 열두돌리 틀면 풀어지고, 7. 조강지처는 박대 말라, 인생이 부득 항소년(不得 恒少年) 8. 세월아 네월아 가지 말라, 장안호걸이 다 늙는다. 9. 청산녹수 저고리까지 바지까지.	
임석재	1. 에에케- 곳불인지 행불인지 - 풀돌아들고 감돌아든다 2. 2와 같음 3. 대사후에 <'꾸웅꾸웅'> 4. 적막은 막막 중천에 구름은 뭉게뭉게 솟아있네 5. 강동에 범이나니 길로레비가 훨훨 6. 소상반죽 열두마디 7. 때렷네 때렷네 뒷절 중놈을 때렷네 8. 洛陽東天 柳下亭	2는 리화전 4는 유하정 채록할 때 연희자의 발음을 잘못 들은 것 같다(?)

마) 취발이경 내용 비교

로승과 두 소무가(①은 소무1인)춤을 추고 있는데, 취발이가 녹음가지로 얼굴 가리고 등장하여 여자(소무)를 두고 인간의 삼각관계를 벌인다.

〈표 32〉 제4과장 노장과장의 취발이경 내용 비교

구분 / 판본	취 발 이 경 의 내 용	비 고
이두현	소무1인과 노장, 취발이와 인간의 삼각관계를 그린 과정. 두 손엔 푸른 버드나무 가지를 들고 한쪽 무릎엔 큰 방울을 하나 달았다.	

구분 / 판본	취 발 이 경 의 내 용	비 고
오 청	소무2인과 취발이 노장관계이나, 1부는 상좌4명을 통하여, 2부는 소무2명이 계획적이고도 노골적인 노장을 파계시키는 취발이의 상사파계론이다. 울퉁불퉁한 탈을 쓰고 허리에 청엽(靑葉)의 柳枝(대나무가지를 손에 쥔 모양)를 꽂고 큰 방울을 달았다.	
김일출	로승과 두 소무가 탈판에서 놀 때 등장, 노장을 내 쫓고 소무를 찾게 될 때 무예(武藝)로 겨루기 시합을 하는데 노장한테 맞아 코피가 난다. 녹음가지를 이마에 대고 너머(넘어)질듯 너머질듯 하면서 등장하여, 퇴장은 '반 남아 늙었으니 다시 젊지 못하니라 일후는 늙지 말고 매양 이만하여 고저' 시조를 끝으로 불림<청산록수 저고리까지 바지까지>후 타령곡 반주에 춤을 추면서 퇴장한다.	
임석재	오청본과 같다. 허리에 큰 방울을 차고 푸른 버들가지를 허리띠에 꽂고 술 취함.	
해주	오청본과 같은 내용이나 봉산은 취돌이(취발이 아들)를 얻게 되나 해주탈춤에서는 정남(庭男: 취발이 아들)이라고 아들이름을 짓고 글과 궁술까지 배워 문무겸비의 훌륭한 청년이 된다. 아버지(취발이)는 'ㄱ'자도 몰랐으나 정남이는 글과 궁술을 배우게 된다. 승려계급이 완전히 몰락 후에 새로운 사회생활을 창조하는 기쁨을 반영하는 것으로 끝맺을 맺고 있다. 로승과 취발이 사이에 격렬한 격투가 벌어진 후 마침내 취발이가 승리하여 소무의 사이에 아이까지 낳게 된다.	

바) 제4과장 노장과장에 있어서 춤(舞)의 의미

ㄱ) 춤(舞)의 공간적 의미(意味)

이 춤(舞)은 취발이의 계략에 의해 이루어지게 된다. 노장이 등장하여 소무와 취발이에게 접근하는 춤의 음악과 몸짓, 등 공간의 문제는 완벽하게 구성되어 있다. 불도에만 신경을 쓴 노장이 취발이의 꼬임에 빠져 파계하는 과정을 인간의 삼각관계를 통해 춤(舞)으로 승화하였다. 수도(修道)의 좌장을 한 노장스님이 여인의 유혹으로 장소를 옮기는 과정이다. 또한 춤(판토마임 댄스)으로 묘사되어 좌장에서 입춤으로 일어나는 춤의 진행은 느린 염불에서 행동반경 역시 의심(疑心)의 춤으로 진행하다가 소무의 계획적인 유혹으로 넘어가는 과정에서 상사인 부처의 명령을 어기게 된다. 노장은 여인에게 접근하려하나 지팡이가 떨어지지 않자 발길을 멈추게 되는데, 108번을 번뇌하며 공간적 발 디딤을 하는 행동의 의미는 인간의 마음을 기도로 간구하며 접근하게 한다. 지팡이가 기도의 덕분으로 떨어지자 또 짚으면 떨어지지 않을까 싶어 어깨에 둘러 메고 여자한테 다가간다. 옴딱지 · 파리똥 등 세수를 하지 않는 노장은 뒷걸음질로 여인과 만나게 되고, 이를 통해 여인에 대한 향수가 남녀간의 사랑으로 옮아가면서 조선시대의 여인상을 표출시킨다. 장단이 변하면서 템포와 어울려 점점 빠르게 사건이 진행된다. 애가 탄 노장은 염주와 신발(고무신)로 소무와의 감정적 거리를 공간적으로 좁혔으며, 선물의 대가로 여인을 얻게 된다. 그러나 취발이의 꾀임에 넘어가 파계하게 된다. 취발이는 한량으로서 화려한 의상, 언어구사력 등 건강미를 돋보이는 춤과 젊음과 돈으로 감정의 거리를 메우고 여자(女子)를 되찾게 된다.

ㄴ) 가면색깔의 형태(노장, 소무, 취발이)

노장의 탈은 마음이 음흉하고 쑥 들어간 눈과 파리똥이나 옴딱지 같은 검버섯의 얼굴은 검다고 해서 검은색으로 표출했으며, 또 벽사(辟邪)의 의미를 나타내어 늙은 수도자의 자태를 종교색깔로 구분한 것이다. 불도의 기도(祈禱)로 훈련했던 노장이 여인의 유혹으로 파계(破戒)하여 변화된 사태를 묘사한 것이다.

소매(小巫, 小梅)는 작은 무당, 기생으로 소무의 탈은 하얀색 바탕에 연지

곤지를 찍고 분을 칠한 여성스러운 백색의 인물(人物) 탈이다. 두 남자사이에서 공간을 좁히기 위해 치장한 모습이다.

취발이 가면은 목중가면과 함께 방상시 가면에서 영향 받은 것으로 보인다. 무릎에는 대방울을 달고, 벽사의식무(辟邪儀拭舞)를 추는데, 가면에 돌출된 닭갈만한 혹은 요철굴곡처럼 인생사를 나타낸다. 또 리더자가 시주하며 세상을 돌아다니는 이정표(북두칠성)의 상징성을 표현한 얼굴이기에 풍자적인 조형의 예술수법으로 인간의 흉추(12개 혹) 등 큰 의미가 있다. "향악잡영 오수"의 대면(大面)이 서역(西域)에서 전했다고하나 그 얼굴이 어떻게 농사를 짓다가 춤을 추었다고 생각할 수가 있겠는가?[18]

ㄷ) 복식의 색상과 의미기능(노장의 회색, 소무, 취발이)

소무는 작은 무당이며 소매는 기생으로 화려한 유혹을 위해 가장하고 있다. 하얀 얼굴에 연지곤지로 치장하고 화관을 쓴 복색은 노장을 유혹할만하다.

노장은 수도자들이 보편적으로 입는 복색을 하고 있는데, 색깔은 종교(중국은 노랑)의 공통점을 갖는다.

취발이는 손과 등에 버드나무가지를 달고 한량의 기질을 화려하게 나타나게 한 장식품(장농쇠, 반짝이, (나)항 취발이 탈과 복색의 의미 참고)로 시대적인 멋을 표현하고 있지만, 황금과 같은 방상시의 가면과 유사한 술 취한 취발이의 가면은 의상과 잘 어울리게 된다.

ㄹ) 장단의 진행과정

봉산탈춤에서 사용하는 염불·굿거리·타령장단의 의미에 대해서 집중할 필요가 있다. 탈춤의 진행과정에서 이 장단들은 각각의 의미를 표현한다. 염불은 사람이 처음으로 인간을 대면했을 때 마음과 마음의 변화과정을 묘사

18) 『권택무의 조선민간극』, 최치원의 "향악잡영" 참고.

할 때 사용되는데, 남녀간의 설레임을 사랑으로 묘사하는 표현에서 음악이 감정을 대신 보여주면서 보는 이들에게 정서적으로 공감대를 형성하게 된다.

굿거리 장단은 즐기는 감정에서 사람이 존재자체를 평가하는 심리적인 묘사를 할 때 음악의 리듬을 통해 등장인물에게 용기를 불어 넣는다.

타령은 인간의 심성을 당당하고 자신감이 넘치게 만들어 주기 때문에 불안초조, 두려움에서 벗어나게 한다. 장단을 통해서 흥분상태로 긴장감을 고조시키며 용기와 확신으로 성취된 템포의 변화 그대로 상충되게 표출한다

5) 제5과장 사자춤(獅子舞)

한국에는 사자가 없지만 사자에 관한 기록은 있다.

첫 기록은 『삼국사기(三國史記)』 권 4중 「신라본기(新羅本紀)」 제4의 지증마립간(智證痲立干) 조에서 지증왕 13년(512) 6월, 500년 이전에 이사부(異斯夫)가 우산국(于山國), 현재의 울릉도를 징벌하는데 목우사자(木偶獅子)를 전선(戰船)에 싣고 그 해안에 이르러 거짓말로 알리기를 "너희들이 만약 항복하지 않으면 이 사나운 짐승을 놓아 모조리 짓밟아 죽일 것이다" 하니 우산국사람들은 크게 두려워하여 곧 항복하게 되었다. 이렇게 주술적(呪術的)인 사자(獅子)의 힘을 빌린 의식(意識)이 있다.

또한 『조선연극사』 김재철에서는 이미 수렵시대부터 사자탈을 쓰고 의식주(衣食住)를 사냥으로 해결하는 것과 사자를 활용하여 전쟁에서도 사용하였고, 작품화(作品化)하여 극적(劇的)으로 정리하여 활성화 된 것은 18세기부터 이루어진 것 같다고 했다.

그리고 최치원(崔致遠 857~?)의 절구시(絶句詩) "향악잡영(鄕樂雜詠)" 5수(五首: 金丸<금 칠한 공을 놀리는 것>, 月顚<술에 취해 춤추는 서역의 胡人舞>, 大面<금색가면을 쓴 주술자>, 束毒<원방인이 王化를 사모하여 舞樂을 바치는 가면극>, 狻猊<사자춤>=『삼국사기』 권 제32 「악지(樂志)」 신라

말)에서 발견된다. 다섯가지 놀이 中에 산예가 사자춤이다. 산예(狻猊)에서 사자가 사막(流沙)을 건너온 것은 서역계통을 명시하는 것이다. 이보다 앞서 백제인(百濟人) 미마지(味摩之)가 612년 日本에 전전(轉傳)하였다는 가면묵희(假面默戲)인 기악(伎樂)에도 사자가 있다.

고려시대에서는 오방귀무(五方鬼舞), 사자무(獅子舞), 백수희(百獸戲) 등이 기록되어 있고, 조선시대에는 성종19년(1488) 3월에 조선사신으로 왔던 명나라의 동원(董越)이 지은 조선부(朝鮮賦)에 의하면 중국사신을 영접할 때 평양(平壤), 황주(黃州), 서울광화문에서 산대를 가설하고 산대잡희(山臺雜戲)를 공연하였다. 또 유득공(柳得恭 1749~1807)의 『경도잡지(京都雜誌)』 권1(券一) 성기(聲伎) 조에 의하면 나례도감(儺禮都監)에 속하는 산희와 야희(野戲)가 있는데 산희(山戲)에 사자, 호랑이 등이 춤을 추며 등장한다. 김홍도(金弘道 1745(1760)~?)가 그린 「평안감사환영도(平安監司歡迎圖)」에도 『화성성역의궤(華城城役儀軌)』의 낙성연도(落成宴圖)에 사자춤이 보이는데 세 명의 마부가 사자와 호랑이 한 마리를 조정하고 있다. 따라서 『국연정재창사초록(國讌呈才唱詞抄錄)』에 의하면 고종(高宗)24년(1887)에 '성천잡극(成川雜劇)'이라고 하는 사자춤을 처음 사용했다는 기록을 보면 사자 두 마리가 음악반주에 맞추어 몸을 흔들고 뛰어나가 동서로 나누어 북쪽을 향해 엎드려 머리를 들고 입으로 땅을 두드리고 눈을 번쩍이며 좌우를 본다. 평남 성천(成川)지방의 사자춤을 받아들인 것을 볼 때 현재 북청사자와 매우 유사하다. 또한 『악학궤범(樂學軌範)』에 권4 시용당악정재(時用唐樂呈才) 의식의 도표와 절차가운데 하성명(賀聖明)에서 두 사람이 부르는 창의 내용에 "사자가 나타났으니 복록이 오리로다(獅子旣見復祿來臨)" 조선시대의 사자가 복록의 상징임을 인식할 수 있다.

본산대 놀이에서 파생된 해서탈춤에서도 원래는 사자춤이 없었을 것인데 김일출의 현지조사에서 1913~14년(당시 40년전)경부터 비로소 사자춤을 놀기 시작했다고 기록 되였다. 그러나 이두현은 80년전부터 라고 주장하고 있어 각각 학자들이 다르게 주장하고 있다.

또한 『우리나라탈놀이』의 신영돈은 탈춤의 기원을, "산(山)속에서 사냥을 하는 과정에서 사자나 호랑이와 같은 맹수들 앞에서 작은 짐승들이 위축되어 감히 기를 펴지 못하고 당황하는 것을 보았다. 원시인들은 맹수의 모양을 흉내 내여 만든 수렵탈(狩獵面)을 쓰고 산중에 들어가서 짐승을 위협함으로서 그것을 쓰지 않고 사냥할 때보다 손쉽게 더 많은 동물들을 잡을 수 있었던 것이다. 탈을 쓰는 풍습은 맨 처음에는 원시인들이 수렵생활에서 수렵노동을 통하여 수렵탈을 고안하였다."

이두현도 구석기시대인(舊石器時代人)의 주술(呪術)뿐만 아니라 현대(現代)의 미개사회(未開社會)에서도 짐승의 목소리를 흉내내거나 사냥하려는 동물(動物)의 가면(假面)으로서 위장(僞裝)하여 짐승에게 접근(接近)하는 방법(方法)을 쓰는 것이라고 했다. 또한 사자춤이 인도특유의 동물의장무(動物擬裝舞)로서 서역과 동방 여러 나라에서 널리 유행하게 된 무악(舞樂)으로 그 여풍(餘風)이 중국, 일본, 한국 등에 지금도 남아 있다고 한다. 그리고 신라의 사자춤은 구자국(龜玆國)에서 온 중국의 서량기(西凉伎)계통의 놀이로 받아들인 것이라고 한다.

김학주는 산예의 사자춤은 중국의 오방사자(五方獅子)나 구두사자(口頭獅子)가 아니라 서량기(西凉伎/서쪽을 향해 울부짖는)의 사자무(獅子舞)라고 주장한다.

또한 일본에 전하는 『신서고악도(信西古樂圖)』에는 신라박(新羅狛)이라는 동물가면을 착용한 가면희(假面戱)도 사자춤의 일종이다.

조선에는 사자가 없었다고 한다. "사자가 없는 이상 사자가 우연히 반도에 돌발할 이유가 만무하며 외국에서 전래된 것이 확실하다." 이에 대한 근거를 찾기 위해 다른 나라의 자료를 확인할 필요가 있다. 관련 자료중에 다음과 같은 기록이 있다. 14세기경 어느날 수마트라의 왕자(Sang Nila Utama)가 어느 섬(Temasek)으로 사냥을 하다가 사슴 한 마리를 발견하고 잡으려고 쫓던 중에 큰바위에 올라가 사슴행방을 찾다가 바다저편에 아름다운 섬을 발견하게 된다. 섬으로 가던 중에 폭풍을 만나 배가 침몰하는 것을 방지하기 위해 무거운 것을 다 던져 버렸다. 그래도 폭풍이 계속 되자 왕이 자신의 왕관을 바다에 던져 버리자 폭풍이 그치게 되면서 바다가 잠잠해지자 섬에 무사히 도착하게 된다. 섬에서 한 동물을 발견하게 되자 신하가 그 동물이름을 사자(singa)인 것 같다고 말한다. 왕은 그 사자가 "좋은 징조"라고 생각하고 섬에 남기로 결심하고 그 섬을 '사자의 도시'란 뜻의 singapura로 고쳐 부르게 되었다는 설이 있다.

싱가폴 시내의 사자상

조선의 사자무도 일본과 같이 서역에서 전래하였다. 사자가면의 화두를 "원래 사자의 가면은 수렵시대(狩獵時代)에 깊은 산중에 들어가서 虎, 사슴, 양, 을 산양(사냥) 할 때 그 야수(野獸)들이 사자(獅子)의 가면(假面)을 보고 사자인줄 알고 도망을 갈 때, 용이(容易)하게 그 야수(野獸) 등을 발견(發見)할 수가 있어 수렵에 매우 편리(便利)할뿐더러 사자의 가면을 보고 무서워하는 이상 그 사자의 가면을 쓴 사람을 害칠리가 만무(萬無)하며 따라서 용맹한 장수가면을 만들어 쓰기도 했다. 즉 그 가면은 자기의 보호(保護)에만 소용될 뿐만 아니라 많은 수류(獸類)를 발견할 수 있다. 그래서 사자의 가면은 수렵시대의 유물(遺物)이라고 主張하고 싶다"[19] 라고 김재철은 주장하고 있다.

그러나 사자를 등장시킨 이유에 대해서 필자는 "요즘은 승려가 타락한 생활을 폭로한 것에 대해 불교계<대방군>의 반발에 미리 대처하기 위한 것으로 오신(娛神)에서 오인(娛人)으로 변화하였기에, 인간이면 누구나 실수를 저지를 수 있다. 한번실수는 '병가상사' 이니 수도자인 스님도 한 인간으로 봐주길 바라는 것이다. 한 종족에서 부족으로 옮겨갈 때 행위가 변화되었듯이 獅子는 이러한 종교와 인간 사이에서 이해의 매개역할을 하고 있으며 또한 속세의 인간에서 종교의 도(道)를 통해 초월의 세계에 이르도록 하는 인도자의 역할까지 맡고 있다. 한 순간에 죄를 지었다고 해도 진심으로 회개하면 구원해주는 역할을 한다는 의의를 나타내고 있는 것이다. 더 나아가서 인간뿐만 아니라 사회를 정화시켜주며 현실을 직시하게 하는 강한 메시지가 담겨있어 봉산탈춤에서 없어서는 안될 과장"이라고 주장하고 있다.[20]

한편 김일출은 지금까지 사자춤이 4~50년전 들어 왔다[21]고 하면서, 8목중춤 뒤에 또는 취발이 다음에 넣기도 한다. 봉산탈놀이에서 사자가 극(劇)중에 등장하는 까닭을 "이놈을 잘 양하면 전시에 사용하여 군사를 잡아 먹여도 몇 만명은 잡아 먹으리라 생각하고 끌어다 매여 두었습니다"고 한 것은 사자탈이 전쟁가면으로 쓰인 옛일의 자취를 어렴풋이 보여주는 것이겠다라고 기록하고 있다.<봉산탈놀이 대본 중 이동벽이 전한 대본: 과학원 고고

19) 김재철, 『조선연극사』, 5쪽.
20) 최창주, 『한국가면극과 뮤지컬』, 35~36쪽.
21) 김일출, 『조선민속탈놀이』, 225쪽.

학 및 민속학 연구실 보존> 권택무(權澤武)本도 같은 주장을 하였으며, 임석재는 원래 이 놀이에는 사자가 없었는데 60년전(或者는 20년전 1936년 9월 1일)에 새로이 들어오게 되었다고 하였다. 또한 이두현은 "80년전에 새로 들어 왔는데, 채록한 金辰(振)玉翁<1894년생>은 어렸을 때도 이미 있었다고 했다"며, "봉산탈춤은 200여년 전부터 있어 다른 지방 탈놀이와 끊임없이 받아오면서 개량되었음을 짐작한다"고 하였다.[22] 이렇게 사자춤과정을 각자 다르게 주장하고 있으나 어떠한 탈춤의 형태로 사자춤이 어느 시기에 온 것인지 확실하게 유추할 수 없으나 수렵시대에 수렵가면으로 사냥을 했을 가능성과 함께 獅子舞도 연희되었을 것이다. 신(神)을 즐겁게 하기 위하여 歌舞했다는 사실, 이미 무당의 의식에서 연극이 되었다는 가설을 주장하는 김재철과 탈의 기원을 원시공동체의 제천의식에서 찾고 있듯이 전쟁과 탈, 인간과 신앙의 상호보안관계로 볼 때 삼국시대 이전이 아닐까 추측하게 된다.

"탈춤의 근원을 볼 때 여자가 접근하면 부정(不淨) 하다고 생각하여 온 고대의 풍습과 수렵에 종사한 남자들만의 행사해 온 유습"[23] 이라고 하여 부정과 수렵과 남자들만의 탈춤, 남자들만의 전투를 하였다고 하는 것은 확실하다. "문헌(文獻)이 없어 명언(明言)할 수는 없으나 신라시대(新羅時代)에 벌써 존재 하엿은즉 전래는 그 이전일 것은 물론이며 오인(吾人)은 사자가면(獅子假面)을 수렵시대(狩獵時代)의 유물(遺物)로 인하는 동시에 사자무(獅子舞)가 상고시대(上古時代)에 전래하여 전기대회(前記大會) 때에 벌써 그 가면(假面)을 쓰지 않았을까 한다"[24] 는 김재철 주장과 상고시대부터 백수의 왕인 사자를 쓰고 사냥을 하였고 자기방어를 위해 사용되었을 뿐만 아니라 놀이로도 충분이 연희를 하였을 것이다. 사자의 가면은 수렵시대의 유물이라고 주장하고 있다.

또한 신영돈의 『우리나라 탈춤놀이』에서 역시 사자과장은 "로승춤과 관련

22) 이두현, 『한국가면극』.
23) 김일출, 『조선민속탈놀이』.
24) 김재철, 『조선연극사』, 5쪽.

시켜 놀고 있었고 그 내용도 어디까지나 로승의 파계를 풍자한 것이다."라고 주장하고 있다. 그러므로 1, 2, 4과장 뒤에 용서와 회개의 사자춤을 추어야 타당한 것이다. 그러나 일제강점하에서 일제 어용학자들에 의하여 그 내용이 외곡, 비속화되어 상연되었다. 원래 사자탈춤 놀이는 신라의 산예(狻猊)가 후세까지 전하여 내려오면서 독자적으로 발전하여 온 탈춤놀이의 일종이다.[25) 다만 "고려에 와서 산대극<조선의 대표적 가면극>은 집대성되어 <일종의 완전한 가면극>을 형성하게 된다"[26)고 하였다. 중국사신을 영접하기 위한 산대도감극을 설치하고 산대놀이를 했다고 다음과 같이 김재철은 기술하였다. "조선은 가장 대표적인 가면극은 산대도감극이며 이 연극은 '牧隱集33권에 自東大門 至闕門前山大雜劇 前所未見也'라고 한 것과 같이 고려조말년에 대두한 가면극이다. 산대도감극이라고 하는 것은 이조에 들어와서 중국사신을 영접하기 위하야 한양에 들어오는 길에 棚(붕)을 設(설)치하고 산대놀이를 하였는데 그 가면극을 관리하는 도감을 두었기 때문에 생긴 일홈(이름)이다."[27) 위의 같은 문헌들을 살펴볼 때 필자가 연구한 견해도 "이미 탈춤이 존재할 때 함께 사자춤이 시작된 것"이라고 주장하게 되었다.[28) 그러나 가무악극으로 구성된 완전한 가면극은 18세기 이후로 성립된 것이 오늘날의 가면극으로 정리된 것이 전수되고 있는 것이다.

---

25) 신영돈, 『우리나라의 탈춤놀이』(국립출판사).
26) 김재철, 『조선연극사』.
27) 유영대, "김재철의 연극이론고", 현대문학, 1984.
28) 최창주, 『한국가면극과 뮤지컬』, 42쪽.

재령 탈춤 놀이의 사자 탈(獅子假面)
(1953년 6월, 박 형식 로인 제작, 교통성 예술 극장 소장)

獅子假面 〈현재〉

봉산탈춤 놀이 사자춤의 한 장면

(1955년 11월 문화 선전성 주최로 조직된 봉산 탈춤 놀이 현지 영화 촬영 시에 촬영함)

봉산 사자놀이 <『조선민속탈놀이연구』, 김일출 저>

봉산 사자놀이

창덕궁 촬영 (70년대)

80년대 ~ 현재

(1) 기린 사자 (2) 사탄 사자

사자 놀이

사자 놀이<김일출 조선민속탈놀이 연구>

(1) 명칭(名稱) 비교

〈표 33〉 제5과장 사자춤과장의 명칭 비교

구분 / 판본	명 칭	비 고
이두현	사자춤(獅子舞)	
오청	獅子舞 (場(장)마다 상황설명을 하고 있다)	
김일출	사자놀이	
임석재	제5과장	
해주	ㅁ, 사자춤(獅子舞)	

(2) 가면 비교

〈표 34〉 제5과장 사자춤과장의 가면 비교

구분 / 판본	가 면	비 고
이두현	얼굴높이 54㎝, 너비48㎝, 눈동자 突起部에 金紙를 발랐다. 입은 벌리고 흰 이를 들어내고 있다. 머리 가장자리에 흰 갈기를 달았고 전 신에 흰 털을 달았다. 머리안쪽에 두 손잡이가 있어 조종한다. 사자머리에 몸뚱이를 달아 두사람이 들어가고 꼬리는 따로 꽂아 뒷사람이 쥔다. 붉은 혀는 앞사람이 따로 쥐고 내민다.	이두현・오청・김일출・임석재의 사자탈은 대개 비슷하게 표현하였으나, 비디오의 초창기 사자는 흑(검정)색깔의 천(옷)을 입고 촬영하였다. 후에는 白獅子(백사자)로 촬영됨.
오청	아래와 같이 사자 제작과정을 표시하고 있다. 사자가면 제작과정: 흙으로 獅子面의 模型을 만들어 가지고 白紙를 물에 적셔 이에 붓쳐(붙였)다가 백지가 마른 후에 흙을 빼 버리고 그 紙型으로써 사자의 面으로 무명이나 廣木으로써 사자의 皮처럼 만들어서 紙型에 달고 실로 꾸어맨 다음, 백지를 털처럼 가늘게 울여서 그 우에(위에) 부치고(붙이고) 그 면에는 붉은 칠을 하고 금박 기타, 繪具로써 눈섭(눈썹) 수염을 그리고, 頭로써 尾까지 등의 중앙으로 푸른 줄을 그린 一大白獅이다. 馬夫탈은 먹중탈로 共用.	
김일출	눈알이 빙빙 돌도록 제작.	
임석재	기록하지 않았음.	
해주	사자얼굴 모양을 본받아 크게 위엄있는 탈로 만들고 동체는 면포, 그 위에 종이 또는 삼질 혹은 인조견을 적당히 쓸어서 털을 만들어 붙인다.	

(3) 등퇴장 비교

〈표 35〉 제5과장 사자춤과장의 등퇴장 비교

구분 / 판본	등 퇴 장	비 고
이두현	8목중이 쫓겨서 등장, 뒤에 사자가 뒤따라 쫓아온다. 목중을 잡아 먹으려는 기세다. 목중들 장내를 한 바퀴 돌아서 반대편으로 퇴장하고 한 사람만 남아 마부노릇을 한다. 마부는 채찍을 들었다.	

구분 / 판본	등 퇴 장	비 고
오청	먹중8인이 먼저 살작(짝) 등장하여 한편구석에 모여 있을 때에 白獅子 한필이 설렁설녕 들어와서 퇴장은 여러 목중과 함께 타령곡 장단에 맞추어 쾌활한 춤을 한참 춘 다음 각각 동시에 퇴장한다. 노승을 유인하여 타락식힌(시킨) 불량배를 징계하려고 부처님의 使者로서 獅子(사자)가 돌연 출연하는 것이다. (마부가 없고 등장인물인 갑, 을, 병이 대사하고 목중들은 동참한다)	
김일출	마부가 사자 곱비를 메여 어슬렁 어슬렁 끌고 탈판으로 등장, 퇴장도 마부가 사자의 곱비를 바싹 쥐고 관중들에게 인사를 하고 퇴장한다.	
임석재	먹중8인이 등장하여 한편구석에 적당히 늘어선다. 마부 뒤에서 어슬렁 어슬렁 들어온다. 퇴장은 먹중8인과 사자, 한데 어울려 각각 장기의 춤을 추고 전원 퇴장.	
해주	사자탈을 놀리는 앞선자1명, 뒤선자1명, 마부1명과 8목중이다. 봉산탈춤에 염두를 두었다고 한다.	

(4) 대사 비교

〈표 36〉 제5과장 사자춤과장의 대사 비교

구분 / 판본	대 사	비 고
이두현	마부1명과 사자와 대사	
오청	甲, 乙, 丙, 丁, 黑僧들과 사자와 대사	
김일출	마부1명과 사자와 대사	
임석재	먹중I, II, 먹중들과 사자와 대사	

(5) 내용 비교

승려가 신분을 파계한 것을 드러내서 인간의 잘못에 대해 엄중한 경고와 인간을 구제하는 역할, 사악한 것을 쫓아서 회개하고 용서받아 새로운 희망을 가져다주는 내용으로 되어 있다.

이에 대한 자세한 구성과 내용을 살펴보면 다음과 같다.

〈표 37〉 제5과장 사자춤과장의 대사 비교

구분 판본	구성내용	비고
이두현	여덟목중이 일제히 쫓겨서 등장하면 뒤에 사자가 뒤따라 쫓아온다 목중들이 장내를 한바퀴 돌아서 반대편으로 퇴장하고 한사람만 남아서 마부노릇을 한다. 1) 마부배역을 삽입시켰다. 2) 마부혼자 모노드라마형식으로 물어보고 답변한다. 3) 목중들이 짐승 났다고 외치며 퇴장하고 목중1인이 남아 마부역할. 4) 마부는 조련사로써 흔들리지 않고 극적으로 밀고 나가는 형식. 5) 참고로 西遊記에 나오는 說話를 기조로 한 것을 추가기록(대사중간) 6) 긴영산과 도도리로 춤을 추겠느냐를 물어보고, 굿거리장단을 삽입시켰다.	
오청	생불과 같은 노승을 유인하여 타락시킨 불량배를 징계하려고 부처님의 使者(사자)로서 사자가 出演(출연)하는 것이다. 먹중1인이 돌연 출연한 사자에게 그 유래를 뭇(묻)다가 사자를 때리면 사자는 그 먹중을 잡아먹는다. 이어서 다른 먹중들은 사자의 온 뜻을 알고 크게 공포하야 곳(곧) 改過하기로 맹서하고 최후의 춤이라 하며 사자와 함께 춤을 추는 것이다. 먹중 8인이 먼저 살작(짝) 등장하여 한편구석에 모여 잇슬(있을) 때에 白獅子 한 필이 설녕설녕 들어온다. 이 사자는 두 사람이 전후에 서서 사자의 全皮를 덥어 쓴 것인데 마부가 따로 없고 갑, 을, 병, 정, 으로 대사를 나눠서 하고 타령곡장단에 맞추어 쾌활한 춤을 한참 춘 다음 퇴장한다. 1) 사자마부가 뚜렷하게 배역이 없고, 甲·乙·丙·丁을 등장시킴. 2) 대사가 4명으로 나누어져 있어 대화조 형식이다.(甲이 대사를 하면 목중들이 "아마도 그런가 모양이야" 그래 네말이 올타 등)	사자의 腹中으로 들어갓든 목중 甲은 한참 잇다가 사자의 꼬리 밋흐로 살작 나와서 사자의 腹中에서 본 것을 才談하는 일도 잇다

구분 / 판본	구 성 내 용	비 고
오청	3) 마부 격인 甲이 결국 사자한테 잡아먹힌 다음에는 乙이 이어서 대사를 하고 丙이 대사를 하는 형식을 택하였다. 4) 목중들이 공포와 대소동으로 벌벌 떨다가 결국 회개하기로 맹서 5) 참고가 아닌 서유기에 나오는 설화를 대사에 삽입(이두현본과 같음) 6) 타령장단으로만 춤을 추었지 굿거리는 생략하였다.	
김일출	제11과장 맨 뒤에 기록되어 있어 마부가 곱비를 메여 어슬렁어슬렁 끌고 탈판으로 등장하여 타령곡과 국(굿)거리곡에 맞춰 춤을 추다가 마부가 사자의 곱비(고삐)를 바싹 쥐고 관중들에게 인사를 하고 퇴장한다. 마부1인이 사자를 탈판으로 끌고 나와서 취발이가 시킨 것이 아닌 목중자신이 뉘우침을 인식시킨다.	
임석재	먹중8인이 등장하여 한편구석에 적당히 늘어선다. 마부 뒤에서 어슬렁 어슬렁 들어서는 사자를 보고 먹중일동이 사자 있는 데로 나오며 "짐승이라니" 묻는다. 먹중하나, 먹중, 먹중들이 차례로 물어보고 먹중2가 '꿍떵'으로 나오자 먹중 팔인과 사자, 한데 어울려 각각 장기의 춤을 추다가 전원 퇴장. 먹중들(8인)과 목중I, II가 주도하여 생불이라 칭하는 노승을 음탕한 길로 꾀어 내어 파계하게 한 것을 뉘우치고 부처님을 잘 섬기겠다는 회계와 용서로써 먹중 팔인과 사자가 한데 어울려 각각 장기의 춤을 추다가 전원 퇴장하게 된다.	馬夫는 먹중中의 하나가 된다
해주	원래 사자탈춤놀이는 신라의 산예(狻猊)가 후세까지 전하여 독자적으로 발전되었다고 하면서, 강령지방에서는 서막격으로 사자와 원숭이가 탈판에 나타나서 에워싼 군중들을 웃기면서 머리를 전후 좌우로 흔들며 탈판 중심으로 죄여드는 관중들을 탈판 밖으로 몰아내고 탈판을 정리한 후 對舞를 하다가 퇴장하는데 봉산에서는 로승춤과 관련시켜 일정한 내용을 가지고 놀고 있다. 해주탈춤 역시 봉산탈춤을 염두에 두고 있다. 막간 격으로 등장	(김일출은 어용학자들의 비속화된 것을 민간의 창작 사자극인 농민과 친분관계로 되돌아가야 한다고 주장하고 있다)

위에서 살펴본 바에 따르면, 이두현본과 임석재본의 내용은 비슷하나, 오청과 김일출의 내용은 다르게 기록되어 있다. 이두현본은 “선경에서 도(道)를 닫는 노승을 꾀어 파계시킨 목중들을 벌주려 석가여래 영을 받아 내려왔으나 취발이가 시켜 한 짓으로 알고”라고 해서 사자춤과장의 연행이유를 설명하고 있다. 그런데 오청본은 “스님을 시긔(시기)하야”로 기록되어 있고, 김일출본은 “취발이가 아닌 마부자신의 뉘우침, 먹중들의 어리석은 마음 회고, 풍랑에 절이 퇴락(頹落)한 것을 수축하고 부처님을 잘 모시도록 중들이 회고한 것”이라고 해서, 목중들이 회개하여 용서해주고 함께 춤을 추는 것으로 기록되어 있다. 김일출본은 막간적인 독립한 과장으로써 공덕을 찬양하는 사설을 한다고 했지만, 어디까지나 노장과장과 관련시키기 위한 내용일 것이다.

해주탈춤 역시 로승춤과 관련시켜 놀며 로승의 파계를 풍자한 것이라고 하였다. 그러나 일제 강점하에서 일제 어용학자들에 의해 그 내용이 외곡, 비속화되었는데, 이 비속화 부분은 응당 제거되어 창작한 내용이 담긴 종래의 사자탈놀이로 돌아 가야한다고 신영돈은 주장한다. 중들이 절에서 불경을 열심히 공부하고 도를 닦지 않고 속계에 내려와서 주색 방탕하여 마침내 파계 내용이다. 이것을 석가모니가 파견한 사자공(獅子公)이 등장하여 권선징악(勸善懲惡)함으로써 중들을 개심케하여 다시 불문에 들어가게 하는 것으로 주제를 바꾸었다. 이렇게 변경하게 된 이유는 ‘수렵전략설’의 배경에 이미 밝힌바 있으며 국교인 불교를 살리기 위한 수단이자 “불교계의 반발에 미리 대처하기 위한 것으로서 인간이면 누구나 실수를 저지를 수 있고 한번 실수는 병가상사이니 스님도 한 인간으로 봐 주길 바라는 것이다. 사자는 이러한 인간과 종교사이에서 이해의 매개역할을 하고 있으며 또한 속세의 인간에서 종교의 도(道)를 통해 초월의 세계에 이르도록 하는 인도자의 역할까지 맡고 있기 때문이다.”[29] 그러므로 회계하면 용서를 한다는 종교계에 말씀을 강조한 것이다.

29) 최창주, 『한국가면극과 뮤지컬』, 36쪽.

마부(목중) : (중략) 우리가 무슨 죄가 있느냐. 취발이가 시켜 알지를 못하고 하였으니 진심으로 회개하여 깨끗한 마음으로 도를 닦아 훌륭한 중이 되어 부처님의 제자가 될 터이니 용서하여 주겠느냐?
사자 : (좋다고 머리를 끄덕끄덕한다)

용서는 하늘을 움직이는 감동적인 첫 번째 요인이기 때문에 회개하면 모든 것이 해결될 수 있다.

김일출과 권택무대본에는 사자춤과장이 제11과장 남극노인의 뒤편에 붙어 있다. 마부가 사자목에 고삐를 매여 어슬렁어슬렁 끌고 탈판으로 등장하는데, 그 내용을 살펴보면 다음과 같다.

① 등장부분이 차이가 있다(무서워 철사를 매여 끌고 왔다)

② 사자놀이는 약 4~50년전(1은 80년전 주장)에 들어 온 것이다.

③ 사자춤은 8목중 다음에 나오기도 하고 취발이 다음에 나오기도 하였다.

④ ②, ④의 대사에서는 "네가 假王노릇 三年동안 山珍海味 다 먹다가 人間飮食 趣味 붙여서 다시한번 맛보고저 왔느냐" 등

사자춤과장이 이처럼 정리된 위치를 갖지 못하고 있는 상황 등은 그 발생론의 여러 논의를 통해서 이유를 확인할 수 있다. 즉, 사자춤과장의 발생에 대한 여러 견해들이 그것이다.

가면극수용이 18세기라면 경도잡지에 나오는 산희와 야희를 강이천이 1779년 남성관희자(南城觀戱子)에서도 사자(獅子)과정을 지적하지 않았다.

그러나 1950~60년대 봉산탈춤 비디오 촬영(국립영화제작소/ 한국가면극보존회 고증)을 볼 때 봉산의 사자는 백사자인데 흑(黑)사자가 촬영이 되었다. 그 때 북청사자놀이보존회가 봉산과 함께 사무실을 쓰며 촬영을 위해 사자제작이 어려워 잠시 빌려(대여?)서 촬영한 것이 아닌가? 그러나 그 후에 촬영된 것은 경제적 여유가 있어 백사자로 제작하여 촬영되었다. 상좌(上佐)

도 처음엔 가면착용 없이 그냥 맨얼굴로 촬영했다가 후에는 가면을 쓰고 했다. 사자춤을 거론하지 않았던 것은 아마도 사자의 탈과 몸집 제작도 어렵거니와 당시 상황으로서는 사건의 필요성을 크게 느끼지 않았을 것이다. 현재 오광대에서도 과장이 변경된 것이 있는데 공연하다가 미쳐 출연 준비가 않되어 다음과장이 먼저 했다고 해서 3과장과 4과장이 최초 조사자로(調査資料)하고 앞뒤가 바뀌어 공연하고 있다. 목중이나 노승이, 취발이가 삼각관계와 파계(破戒)하면 되었지 사자의 등장(登場)의 후속타로 회개와 용서로 구원할 극적인 연출이 중요하게 생각지 않았던 시대라고 판단되었기 때문에 사자춤을 놓치고 간 것 같다. 뜨라서 선배들의 근면(勤勉)의 문제점으로 알고도 빼놓고 갈수도 있고, 기억력, 필요성 등으로 해서 소멸된 것을 늦게나마 학자들에 의해 첨가하고 있지 않나 유추하고 싶다.

먼저 김일출의 견해를 살펴보면 다음과 같다. 김일출은 사자춤과장의 발생에 대해서, ①늙은 승려가 위선적인 수도생활에서 해방 되여 인간의 세계로 돌아온 파계의 심리적 과정을 사실적으로 형상화한 무언극이며, ②무언극은 극적 효과를 거둘 수 있고, ③민간예술인들(농민과 친분관계)의 높은 창작적 재능을 과시할 수 있는 민속 무용극, ④당시의 특권계급인 승려의 위선적(증오감, 모멸감)인 내면생활폭로, ⑤위선적인 종교생활에 대한 인간적 진실의 승리의 측면에서 자연발생론적 이론을 전개하였다.

또 다른 논의를 전개하고 있는 김재철의 주장을 살펴보면, 그는 ①가면극은 대부분 인도계통에서 들어왔으며, ②척불(斥佛)의 의미, ③고려말에 발생, ④로승극을 사찰・제3의 오류가 결합해서 연출 한 것으로 해석한다. 그러나 김일출은 가면극은 사찰(절간)에서 공연된 것이 아니라 속간(俗間)에서 공연된 것으로, 그것이 바로 척불의 의미를 갖고 있다고 한다. 또한 특권계급에 대한 증오와 분로의 감정을 솔직히 표현하여 로승에 대한 취발이의 승리가 위선적 생활을 폭로해서 왜곡하고 있다고 주장하고 있다.

그러나 필자는 故김선봉(藝能保有者)선생께서 "40년~80년이 아니라 사자춤은 (다른 과장들과) 함께 구성되었다."라고 구변으로 전해주신 바에 동의한다. 그 이유를 밝히면, ①주인공 및 출연자가 승려들이며, ②종교를 탄압하게 된다.(수도하지 않고 항상 파계만 한 것 같은 비유), ③승려들의 특권계급과 위선적 사고를 나타내며, ④제4과장까지만 보았을 경우 승려들의 타락과 부패한 생활만을 부각시킨 것에 반발이 있을 것이라 염려하여 종교적인 차원을 떠나, ⑤승려들도 인간이기에 실수할 수 있어 부처님의 자비로 이러한 모든 뜻을 헤아려 달라는 의미에서 백수의 왕인 사자가 등장케 된 것이며, ⑥이에 따라서 상징적인 白獅子를 등장시켜 회개하고 뉘우치면 용서하는 과장을 동시에 구성된 것이다. 고려에 와서 '완전한 가면극'이 성립이 되었다고 한다면 이전에 용장한 가면을 만들어 쓰고 전쟁을 하였고, 사냥으로 수렵사자가면을 만들어 썼다면 獅子舞의 遊戱개념은 이미 수렵시대에 발생되었다고 유추할 수 있다. 따라서 시대가 변하면서 유·불교시대, 노승과 취발이의 양자대결과 양반계급사회 등 사회가 어지러워지자 최종판관인 사자가 출현하게 되는 것이다. 또, ⑦사자가 출연하지 않으면 극(劇)이 성립될 수가 없으며, ⑧노장과 연관되었기 때문에 노장과장 뒤에 사자가 출연하는 것이 타당하다. 그것은 봉산탈춤의 큰 줄기를 형성하고 있는 내용의 구성과 줄거리에서 사자(獅子)를 배제할 수 없는 것과 결부되어 있다.

6) 제6과장 양반춤

(1) 명칭 비교

〈표 38〉 제6과장 양반과장의 명칭 비교

구분 판본	명 칭	비 고
이두현	제6과장 양반춤	
오청	第六場 兩班舞	
김일출	제8과장 량반	
임석재	第六場	
해주	ㅂ, 량반춤(兩班舞), 포도비장춤(捕盜裨將舞)	

봉산탈춤 놀이의 맏량반 탈
(1954년 4월 20일, 박 성찬 로인 제작, 과학원 고고학 및 민속학 연구소 소장)

재령탈춤 놀이의 맏량반 탈
(1953년 6월, 박 형식 로인 제작, 교통성 예술 극장 소장)

봉산 탈춤 놀이의 포도비장 탈
(捕盜裨將假面)
(1954년 4월 20일, 박 성찬 로인 제작, 과학원 고고학 및 민속학 연구소 소장)

맏양반 탈 <현재>

서방님 탈 <현재>

도련님 탈 <현재>

말뚝이 탈 <현재>

사탄 말뚝이 탈 봉산 말뚝이
(사리원 박물관 소장)

말뚜기와 량반
북한탈춤 (김공봉 안무)
해주무용연구소는 황해도 해주를
중심으로 하는 탈춤들을 전습하고 있다.

량반의 한 장면 <「조선민속탈놀이연구」 김일출 저>

량반의 한 장면

양반과장 <현재>

(2) 가면 비교

<표 39> 제6과장 양반과장의 가면 및 의상 · 소도구 비교

구분 판본	가 면	의상 · 소도구
이두현	맏양반(샌님): 높이 23㎝ 너비 16㎝. 백면에 흰털 수염과 흰털눈썹을 달림, 콧등에(또는 코밑) 두 줄로 홈처럼 파인 상처가 입술까지 연결되었다. 상처에 붉은 칠을 하고 머리에 黑線으로 망건을 그렸으며 눈은 도드라지게 만들어 끝에는 금종이를 발랐으며 뚫려 있다. 둘째 양반(서방님): 높이24㎝, 너비 17㎝, 맏양반과 같으나 콧등에서(혹은 코밑)입까지 한줄로 째졌다. 셋째 양반(종가집 도련님): 높이 24㎝, 너비 17㎝, 연분홍 살색바탕에 검은 머리를 그려 가르마를 탔고 눈썹은 검고 입술은 붉다. 입이 왼쪽으로 비뚜러졌다. 눈은 뚫렸다.	샌님과 서방님: 흰 도포(흰 장삼을 입는 것이 오랜 관례였다고 한다)와 흰 바지 흰 행전 왼손에 흰 부채, 오른손에 지팡이, 정자관(뿔관) 도령: 흰 옷에 푸른 쾌자에 검은 복건, 행전을 치고 부채를 들었다.
오청	첫째양반 흰 수염 가슴아래, 둘째 양반 붉은 빛, 도령은 복숭아 빛같이 붉으레한 少年탈. 말둑이는 붉은 빗갈(빛깔)에 쟓은 웃옷을 입고 울눅불눅한 검붉은 탈을 쓰고 머리에는 흑색 벙거지 바른편 손에는 챗직(채찍).	兩班兄과 仲弟: 소매너른 흰 氅衣를 입고 亭子冠을 쓰고 긴 담뱃대 도령<末弟>: 監色快子, 福巾.
김일출	말뚝이: 팔목가면을 쓰고 그 위에 패랭이, 팔목과 같은 등거리를 입고 붉은 띠를 띠고 청, 홍의 우'다님을 메고 행견을 친다. 량반탈: 길이 26㎝, 넒이 20㎝ 백색 빛깔, 길다란 코 양옆에 두 줄로 홒처럼 파인 상처가 U형을 이루었다. 상처에는 붉은 빛을 칠하였다. 네모에 가까운 두 눈은 고기 눈알처럼 불룩하게 튀여 나와 정기가 없다. 따로 털을 붙인 눈썹과 우아래 수염은 모두 다 흰빛이다. 두 눈밑에 탈꾼이 바깥을 보는 큰 구멍이 뚫렸다.	도포를 입지 않고 흰장삼위에 붉은 띠, 다리에 행견, 왼손에 합죽선, 오른손에 지팡이. 도령은 의상소매가 넓은 중추막을 입고 다리에 행견, 머리에 복두, 오른손 딱선, 뼈가없는 것처럼 호양호양한다.

구분 판본	가 면	의상·소도구
임석재	말뚝이: 울긋불긋한 검붉은 탈, 검은 벙거지, 붉으레한 짧은 옷, 右手에 채찍. 생원은 白色面 언챙이, 서방님은 若干 붉은 면, 도령은 少年面.	生員과 書房은 흰 창옷, 머리에 冠, 생원은 흰 수염, 장죽, 서방님은 검은 수염, 도령은 卜巾.
해주	큰 양반: 흰 바탕에 흰수염과 눈섭을 꿰매여 달고 매독에 썩어서 코가 주저 않을 정도이며, 쌍 언청이로 된 탈을 쓰고, 그 위에 程子冠(정자관)을 쓴다. 긴 도포를 입고 합죽선을 든다. 둘째양반: 큰 양반탈과 비슷한데 한 쪽만 언청이로 되어 있는 탈을 쓰고 역시 정자관을 쓴다. 도포를 입고 부채를 든다. 종가집 도령: 15~16세 되는 눈이 툭 불거져 나온 소년 탈을 쓰고 그 위에 복건(福巾)을 쓴다. 의상은 중추막을 입고 손에 딱선을 든다. 말뚝이: 의상이 따로 있는 것이 아니라 봉산에서 목중 옷과 목탈을 쓰듯 탈 위에 패랭이 갓을 쓰고 손에는 채찍을 든다.	

(3) 등퇴장 비교

〈표 40〉 제6과장 양반과장의 등퇴장 비교

구분 판본	등 퇴 장	비 고
이두현	말뚝이가 양반 삼형제를 인도하여 등장, 일제히 어울려서 한바탕 춤 추다가 전원 퇴장한다.	현재 퇴장할 때 공연 中의 "돈타령"은 극본에 없다.
오청	굿거리장단에 우수운 춤을 추며 등장, 양반 三兄弟와 말둑이와 醉發이가 일제히 퇴장.	
김일출	말뚝이의 안내로 탈판에 삼형제가 등장하나 퇴장 시에는 둘째 량반과 종가집 도령이이 먼저 퇴장하고 맏량반은 소무와 놀다가 포도비장한테 맞고, 후에 모두 퇴장한다.	

구분 판본	등 퇴 장	비 고
임석재	말둑이가 구꺼리(굿거리)장단에 맞추어 우스운 춤을 추며 인도한다. 음악에 맞추어 다 같이 어울려서 춤추다가 전원 퇴장.	②, ④는 포도비장 부분이 극본에 없다
해주	포도비장과 소무가 등장한다. 다른 양반은 다 퇴장하고 큰 양반이 혼자남아서 소무한테 음탕한 짓을 하는데 포도비장이 나타나 격투하여 소무를 빼앗으니 호령만 탕탕하나 끝내는 내쫓긴다. (산대놀이와 비슷하게 현존한다.)	

(4) 대사 비교

〈표 41〉 第6과장 양반과장의 대사 비교

구분 판본	대 사
이두현	삼털같은 칼담배(또는 기사미), 쇠털같은 칼담배, 黃川豊山 東仙嶺을 황주평산(黃州平山)으로 채록자는 교정을 요구함(00.2.28). 짤다란 곰방대로 잡숫지 말고, 동여울 서구월 남드리 북향산, 梧桐壽福 연변죽, 찬밥 국말어 일조식(日早食)하고, 홍곡주, 효제충신(孝悌忠臣).
오청	씹벌같은 칼담배, 소털같은 칼담배, 밋구녕, 드리겟습니다. 東푸루船倉, 용세(이두현본은 '용할세'), 그것 그리하게를 이두현본은 '부르게', 임석재본은 '그리하게'로 기록. 골부랑 담배대, 梧桐壽福寧邊竹, 양반을 차즈려고(찾으려고) 찬밥국마라(말아) 일즉(일찍)이 먹고, 동여울 서구월 넘드러 北漢山下, 江麵酒, 欄干八字五聯閣, 孝悌忠義, 黃州豊山洞仙嶺 등의 차이점이 있다 말둑이: "전령업이 올 理가 잇소 자 이것 보아" 그렇게 怒여워 마시고 말씀 드르(들으)시오 등에서 이두현본과 임석재본은 이 대사가 없다. 또 취발이의 대사는 없고, 종이를 보더니 말뚝이에게 끌려가지만, 오청본은 대사를 하고, 체포장을 보이고, 취발이의 응등이(엉덩이)를 양반의 면전에다 내민다.

구분 / 판본	대 사
김일출	노론 소론 남인 북인 大司丞, 吏曹參議, 忠孝曰, 兩이요, 文豪曰 班이라, 文武百賢을 겸하여 두 '량자에 아루룩반' 자는 쓰는 량반이 아니라, 進士及第, 翰林學士, 玉堂, 承旨, 參議 參判, 兵曹, 禮曹, 戶曹, 吏曹, 다지내고 下南村 리생원이 나왔다했지요. 멍자 강(개바지 구멍에 개대강), 량반인지 석반인지 일찍 지은 조반인지, 소털같은 기사미, 황주봉산에 동술령 등에서 차이점이 많다
임석재	씹털같은 기사미, 찬반 국말어 一早食하고, 黃川豊山에 洞仙嶺 등은 오청본과 동일. 잘다란 골연 잡수지 말고, 東여울 西九月 南드리 北香山, 오동 수복 연변竹, 强麵酒, 金千代를 내어놓자는 부분은 이두현・오청・김일출본에는 없는 추가대사이다. 낭간 八字 五聯閣, 孝子忠臣,
해주	1) 양반의 마나님을 계집이라고 서슴치 않고 부른다. 2) 량반이 나왔네! 량반이 나왔네! 량반이라고 하니까 玉堂(옥당), 承旨(승지), 三提學(삼제학)을 력임한 … 老論(로론), 小論(소론),하는 두냥이란 兩(량)짜에 반렬이란 班(반)짜 쓰는 량반이 아니라 개잘량이란 량짜와 소반이라는 반짜 쓰는 량반 나왔소. 3) (악공에게)그까짓 량반들의 행차에 삼현육각이 다 무엇인가? 홋뚝이나 불라고 하면서 량반을 모욕한다.

(5) 내용 비교

취발이가 속세에 시주하러 갔을 때 양반한테 차용한 돈이 매개가 되어 생겨 난 과장이다. 양반 삼 형제는 제법 권위와 거드름을 피우며 등장하나 모두 병신들로 표현되어 있다. 말뚝이는 양반들의 무능과 부패한 생활을 해학과 풍자로 고발하고 있으며, 양반의 뜻, 담배, 장단, 조기, 새처, 학식과 위엄, 양반파괴, 호령과 변명, 희롱 등 서민들로부터 권위(천자문/양반사회로 가는 지름길)를 인정받지 못하는 행동양식에서 웃음거리로 전락하는 우스꽝스러운 존재이다. 그러나 양반과 말뚝이의 대사 속에는 대국(中國)과 소국(韓國)의 싸움에서 소국이 대국을 쳐부술 수 있다는 것을 상징적(미국과 북한관계)으로 담고 있다. 또한 양반계급에게 착취당하는 서민들이 대리만족을 느낄 수 있는 내용이 풍자적으로 담겨져 있다. 양반과장은 양반을 모욕하고 서민의 불만을 말뚝이가 풍자하는 민중의 예술이다.

〈표 42〉 제6과장 양반과장의 내용 비교

구분 / 판본	구 성 내 용	비 고
이두현	종(말뚝이)과 주인(양반 삼형제)양반과 관계를 통해 교양, 정경유착 등 생활상을 해학과 풍자로 표출했다. 말뚝이가 벙거지를 쓰고 채찍을 들었다. 굿거리 장단에 맞추어 양반 삼형제를 인도하여 등장한다. 양반 삼형제가 말뚝이 뒤를 따라 점잔 을 피우나 어색하게 춤을 추며 등장. 양반 삼형제 맏이는 샌님(生員), 둘째는 서방님(書房), 끝은 도련(道令)님이다. 구술자(김진옥 옹)가 십대소년 때 포도부장이 갓 쓰고 두루마기 입고 부채 들고 굿거리장단에 맞춰 춤을 추다가 퇴장했다. 봉산탈춤에도 포도부장 놀이가 있었음이 확실하다고 했다.	이두현 · 오청 · 김일출 · 임석재본의 내용은 비슷하지만, 약간의 차이점이 있다.
오청	이 장면은 양반의 비부 말둑이가 주역이 되야 시골양반의 생활상을 자미스럽게(재미) 풍자표현하는 것으로서, 마츰내 그 威(위)로서 방탕무뢰한 취발이를 체포하는 것이다. 그러나 前五場과는 별개의 거인듯하다. 말둑이는 붉은 빗갈에 짧(짧)은 웃옷을 입고 울눅불눅한 검붉은 탈을 쓰고 머리에는 흑색 말둑 벙거지를 쓰고 바른편 손에 챗직(채찍)을 쥐고 굿거리장단에 맞추어 우수운 춤을 추며 兩班三兄弟를 인도하야 등장한다. 1) 편지에 체포장을 써서 말둑이에게 준다 2) 출연자 명칭을 兩班伯, 兩班仲, 말둑이	일제히 퇴장 등 단어 차이가 있으나, 이두현 · 임석재본과 내용이 동일함

구분 판본	구 성 내 용	비 고
김일출	말둑이 선두로 한 맏양반, 둘째 양반, 종가집 도령님, 순서로 일렬로 서서 말뚝이의 안내로 탈판에 등장하자 음악은 국거리곡을 울린다. 다같이 춤을 추면서 탈판을 일주하다가 말뚝이가<쉬- 량반 나왔소>하면 량반 삼형제는 말뚝이를 앞으로 하고 정면에 서게 된다. 취발이 등장대신 포도비장이 출연한다 1) 맏량반, 둘째 량반, 종가집 도령님 등 돼지 코구멍으로 들었소 2) 글을 지을 때 소무가 나타나자 맏양반이 말뚝이한테 둘째 양반과 도령님을 모시고 가게하고, 소무하고 춤추고 놀자, 3) 포도비장이 나타나 량반을 치지만 소무에 대한 욕심 때문에 다가가다가 량반은 포도비장한테 얻어맞고 퇴장한다.	제9과장 소무와 포도비장은 무언극으로 춤을 추게 된다.
임석재	울긋불긋한 탈을 쓰고 머리에 검은 벙거지를 썼다. 붉으레한 짧은 옷을 입고, 우수에 째찍을 쥐었다. 구꺼리 長短에 맞추어 우스운 춤을 추며 兩班 三兄弟를 引導한다. 양반삼형제 長은 샌민<생원님>, 둘째는 서방님, 끝은 도령님이다. 생원과 서방님은 흰창옷을 입고 머리에 관을 쓰고 도령님은 복건(卜巾)를 썻다. 전원 퇴장, 지문 등 단어차이가 있을 뿐, 오청본과 동일함.	말둑이: ②와 같은 울긋불긋한 검붉은 탈과 붉으스레한 짧은 옷
해주	이조 오백년 동안 백성들을 2중 3중으로 억압, 착취하여 오던 양반계급의 부패상을 무자비하게 폭로·규탄하는 동시에, 그들을 타도하고 서민들이 승리하는 주제이다. 해주에서는 양반 四형제(포도비장)와 말뚝이 2명이 등장한다.	

김일출본과 권택무의 대본에는 양반과장 뒤에 '제9장 포도비장(捕盜裨長)' 춤을 붙여놓고 있다. 포도비장과장은 양반과장에서 글을(명자와 강자)지을

때 소무가 등장하여 한구텡(구석)에 서 있는데, 량반(맏양반)이 소무를 보고 말뚝이한테 량반(둘째)과 도령님을 모시고 들어가라고 한다. 그리고 나서 소무와 노는데, 포도비장이 등장하여 양반을 내쫓는다. 포도비장이 소무를 싸돌고 계속되는 타령장단 반주에 소무와 어울려서 흥겨운 춤을 추다가 퇴장한다. 이 과장은 재담이 없이 춤만으로 끝난다. 이와같은 내용은 해주탈춤에서도 비슷하게 구성되어 있다.

7) 제7과장 미얄 영감춤

가) 춤의 의미

늙은 부부가 헤어진 후로 방방곡곡을 찾아다니는 과정을 탈(가면)자체로서 잘 묘사되어 있다. 미얄의 엉덩이 오금춤사위는 춤이라기보다 바닥인생으로서 빵덕어멈처럼 바쁘게 걸어 다니는 생활 속에 나타난 인물역할 춤이다. 가면은 여성으로서 남편을 잘못 만나 남편을 찾아 헤매는 여인네가 험난한 세상을 살아가는데서 온 걸음과 고된 삶의 여정이 추한 외모로 표현되었다. 할미와 영감의 합궁춤은 남녀의 성(性)관계를 적나라하게 보여주는 것인데, 여성상위시대로서 노상에서 처첩간의 갈등과 아픔을 해소하는 것이라고 할 수 있다.

나) 가면 색깔

미얄은 자체가 벽사이므로 추함을 나타낸 웅케 눈에 주걱턱, 등 인생의 고된 역경을 잘 표현되어 있는 반면 영감은 안전한 직장이 있어 생활의 여유로움과 첩을 둘 수 있는 가면(얼굴)이다. 그래서 뽀얀 가면의 색깔이 역활과 잘 조화를 이루고 있다.

다) 복식의 색상과 의미

미얄의 복식은 무당으로서 나타내는 방울과 남편을 찾고자 먼거리를 헤매는데 필요한 도구의 지팡이, 짚신과 옷은 간단하게 요약되어 있다.

영감은 첩(화려한 의상: 노란 저고리 연두색치마)과 동침하며 맷돌 쪼는 석공으로서 개가죽 관(추운 지방)에 회색장삼의 두루마기를 입은 것은 안전한 직장을 가진 복색이다. 무당의 화려한 복색과 달리 (비록 미얄도 무당이지만)미얄의 간단한 치마저고리는 직업상 금전적인 여유와 부업으로서 남편을 찾으려는 생활상의 연결고리를 풀 수 있는 것이다.

라) 장단의 진행과정

미얄의 급한 마음(자진굿거리)과 남편의 여유 있는 등장음악(굿거리)이 비교된다.

미얄의 직업과 시간만 남으면 석공인 영감을 찾으려는 잦은 걸음이 음악과 잘 조화를 이루고 있다. 깽막궁은 합궁춤에 맞춰 극의 전환과정을 돕는 반면 성교환의 감정을 느리고 빠르게 나타냄으로서 오랜만의 늙은 부부가 회포를 푸는 모습은 장단의 속도와 고·저로 나타낸다. 이러한 표현방식은 이 시대의 여성상위시대가 무색할 만큼 자유로운 표현법이라고 하겠다.

거상장단은 본처(糟糠之妻)의 죽음을 부르는 무거운 장단으로 극(劇)의 끝맺음을 장식하게 한다.

(1) 명칭(名稱) 비교

〈표 43〉 제7과장 미얄과장의 명칭 비교

구분 / 판본	명 칭	비 고
이두현	미알춤	
오청	미알舞	
김일출	10과장 미알 (제9장 포도비장)	
임석재	第七場	
해주	ㅅ, 미알춤, 남강노인춤(南江老人舞)	

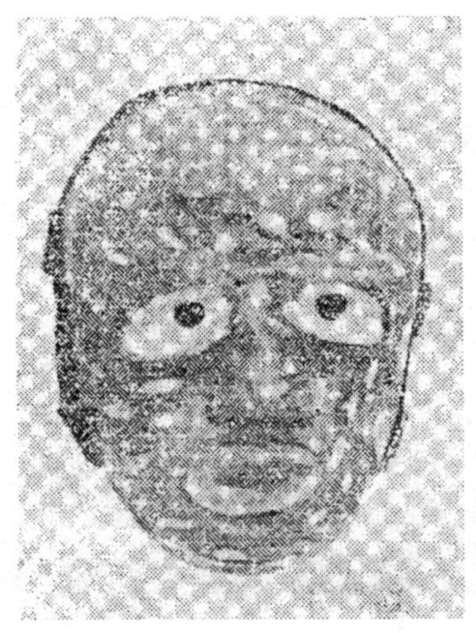

봉산탈춤 놀이의 미알 할멈 탈
(1954년 5월 20일, 김 수정 로인 제작,
과학원 고고학 및 민속학 연구소 소장)

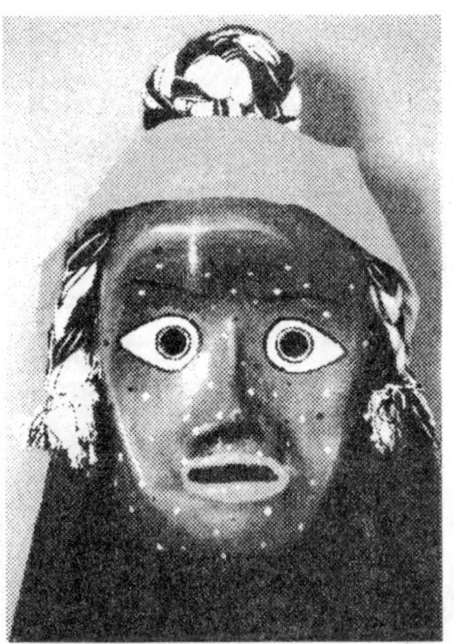

미얄 탈 <현재>

봉산탈춤 놀이의 미알 령감 탈
(1954년 4월 20일, 박 성찬 로인 제작,
과학원 고고학 및 민속학 연구소 소장)

미얄영감 <현재>

용산삼개 덜머리집 <현재>

봉산탈춤 놀이의 남강 로인 탈(南江老人假面)
(1954년 4월 20일, 박 성찬 로인 제작,
과학원 고고학 및 민속학 연구소 소장)

남 강 노 인 <현재>

무 당 <현재>

미얄등장 춤

미얄 영감 덜머리 삼각관계 장면

(2) 가면 및 의상·소도구 비교

〈표 44〉 제7과장 미얄과장의 가면 및 의상·소도구 비교

구분 / 판본	가면 및 의상·소도구	비 고
이두현	미얄: 높이 25㎝, 너비 16,5㎝, 흰 치마저고리, 부채방울을 들었다. 영감: 높이 28,9㎝,너비 18㎝, 흰 합죽이 얼굴에 난간이마로 내밀고, 개털로 만든 흰 수염 덜머리집: 높이 24㎝, 너비15㎝, 노란 저고리 붉은 치마, 흰색 바탕 에 頭髮과 눈썹을 黑線으로 그리고, 눈은 뚫리고 입술은 붉다. 틀어올린 머리에는 붉은 댕기를 달았다. 무당: 소무탈과 兼用, 푸른 저고리 붉은 치마 남색 쾌자에 검은 전립. 남강노인: 높이 28.5㎝, 너비 18㎝, 흰 두루막이와 바지에 갓(黑色), 영감탈과 同一함.	
오청	미얄은 검은 빗갈에 얽은 탈, 右手에 부채를 들고 左手에는 방울 한 쌍을 들었다	미얄의 夫는 엷은 먹빗갈웃옷. 험상스러운 늙은이탈 이상스러운 冠
김일출	미알탈: 길이27㎝, 넓이 16㎝, 람색 빛깔, 짱구이마에 입이 합죽하고 턱이 옥아진, 감람색 얼굴바탕에 전면에 흰 반점과 붉은 반점을 찍었다. 무색의 치마자고리를 입고, 오른손에 부채와 왼손에 방울을 들었다. 령감탈: 길이 29.5㎝, 넓이 21㎝, 백색 빛깔로서 개털로 만든 더부룩한 머리털 밑에 이마가 처마처럼 무드러졌고, 개털로 눈섭을 붙혔다. 의상은 개가죽관에 흰 장삼을 입고 부채와 집팽이를 양손에 들었다. 남강로인: 길이 31㎝, 넓이 23㎝, 백색 빛깔로서 흰빛 얼굴에 흰털의 눈섭과 흰 수염을 붙혔다. 어형의 두 눈 구역에 붉은 빛을 찍었고 웃입술을 붉게 칠하였다.	

구분 / 판본	가면 및 의상·소도구	비 고
임석재	미얄: 거문面에 하얀 點點. 영감: 險相스런 老人面相, 용산 삼개덜머리집: 小巫面과 비슷한 面相(小巫탈로 共用)	
해주	령감: 흰바탕에 흰 수염, 탈위에 개가죽관, 남루한 두루마기. 할멈: 란간이마 우묵눈, 개발코에 주걱턱, 빡빡얽은 藍(남)색 탈, 허름한 무명치마 저고리. 남강노인: 흰 바탕에 흰 수염, 갓을 쓰고 두루마기.	

(3) 등퇴장 비교

〈표 45〉 제7과장 미얄과장의 등퇴장 비교

구분 / 판본	등 퇴 장	비 고
이두현	덜머리집이 나중에 등장(미얄과 성관계를 한 후에 등장) 1)안은 미얄과 덜머리 싸움에 영감이 살짝 빠져나가고 둘이서 싸우다가 마얄이 뒤로 쓰러진다. 덜머리도 도망쳐 퇴장한다. 2)안은 현재 공연본	
오청	영감이 등장하면서 덜머리집 함께 등장하여 한쪽구석에 서 있다.	
김일출	미알할멈이 등장하여 운다. 미알이 한 곡 노래를 할 때 영감이 바로 등장하여 '할멈' 하니, 재비가 바로<할멈모색이 어드렀습마?>제비와 영감이 마치 사전에 교감이 있는 듯 대사를 하니 극적으로 연결되지 않는다.	

판본＼구분	등 퇴 장	비 고
임석재	미얄 영감 용산 삼개 덜머리집 3인이 구꺼리(굿거리)장단에 맞추어 登場, 미얄은 얻어 맞아죽고 영감이 약성가를 부를 때, 용산 삼개 덜머리가 나가랴 하니까 영감은 그리로 가서 덜머리집과 한데 어울려서 한참 희롱(戱弄)하다 퇴장	영감과 용산삼개 덜머리집은 한편에 가서 서 있다
해주	할멈을 찾는 령감은 자기할멈의 모습을 대면서 등장. 할멈 절명하고 남강노인이 넋풀이하고 퇴장.	

미얄할멈의 퇴장에 대한 처리가 각 대본별로 약간의 차이를 보이는데, 이 두현본은 목중들이 들고 나가고, 그 외의 다른 대본에서는 미얄할멈이 일어나서 혼자 살짝 퇴장한다.

(4) 대사 비교

〈표 46〉 제7과장 미얄과장의 대사 비교

판본＼구분	대 사	비 고
이두현	영감: 정처없이 왔더니하며 대사를 읊조린다. 굿만 녁이고(여기고), 할맘 본 고향은 어데와/ 어찌 잃었읍나/ 종적을 알 수 없네, 여엉가암/ 연적같은 젖을 쥐고/ 一元山 二江景 三扶餘 四法聖, 蔘出湯, 茯苓半夏湯, 甘言湯 등. 덜머리집: 아이구 분하구 원통해라, 지금까지 속아살았구나 영감죽고 나죽자,	오청본에 없는 추가 삽입대사가 있음

구분 판본	대 사	비 고
오청	등장하자마자 울고 있으니 악공이 웬 영감이와? 묻는다. 굿만 여기고. 할맘 난 本鄕은 어데메와/ 엇제 일엇슴나/ 종적을 알 길이 업습네/ 대접같은 것을 쥐고/ 모색을 대 모색을 대//마루 넘어 등 넘어로/ 엉엉엉엉/ 영-감 영-감 영-감 3번 반복 표현/ 一元山 二江景 三夫助 四法聖, 三求湯, 伏令 半夏湯, 甘吉湯 등.	
김일출	할멈이 등장하여 운다(음악은 굿거리곡으로 등장). 亂中에 령감을 잃고/ 난지 본향이 어디메요? 전라도 제주 막막골이 올쇠/ 商山四翁 네 노인이 바둑 두자고 날 찾나/ 諸葛孔明 선생 다 하강합시사/ 령감은 점을 배웠다고 점을 친다. 령감은 할멈의 소리가 나는 듯한데 여태 못 봤습나/ 창/ 얼러보세 얼러보세/ 년간70에 아들을 하나 낳으니 씨원하다 등.	이두현, 오청, 임석재본의 대사와 다르며 차이점이 있다.
임석재	여어엉 가아암 여어엉 가아암, 一元山 二江景 三부조 四法聖, 蔘求湯, 茯苓半夏湯, 甘言湯,	
해주	령감(할멈)의 모습을 대면서 등장한다.	

이상에서 대사의 단어와 어휘가 다른 점을 발견할 수 있다. 지문이 똑같은 구절인데도 '소리로', '응등이 춤을 추면서' 등 다르게 표현된 대표적인 것만 예를 들어 나열하였다.

(5) 내용 비교

미얄할미는 땜쟁이 직업을 가진 영감을 찾기 위해 무당의 신분으로 굿을 하며 돌아다니다가 천신만고 끝에 영감을 만난다. 만남의 기쁨은 노상에서 두 인물의 노골적인 성행위로 이루어지지만, 기쁨은 오래가지 못하고 첩이 있다는 것을 알게 되자 재산분배 등 처첩간에 갈등이 드러난다. 그리고 이내 영감한테 맞아 죽는 비극적 희극이다. 남강노인한테 발견되어 극락왕생을 비는 진오귀굿을 하며 막을 내리게 된다.

〈표 47〉 제7과장 미얄과장의 내용 비교

구분 / 판본	구 성 내 용	비 고
이두현	미얄은 무당이고 남편의 직업은 땜쟁이로서 개털가죽관을 썻으니 同知벼슬이라고 농한다. 영감과 본처의 만남으로서 문제가 제기된다. 난리통에 부부가 헤어졌다가 만났지만, 영감은 첩을 얻어서 삼각관계로 살인을 하게 된다. 미얄의 등장과 악공, 영감, 덜머리집의 대사와 함께 지문이 정확하게 나열되었으며, 남강노인의 짧은 대사이지만 육하원칙에 의해 처리되었다.	오청·임석재·김일출본에는 없는 무당의 출연과 남강노인의 보조와 함께 극적인 효과를 거두고 있다.
오청	미얄은 巫女, 그의 남편은 절구장이로 오래간만에 부부가 반갑게 만나 그동안 서로 그리워하든 정회를 주고 밧다가(받다가) 질투사흠(싸움)으로 인하여 마침내 영영 이별을 하고마는 것인데, 이 장면은 前記 각 장면과는 아모(아무) 連絡이 업는 개별의 것으로서 일종의 餘興이다. 혹은 <u>미얄의 부부는 주막주인으로서 醉發, 老僧, 黑僧 등에게 주식을 제공하야써 그들을 방탕의 길로 빠지게 하엿기 때문에 마츰내 神罰을 받게 된 것으로서 설도 잇으나</u> 이는 이상 각 장면과 연락식히랴는(연결시키려는) 억설인 듯하다. 미얄은 무녀(巫女), 남편은 미얄夫로서 영감이라고 칭한다. 영감은 절구장이로 첩인 용산삼개덜머리집과 함께 등장한다. 결국 삼각관계를 통해서 살인까지 성립되어, <u>남강노인이 무당이 되어서 죽은 혼을 달래준다.</u> 남극노인이 東窓南窓 다 밝엇다고 큰소리로 말하면, <u>미얄도 니러나서(일어나서) 살작 퇴장한다.</u> 그리고 卽席에서 탈, 衣裳 등 諸道를 불에 살라버리는데, 그것이 전소(全燒)될 때까지 출연자 일동이 장작불 앞에 모여 서서 충천(衝天)하는 火光을 向하여 數업시 절을 한다.	지문이 창(唱), 춤추면서, 보고 지고 타령, 서러운 장면에 <춤을 추며>등 정확하게 상황을 나열하였다.

구분 / 판본	구 성 내 용	비 고
김일출	이두현·오청·임석재와 줄거리의 차이가 있다. 령감이 미알이 없어졌다고 점을 친다. 제10과장으로서 미알할멈, 미알령감, 남극로인, 룡산 삼개집이 등장하여 삼각관계로 할멈이 영감한테 맞아 죽었다. 령감이 한창 울 때 남극로인이 들어온다. 11과장인 남극로인이 출연하여 넋드리를 세마디 굿을 하고, 대사 후에 퇴장하면 사자놀이로 끝을 맺는다. 제11과장 남극로인이 무당역할로 1인2역을 하는 양식이며, 사자놀이가 후미에 삽입되어 있다.	사자춤은 8목춤 다음에 나오기도하고 혹은 취발이 다음에 넣기도 한다
임석재	무당이 출연하지 않고 남강노인이 굿을 하고 끝마무리한다. 미얄, 令監, 삼개 덜머리집, 三人이 함께 등장하여 미얄이 대사 할 때 두 사람은 한편에 가서 서 있다. 南江老人이 무당역할로 구성되어 있다.	오청본과 같다.
해주	량반계급들의 억압 착취하에서 신음하는 피착취 계급의 생활난을 주제로 하고 있다. 미알령감이 망쫓는 사람으로서 생활난으로 말미암아 정상적인 가정생활을 못하고 조선팔도를 유람하다가, 란세를 만나 집에 돌아갈 날도 막연한 처지에 마누라를 얻은 것인데, 이것은 량반계급 사치를 하기 위한 작첩과 같이 볼 수 없다. 령감은 그동안 망을 쪼았으나 산대도감이 너무 많이 세금을 부과하여 세금을 못 물었더니, 산대도감한테 옷을 찢기고 관 을 찢겨서 개가죽 관을 쓰게 되었다. 할멈은 할멈대로 집에 먹을 것이 없어서 아들 삼형제가 다 非命(비명)으로 죽었으며 딸은 도망쳐 버렸다고 하소연한다. 자기는 이미 새 마누라를 얻어 오랫동안 생활을 같이 하여 온 터이라 하며 본 마누라와 이혼할 것을 제의한다. 세간분배를 요구하게 되자 좋은 것은 모두 새 마누라에게 주고 쓸모없는 것만 할멈에게 주니 가정싸움이 벌어진다. 령감이 살림을 때려 부시고 할멈을 때리니 할멈이 절명한다. 이때 남강노인이 나타나서 넋풀이를 하고 퇴장한다. 봉산과 비슷하나 남강노인이 넋풀이 한다.	

민중사회 속에서 남녀사이의 삼각관계로 죽음을 맞이하는 인물에 대해서 무속은 죽음에서 벗어나 사회에서 神(신)으로 문제를 해결해 주었다. 가슴에 맺힌 한(恨)을 신명(神命)으로 풀고 굿을 객관적으로 표출하여 혼백을 위로하고 동경하여 현재의 삶을 되찾기 위한 수단이다. 미얄과장은 민중애환의 정화된 감정을 가지고 死者의 혼백을 위로하고 극락왕생을 비는 민중예술로 승화된 내용이다.

(6) 남강노인

가) 남강노인의 등퇴장

〈표 48〉 제7과장 미얄과장의 남강노인 등퇴장 비교

구분 / 판본	남강노인의 등퇴장	비 고
이두현	흰 수염에 갓을 쓴 노인이 기침을 하고 천천이 들어온다. 대사 후 무당을 부르러 나가면 목중들이 들어와 죽은 미얄할멈을 들고 나간다. 남강노인이 향로와 잔대가 있는 상을 받쳐들고 나온다. 무당이 춤을 추고 노래를 하면 남강노인은 공수를 하며 '옳소' '옳소'하고 있다가 끝이 나면 대사를 하고 퇴장한다.	
오청	제11과장 남극노인과장으로서 미얄의 사부의 홍안백발(紅顔白髮)의 탈을 쓰고 장고를 메고 천천히 들어와서 미얄이 죽은 것을 보고 장고를 땅에 놓는다. 대사 후 창을 하고 퇴장하고 미얄도 니러(일어)나서 살작(살짝) 퇴장한다.	
김일출	장고(長鼓)를 메고(치며) 등장하여 넋드리 세 마디하고 장고를 치면서 대사하고 퇴장한다.	
임석재	흰 수염을 느러뜨린 백면의 노인이 장고를 메고 천천히 들어온다.	
해주	남강노인이 넋풀이	

나) 남강노인의 대사

〈표 49〉 제7과장 미얄과장의 남강노인 대사 비교

구분 / 판본	남강노인의 대사	비 고
이두현	이헴! 아니, 이것들이 무슨 쌈을 하는 고? 오래간만에 만나드니 사랑 쌈인가 동네가 요란하구나./ (미얄을 한참보고 죽은 것을 확인하고) 아 이고, 이것이 웬일이냐? 지독하게도 죽었구나. 동네사람들 이것 보소 미얄할멈이 죽었구려. 아이고 불쌍하고 가련하여라. 영감을 잃고 가진 고생을 하더니 그만하고 죽었구나./ 이것을 어찌하노. 기왕 죽었으니 죽은 혼이라도 좋은곳 극락 세계로 가라고 무당 불러 굿이나 하여 줄 수밖에 없다. 무당 부르러 갑네./ (남강노인이 무당 부르러 나가면 목중들이 들어와 미얄할멈을 들고 퇴장한다.) 아이덜아 일어나거라 남창동창 더 밝았다.	
오청	이것들이 짜- 하더니 쌈이 난 게로구나./ 아- 이것이 죽지 안엇나. 불상하구도 가련하구나. 제 영감이 이별 멧(몇)해에 외롭게 지내다가, 아 - 매를 맞아 죽어?/ 하도 불쌍하니 넉이나 풀어 줄 박게 업다./ (범벅 궁調로 장고 치며 고개를 좌우로 내두르면서) 창(唱)한다./ 各山大川後山神靈! 불상한 이 인생을 극락세계 가게 하소. 넉은 넉반에 담고 魂은 魂盤에 담아 榮華峯으로 가옵소서/ (춤을 춘다, 무녀로써 성대한 굿을 하는 일도 있다)./ 兒孩들아 니러나거라 東窓 南窓 다 밝앗다. (라고 큰 목소리로 창하고 퇴장하면 미얄도 니러나서 살작 퇴장한다)	劇이 끝나면 卽席에서 탈, 의상 등 제도구를 불에 살라 버리는데 그것이 전소(全燒)할 때까지 출연자 일동이 장작불 앞에 모여서서 승천하는 火光을 向하여 數업시 절을 한다
김일출	제11과장 남극노인과장으로서 죽은 할멈의 영을 위로하기 위해 국(굿)거리곡에 맞추어 노래를 부르며 장구를 치며 나온다. (대사가 없고)/ 넋의 넋은 넋반에 담고 魂에 혼은 혼반에 담아 륙진장포 열두메끼 아주 꽤 묶은 후에 영자군아 발 맞추라. 燈籠軍아 불 밝혀라. 너흘너훌 저기 저산 북망산이 분명쿠나/ (노래를 마치고 장구를 치면서) 아이들아 일어들 나거라. 남창 동창이 다 밝아 온다. 어서들 일어 나 거라(하고 퇴장한다)	사자놀이로 이어진다.
임석재	오청본과 같으나 後土神靈의 '토' 자로 표현하였고 끝맺음의 지문이 없다.	

(7) 무당 비교

〈표 50〉 第7과장 미얄과장의 무당 비교

구분 / 판본	무 당	비 고
이두현	무당을 별도배역으로 추가시켜 등장하여 춤과 노래를 극적으로 변화시킨다. 탈은 소무탈을 겸용 푸른 저고리 붉은 치마 남색 쾌자에 검은 戰笠, 부채와 방울을 듬, 무당춤을 끝으로 탈춤이 끝나면 주상(酒床)을 차려놓고 연희자 일동이 가면을 불에 사르며 재배한다.	1977년 3~5월, 미국 각 주립대학 초청공연을 배경으로 김금화씨를 초청, 무당배역을 연희자가 직접 배움
오청	남강노인이 무당역할	
김일출	남극로인이 무당역할	
임석재	남강노인이 무당역할	
해주	무당은 출연하지 않고 오청본과 동일함.	

미얄과장의 진오귀상

무당이 굿을 하는 장면

무당이 굿하고 남강노인 합장재배

미얄과장의 끝맺음은 劇(극)이 마칠 때쯤 남강로인이 등장하여 “아이들아 일어들 나거라 남창동창이 다 밝아온다. 어서들 일어나거라.”라고 하는 것이 일반적이다.

그러나 『조선의 민간오락』30)은 “동창이 밝아온다 어서들 일어나가라” 라는 봉산탈춤의 최후의 대사는 봉건착취에 신음하던 당시 인민 전체의 소리였다고 기록하고 있다. 또한 『조선고전무용』31)에서 끝맺음을 이렇게 했다.

> “이때 저녁에 시작한 가면극은 끝나고 동이 트기 시작하면 배우들은 모닥불에 탈박을 죽음 앞에서 광명을 찾기 위해 일어나라고 하는 남강로인의 호소! 어둠을 물리치고 밝아오는 동녘하늘에 훨훨 타오르는 불길! 이 호소와 불길은 철학적이며 시적인 조화를 이룬다. 바로 이 조화로운 형상가운데서 온갖 낡고 추악한 것을 저주하고 멸망에 직면한 그들의 운명을 가차없이 폭로비판 하였다. 또 거기에는 아름답고 진실하고 행복한 생활에 대한 인민들의 들끓는 념원과 신념 등이 줄기차게 맥막치고 있다. 가면무극은 이런 건전한 사상, 정서적 내용에 있어서 뿐만 아니라 이것을 표현하는 극적수단에 있어서도 일련의 새로운 수법을 개척하였다. 대사의 출연과 과장의 설정, 갈등조정 등 이 몇 가지 사실만 가지고도 이것을 잘 알 수 있다. 특히 가면극은 재담과 극적행동의 창조경험을 풍부히 남겨놓았다. 가무극의 높은 사상예술성은 여러 가지 <탈>의 풍부한 현상에 의하여 더욱 잘 표현되었다. 량반과 포도부장의 탈을 비롯한 수많은 탈들은 모두다 그 인물의 사회계급적 성격에 기초한 특징적인 속성들을 시각적으로 재치 있게 부각하고 있다. 특히 탈의 특징을 련상화함에 있어서 사실에 기초한 창작자들의 허구와 과장의 예리화는 커다란 예술적 기능을 수행하였음을 설명하여 준다.”

신영돈의 탈춤놀이에서는 각과정의 주된 사상성은 산대놀이와 동일하다. 크게 나누어 파계승과 부패한 양반을 주제로 하고 있는데 상술한 바와 같이 산대놀이가 각 지방에 흥행되는 과정에 그 지방 인민대중들과의 접촉을 통하여 그들의 생활감정을 반영하면서 독자적인 탈춤놀이로 발전 변화하였다.

---

30) 물질문화유물보존위원회, 『조선의 민간오락』, 국립출판사, 1955.

31) 리봉옥편, 『조선고전무용』, 우리문화사, 1996.

예컨대 승려, 양반에 대한 모욕, 야유의 표현에서 황해도 지방 탈춤놀이가 산대도감 놀이보다. 노골적이고 솔직하고 또 신랄한 것을 엿볼 수 있다.[32)]

공연 끝난 후 연희자 전원이 가면을 불에 사르면 재배

모닥불에 탄 가면 모습

32) 신영돈, 『우리나라의 탈춤놀이』, 국립출판사, 1957

1930년대의 탈춤과 무속

조선풍속 가면용 사진엽서(朝鮮風俗 假面踊 寫眞葉書)
1930년대 / 세로 9.1×가로 14.2㎝ / 재질 종이 / 소장 김영준

사진의 제목은 '가면용(假面踊)'이다. '가면무(假面舞)'라 하지 않고 '가면용'이라 한 것은 '탈춤'을 일본식으로 표현한 것으로 보인다. 사진의 탈춤은 중부 이북의 탈춤으로 보인다. 20세기에 들어서도 화발하게 연행되던 탈춤은 연행예술의 유통구조가 바뀌기 시작하면서 별다른 양식적 발전을 이루지 못했다. 기악, 판소리, 춤이 실내 극장 무대로 옮겨지면서 적응하기 시작했지만, 탈춤은 극장 무대에 적응하지 못한 채 실외 마당에서 계속 연행되었기 때문이다. 1930년대까지만 해도 탈춤경연대회가 벌어질 정도로 탈춤은 가깝게 있었다. 그러나 이후 우리의 근현대춤사가 기방무 중심으로 전개되면서 탈춤은 주변으로 멀어져 갔다. 그러나 현재의 춤계가 탈춤을 돌보지 않을 뿐이지, 탈춤은 분명히 우리 춤의 유산이다.

조선풍속 무녀 사진엽서(朝鮮風俗 巫女 寫眞葉書)
1930년대 / 세로 9.1×가로 14.2㎝ / 재질 종이 / 소장 김영준

굿판을 끝내고 무당과 잽이들이 굿당을 배경으로 사진을 찍었다. 중부 이북 무녀의 모습인 듯하다. 일제 강점기에 일제는 조선민속을 통치수단으로 이용하기 위해 그 전반을 조사, 연구하였다. 한편 1930년대에 조선 춤계는 한성준, 최승희, 조택원에 의해 조선춤 근대화의 새로운 전기를 맞이하였는데, 이를 위해 신무용가들은 전통춤 전반을 재창조의 기반으로 삼았다. 그 중 최승희의 <무당춤>은 경기 이북 무당의 춤을 소재로 구성된 춤이다. 사진 속의 1930년대 무당의 무표정한 모습과 허리선이 드러나는 치마에 방울과 부채를 들고 미소를 보내는 최승희의 <무당춤>은 좀 딴판인 듯 하다.

Korean dancer wears a Pongsang Mask, while on right is 'Ksan mask.

Nation's art vital mirror

It's-a-small-world-after-all department:

Everywhere you turn at Expo, there are shows that point up the parallels and counterpoint the contrasts between the cultures of the Pacific Rim.

And everywhere you go you're made effortlessly aware of how a nation's art is no solemn mummification of tradition but a vital reflection of its people.

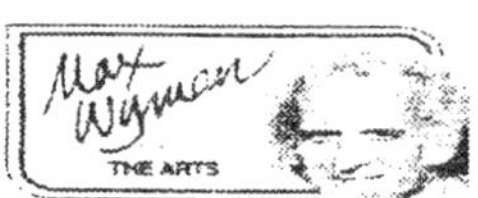

Catch one of the many performances by the internationally renowned 'Ksan troupe from Hazelton, either at Folklife or the Xerox International Theatre.

Attend (and maybe find yourself taking part in) one of their performed feasts — a magical blend of masking, ceremony, satire and high-spirited fun.

Check out the Pongsang Mask Dance Drama troupe, from Korea, at the Xerox theatre — and notice all the parallels. . . masking, ceremony, satire, high-spirited fun.

Of course they're different — in their look, sound, the ways they make you think and laugh.

But their appeal has a universality that transcends differences. They're yoked across oceans by their common humanity.

Magnificently intricate masks and costumes attest to the lasting importance of pomp and pageantry in both cultures — but the common man retains control. The Koreans poke innocent fun at errant monks. The people of 'Ksan poke innocent fun at self-important chiefs.

Then set all that against Lao She's sorrowing Teahouse, by the Beijing People's Art Theatre at the Queen Elizabeth Playhouse.

This is like Brecht crossed with Chinese soap-opera — didactic social cynicism expressed in painfully accurate human terms. Three generations of customers in a Chinese teahouse are bystanders at critical moments of change.

Oppression, profiteering, death . . . and no one ever learns. As the final curtain closes, revolution is starting again. And the innocents (and others) in the teahouse are as helpless as they always were.

No wonder the Red Guards hated Lao She and drove him to suicide. He was a dangerous man.

He was brave enough to throw the light of honesty on the darker side of humanity. . . and at the same time affirm (like the Koreans, like 'Ksan) the essential durability and resilience of the human individual.

■ ■ ■

If you feel the need to blame someone for the new Vancouver Opera Carmen, blame me.

Twice at the opening performance VO artistic director Brian McMaster reminded me I was the one who first insisted he should bring us his controversial production of Bizet's warhorse.

He never planned to — it was too expensive. Only government Expo cash (thank you, federal communications minister Marcel Masse, and it was good to see you at all the openings, putting your person where your portfolio is) made it possible.

Whatever reservations we might have about the imbalance between the music and the carnival theatrics, you can't help but be glad this Carmen happened.

Outrageous and provocative, it made the normally catatonic opening-night Vancouver opera audience boo and bravo like battling banshees in tuxes — precisely the kind of rough shaking this world festival *should* be administering to our collective imaginations.

If you want to get in on the argument, there's a public forum on the show at Robson Square media centre on Sunday at 4 p.m.

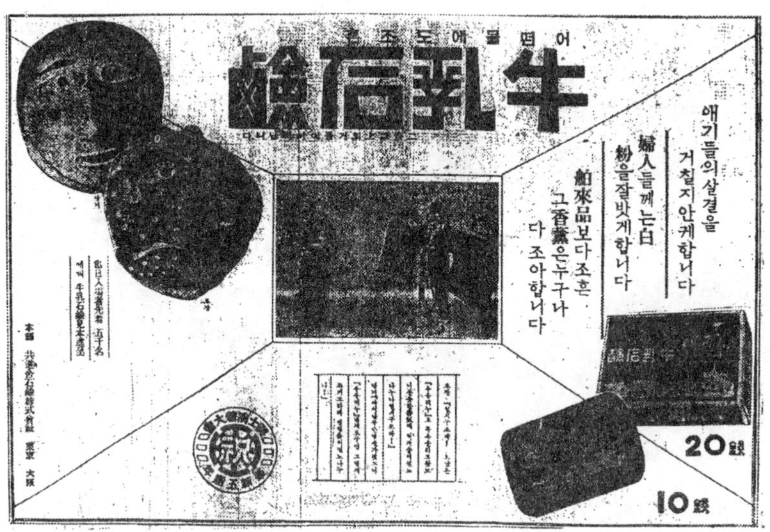

상품선전에 가면사용

광주 전국민속예술경연대회 참가 공연을 마치고
(故 오인관 강령탈춤, 봉산탈춤 이근성(李根成), 양소운)

봉산탈춤 기록 촬영(1970)
좌로부터 오명옥, 지관용, 박동신, 김용익(마부), 김선봉 人間文化財 분들
김학실(가면쓴분), 최창주, 김재권, 김기수

최초 유료 공연 명동 국립극장(70년대) 입장료 300원
(코스모스 백화점까지 줄이 이어졌다)

60년대 말 창경원 공연

미국공연전 기념촬영 (77. 1월)

허바드大學 필자 탈춤강의 (77년 3월)

78년 CIOFF 초청 (유럽세계민속축제) 길놀이 〈길거리 공연〉

CIOFF 초청 야외무대 공연 (유럽)

창문여고 민속반

경복여상 탈춤반 (81년~93년)

초등무용교사 봉산탈춤 강습회 (저자 이론 강의)

계명대 민속반 창단 (여름방학 특강)

YWCA빈들클럽 크리스마스 공연 마치고

日本 전통무용연구회 초청 (강습 마치고)

민속탈춤캠프 매년 여름방학 (대성리 유스호스텔)

민속탈춤 가족캠프 (대성리 유스호스텔)

경기도 광주초등학교 탈춤 Camp

민속탈춤가족캠프
탈만들기(대성리유스호스텔)

민속탈춤캠프 중 장고 강습 (김선봉선생과 함께)

잠실 실내체육관 교사 강습 (필자)
(3,000명 80년 7월)

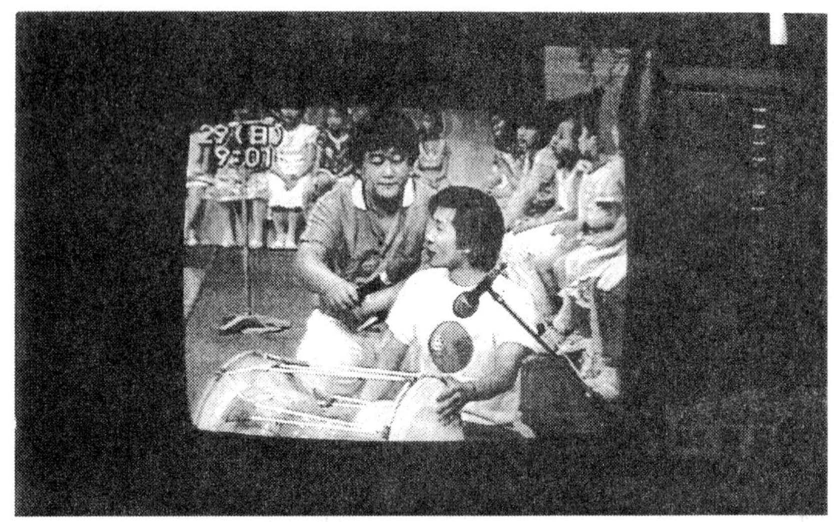

TV 탈춤체조 홍보 (창안)

탈춤활성화 삼성그룹 강의

세종문화회관 분수대 (봄, 가을축제 기획 및 탈춤체조 지도)

해외 입양아들을 위한 공연 (1978년 유럽)

Ⅲ. 봉산탈춤 비교를 통한 起源說 재검토

1. 狩獵戰略說(수렵과 전략설)

한국가면극의 기원설은 시대의 변천과정과 함께 변해왔다. 아울러 原形의 뿌리는 그대로 찾아 볼 수 있다고 하나, 근원적인 역사・사회적 배경의 변화와 함께 다양한 이론이 산출되었다. 기존의 기원설은 1)이두현교수의 산대희(山臺戲)기원설, 2)산대도감(山臺都監)계통설, 3)조동일교수의 풍농굿 기원설, 4)교훈초의 기악(伎樂)기원설, 5)무굿기원설 등이 있다. 산대희기원설은 산대희에서 가면극인 산대극이 생겨났다고 한다. 산대는 채산(彩山)・채붕(綵棚)이라고 하는 가설무대로서 산과 같이 높은 무대, 비단으로 장식한 다락무대라는 의미에서 붙인 명칭으로 신라에서 조선중기까지 지속되었다. 조선시대 산대희 내용은 規式之戱(규식지희)와 소학지희(笑謔之戱)로 분류한다. 산대도감계통설은 산대희기원설을 더욱 발전시켜 가면극의 기원을 서낭제탈놀이와 산대도감계통극으로 나누어 논의했다. 풍농굿 기원설은 마을굿에서 농악대의 가면을 쓰고 노는 무리가 잡색을 따라다니며 이따금씩 허튼 수작을 한다. 그러나, 마을 굿을 하는 원래의 행사가 끝난 다음에 기회를 얻어서 놀이를 한 바탕벌인 가면극이 마을 굿에서 자생적으로 생성 발전했다는 설명이다. 그러나 최근 조동일교수는 가면극의 기원에 대해서는 기존입장을 고수하면서도 각지방 가면극의 형성과정에 대해서는 견해를 수정했다. 즉 농촌탈춤이 바로 도시탈춤으로 바뀐 것이 아니라 직업적 탈놀이꾼인 떠돌이패의 탈춤이 농촌탈춤에서 도시탈춤으로 발전하는데 그 모형을 제공했다고 본다. 그리고 오광대의 경우는 초계 밤마리의 오광대패와 같은 떠돌이 놀이패의 가면극이 영향을 끼쳤다고 한다.[33] 기악기원설은 백제인 미마지(味摩之)가 중국 남조(南

33) 조동일, 『한국문학통사』(서울:지식산업사, 1994), 513쪽.

朝) 오(吳)나라에서 배워 612년 일본에 전했다는 기악이 가면극의 기원이라고 본다. 특히 서연호교수는 탈춤기원의 국내 내재설을 주장하였다. 현재 복원 위원에 의해 복원작업을 하고 있다. 따라서 종합적인 전통연희분야를 각자의 학문적인 관점으로 기원설을 연구발표하고 있다. 때문에 학자들이 추가로 발표하는 논문들은 자신의 학설을 뒷받침해주는 단순자료들이 대부분이다. 5)번째 무(巫)굿기원설의 박진태는 하회별신굿 등 가면극은 무굿<부전굿, 타살굿, 계면굿, 세존굿, 천왕굿 등>에서 기원했다고 주장하고 있다. 김재철이 단순한 무당의 의식에서 복잡한 가무가 발달해 가무극(歌巫劇)이 된 듯 추론하면서 탈춤의 첫 과장에 고사와 무당이 등장하는 것을 예로 들었다.

위의 주장한 학자들의 기원설은 모두가 연희(演戲) 자체를 기원으로 하고 있으나 구성적인 구조분야는 놓치고 있는 것 같아 필자는 실기를 전문으로 하는 예능인으로서 아래와 같이 기원설을 재고해서 추가할 필요성이 있다고 본다.

탈춤과 풍장놀이(병정놀이/ 풍장놀이-풍물놀이-농악 등)를 연구하다보니 서로 다른 봉산탈춤대본(오청, 임석재, 송석하, 이동벽, 유물보존위, 김일출, 권택무, 이두현 등)의 문헌을 수집해서 볼 기회가 있었다. 또한 실기(實技)를 통해 구성적인 분야를 연구하게 되었다. 농악(호남좌도)에서 대포수는 가상군으로 설정되어서 상쇠가 戰笠(전립)을 쓰고 총괄 지시하면서 적군의 적장(대포수)에게 각시(잡색)를 보내어 술을 먹이게 하고 상쇠가 목을 치게 함으로서 대포수 역할이 끝이 난다. 탈춤 역시 이와 비슷하다. 취발이가 목중과 小巫(소무), 上佐(상좌)를 시켜 불도를 닦고 있는 노장을 유인하여 유혹하고 퇴치하는 과정(②, ③극본)에서 첫목중이 은폐, 엄폐로 각개전투(목중)를 하고 합동공격(뭇동춤)을 하여 적을 퇴치하는 구성이 비슷하게 전개된다. 김일출은 탈놀이의 유래에 처해서는 실로 오랜 연원을 가지고 있다고하며 탈을 쓰는 풍습은 원시인들이 수렵-생산활동에서 사용한 특수한 위장(僞裝)에서 발생하였다. 또한 그것은 원시인들이 전쟁마당에서 적을 위협하기 위하여 사용한 전쟁가면에서 기원되기도 하였다. 한편 다른 경우에서는 토템 숭배 또는 샤마니즘과 관련된 종교적 의식(儀式)에서 발생하기도 하였다고 외국서적을 인용하기도 했다. 아울러 원시적 생산활동과정에서 발생 발전하여 온 각종의 탈놀이와 전쟁가면, 종교가면 등에 그 기원을 가진 탈놀이들이 신라시대에 이미 우리 선조들의 생활에서 중요한 행사로 되어왔고 또 그것이 천유년을 경과한 오늘날까지 약간이나마 그 자취를 황해도 탈놀이 가운데 남기고 있음을 알 수 있다. 김재철은 가면극의 기원문제에 대해서는 아직도 의문이 있다고 했다. 따라서 기원설의 근원적(根源的)인 문제에·접근한 결과 태초(太初)에 식의(食衣)를 해결하려는 수렵(狩獵)과 부족(部族)을 보호(保護)하려는 수렵과 전략설(전투설)을 주장하게 되었다.

1) 풍물(농악)

농악은 구성면에서 볼 때에 전투의 전략적인 진풀이(陣法)로 되어 있으며, 음악은 훈련을 위한 보조물처럼 되어 있었다. 삼도풍물을 비롯한 농악은 그 구조적 차이가 분명하게 있으면서도 비슷하게 진행되고 있다. 진법이 가장 두드러지는 농악을 경상도 김천농악으로 꼽을 수 있는데, 그 지역의 언어적인 특성인 무뚝뚝하고 격함이 쇠, 북 가락으로 잘 드러난다. 그러나 태백산맥경계로 지역적인 특징이 다른 호남좌도 농악은 푸짐하게 장고가락을 중심으로 발달되어 있다.

농악에 대한 해석을 농악이라기보다 안확(安廓)이 주장한 음악적 측면을 강조하는 것보다 동작의 구성적인 것을 더 강조한 진풀이인 전쟁놀이(陳法/兵法)라고 할 수 있다. 우선 호남농악(좌도)을 예를 들어보기로 한다. 호남좌도 농악은 2부로 나눠져 있는데 그 내용의 1부는 '훈련'이고 2부는 '전쟁'으로 기본훈련(7채굿/ 우도는 5채질굿), 전쟁, 공로치하, 귀가조치, 재복귀 등 군사훈련의 기본 틀을 가지고 있다. 첫째 어름굿은 어울림의 뜻으로 상쇠가 흩어져 있는 군사를 모아서 나발(큰 나팔)을 불고 기본훈련을 알리며 시작한다. 둘째, 풍류굿으로 기본훈련인 제식훈련을 시작한다. 농악적인 요소로서는 인사굿, 허튼가락, 두마치, 된삼체, 휘모리가락 등 채굿으로 넘어간다. 이때 제식훈련을 마치고 퇴소식을 하게 된다. 셋째, 진풀이굿으로 가상군을 설정하여 진지를 구축한다. 여기서 농악적인 요소는 A팀은 쇠·징·잡색 順으로 배열하고, B팀은 장구·북·소고 順으로 맏상쇠·맏장구·맏소고가 리더가 되어 2개 원(圓)으로 풀었다 감았다하며 겨루게 된다. 넷째 호호(呼呼)굿으로 몇몇의 장병이 연락병이 된다. 연락병들은 '호호' 소리를 내어 장병들을 불러들여 진지(陣地)를 구축하여 재점검, 사열하는 형태가 된다. 다섯째, 기초훈련을 끝마친 상태에서 아군이 쉴 때(앉아 있을 때)적군이 가락을 치고 서로 탐색전을 벌인다. 농악적인 요소는 3채 가락으로서 반 풍류 가락을 사용한다. 여섯째, 노래굿으로 군가교육(軍歌敎育)의 학습시간이다. 농악적인 요소로는 판굿으로 상쇠가 선창하면 병사들이 합창으로 받는다. 그리고 휘모리장단으로 한바퀴 돌고 노래굿<오늘도 하도 심심해서-- (중략) 월선이는 어데 가고 에~ 거문고 한쌍만 남았구나>을 시작한다. 일곱째는 밀고 당기는 총검술시간이다. 농악적인 요소로는 가락을 주고받는 미시기굿(품앗이)으로서 짝두루미 장단, 3채 및 자진 삼채가락 A·B팀= 2열로 서서 두마치(휘모리)로 주고받는다. 여덟번째, 춤굿(餘興=Receration)은 적을 사살하기 위해 훈련을 끝마쳤으니 사기를 높혀 주기 위해 쉬는 여흥시간(戰友愛)이다. 농악적인 요소는 띠를 잡고 춤추는 대형으로서 굿거리, 된삼채, 휘모리, 수박치기(손뼉치고 술 취해 논다)를 하며 술 기분으로 등을 대고 정을 나눈다. 여기까지가 훈련하는 시간으로 90분 정도가 소요된다.

제2부로서 아홉번째(1장) 도둑잽이 굿이다. 이제는 전쟁이다. 가상군(적군: 대포수)을 설정해서 상쇠가 전립(戰笠/옛날군인이 쓰던 모자)을 쓰고 적군인 적장에게 각시(女子)를 보내어 적군을 침몰하게 한다. 적군 대포수(적장역/총괄 지휘자)는 각시와 술을 먹고 놀 때 상쇠가 적장의 목을 치므로서 대포수 역할은 끝이 난다. 열번째(2장) 점호인 문굿이다. 나팔을 불어 아군의 잔여병

을 확인하고 전투평정을 하고 전몰시킨 공을 세운 자에게 각시를 붙혀 주고 상을 내린다. 농악적인 요소는 탐모리이다. 나발(태평소)수에게 3초를 불게 하고 악기들에게 '3타하라' 해서 리더인 상쇠가 깃발봉의 천을 양손에 들고 춤을 추며 각 악기를 소개한다. 열한번째, 전쟁에 승리를 했으니 헤침굿 각 군사들을 고향으로 돌아가서 휴식을 취하게 한다. 열두번째, 충분한 휴식을 취한 후 또 소집해서 훈련인 각개전투를 연습시킨다. 농악적인 요소는 개인기능(才能技)으로서 개인놀이로 시작해서 12마당(12月, 12마당 또는 14장면)에 맞게 군무(群舞/軍務)가 끝이 난다. 전쟁시 정규군이 부족할 경우 농민들이 급조가 되어 농악의 진법으로 구국하였다.

오늘날 농악의 기원으로 추정되는 집단적 가무로 중국의 기록을 보면 馬韓(마한)에서는 '해마다 下種(하종)을 끝마친 5월과 추수를 끝마친 10월에 농민들이 한자리에 모여서 歌舞飮酒(가무음주)로 밤낮을 가리지 아니하였다'고 전하는 기록이 있다. 여기에 탈춤놀이를 비교해보면, 탈춤놀이를 하면 마을에 병이 없으며 풍년이 든다는 속설과 풍물놀이를 하는 이유와 일치하고 있다. 또한 辰韓(진한)·弁韓(변한)·濊(예)의 舞天(무천), 부여의 迎鼓(영고)와 같은 년중행사에 가무를 즐겼다. 고대인들은 자기의 무력함을 알고 신에게 풍양과 감사를 올리고 명절놀음에 무당들이 등장하여 呪文(주문)을 하고 영혼과 교섭하는 祈禱祓除(기도불제)를 행하는 신성한 사람으로 간주하였다. 이러한 가무를 할때 의례히 농민들이 농악에서 탈을 쓰고 춤을 추는 유습이 오늘날까지 전해 내려오고 있으니 추측하고 남음이 있다고 신영돈(탈춤놀이 저자)은 추정하고 있다.

2) 탈춤(假面劇)

탈춤은 고대로부터 발전·성립되었다는 견해[34]도 있으며, 이미 봉산탈춤

34) 『조선문학사-고대편』, 148쪽. 우리 나라에서 탈을 쓰고 놀이를 한 것은 매우 이른 시기부터였다. 옛 기록들은 이미 원시 및 고대시기에 <호랑이 춤>이라는 탈춤이 있었다는 것을 전하고 있다. 또한 고구려의 옛 무덤인 안악 제3호 무덤에 있는 벽화<춤추는 사람들>에는 악기를 타며

제5과장에서 밝힌 바 있다. "部落(부락)과 戰爭(전쟁)할 때 前時代(전시대)의 勇將(용장)의 얼굴을 숭내내어 假面(가면)을 맨들어 쓰고 다른 부락을 威脅(위협)하는 전쟁가면(war Mask)을 가젓 섯는지도 몰은다(모른다)"35) 따라서 수렵(狩獵)은 원시인들이 식량을 얻기 위한 수단으로 강조했다. 신영돈도 탈춤의 기원으로, "山(산)속에서 사냥을 하는 과정에서 사자나 호랑이와 같은 맹수들 앞에서 작은 짐승들은 위축되어 감히 기를 펴지 못하고 당황하는 것을 보았다. 원시인들은 맹수의 모양을 흉내 내여 만든 수렵탈(狩獵面)을 쓰고 산중에 들어가서 짐승을 위협함으로서 그것을 쓰지 않고 사냥할 때보다 손쉽게 더 많은 동물들을 잡을 수 있었던 것이다. 탈을 쓰는 풍습은 맨처음에는 원시인들이 수렵생활에서 수렵노동을 통하여 수렵탈을 고안하였다."36)

또한 중국 북제(北齊)시대에 신무제(神武帝)의 아우는 대담한 용감성은 있었으나 안모(顔貌)에 위엄이 없어서 전쟁에 나갈 때에 전쟁탈을 쓰고 나아가 백전백승을 거두었다는 이야기가 있다. 또한 신라시대 지철로왕(제22대 智哲老王)때 박이종(朴伊宗)장군이 울릉도를 부속시킬 때 대함선에 사자탈을 쓰고 도민들을 위협함으로써 무난히 복속시킨 기록이 있는 것을 볼 때 수렵탈인 사자탈을 전쟁탈로 이용한 것이다.

특히 연희(演戲)의 연(演)자는 흐를 '演'자로서 갓머리변의 화살표시인 '寅' 자이다. 화살이 똑바로 나가는 모양을 본 뜬 것으로 '길게 똑바로 뻗는다' 는 뜻이나 후에는 '흐르다', '펴다', '통하다', '당기다', '연극을 하다', '공연을 하다'의 뜻이 되었다. 희(戱)는 창이고 극(劇)은 칼을 뜻한다. 우리의 전통문화인 연희의 개념은 歌·舞·樂·劇이 분리되어 있는 것이 아니라 모두를 포함하고 있다. "음악은 춤의 부수물에 불과하여 춤의 박자를 맞추고, 노래는

춤추는 사람 넷을 그렸는데 그중 한사람은 탈을 쓰고 있다. 이것은 고구려 인민들 속에서 탈놀이가 일직부터 발전되어 왔음을 말해준다. 탈놀이는 고구려 인민들 속에서만이 아니라 신라와 백제에서도 널리 발전하였다. 우리나라에서 탈놀이가 오랜 연원을 가지고 있으며 탈의 형태도 사람탈, 동물탈 등 여러 가지였고 놀이의 성격과 내용도 다양하였다는 것을 말하여 준다.

35) 김재철, 『조선연극사』, 3쪽.

36) 신영돈, 『우리나라의 탈춤놀이』, 12쪽.

이야기를 설명해주고, 무용은 우수한 지위에 있어"[37] 수렵에서 식의(食衣)를 해결한 후 포만감에 젖어 춤과 노래와 놀이로 즐기는 여흥(餘興)이다. 북송(北宋) 소순흠(蘇舜欽)의 시<慶州敗>를 보면 다음과 같다. "우리 군사 투구 벗고 죽을 곳 찾고 승제는 손 뒤로 묶인 채 눈물만 흘리네. 재주 있는 자 살린다고 하니, 앞다투어 작은 재주 바쳐 노래하고 피리 부네. 나머지는 귀 베고 코 베어 풀어 주니 동쪽 도주길 오줌 똥 옷에 흥건하네."[38] 이는 역사상 한족(漢族)군대가 하조(夏朝) 원호(元昊)의 군대에게 패한 일을 기록을 보면 "작은 재주가 있어 노래를 부르고 악기를 다룰 줄 아는 사람은 코와 귀를 베지 않고 데리고 돌아가 천천히 즐겼다. 패자는 우령으로 삼는다."[39] 즉 전쟁에서 승리한 자는 관객이 되고 패한 자는 연극배우가 되어 승자에게 복종하는 품부(稟賦)의 행위를 보여주게 하였다. 또한 희(戲)자는 과(戈)자로서 한쪽에 날이 있다는 뜻으로 희(戲)는 전쟁에 출전할 때 승리를 기원하기 위해 신(神)앞에서 무기를 들고 춤(舞)을 추는 행위(후에 '가지고 놀다'로 변함)이다. 또한 '제갈공명이 일찍이 성문을 활짝 열고서 거문고를 연주하니, 적군이 감히 범하지 못하였다'(諸葛孔明 嘗開門鼓琴 賊不敢犯)[40] 석자의 거문고로 대군을 이겼도다, 제갈량이 서성(西城)에서 적병을 물리칠 때 십 오만 군사가 말머리를 돌리던 곳 후인들이 가리키며 아직도 의심하네(搖琴三尺勝雄師 諸葛西城退賊時 十五萬人回馬處 後人指點到今疑). 위나라 사마이(司馬懿)가 가정(街亭) 전투에서 15만 군사를 몰고 서성(西城)으로 왔을 때 촉군(蜀軍)의 기치창검은 간 곳 없고 마치 자신을 환영이라도 하듯 대문을 활짝 열고 백성들이 물을 뿌리고 바닥을 쓸고 윤건을 쓴 제갈량이 거문고를 타고 있었다. 사마이는 함정이나 계교가 있을 거라고 판단해서 전군에게 철수명령을 내리고 회군하였다는 문화적 지혜를 보여준 것이다.

또 중국의 위소(偉昭)는 "가면을 쓴 자로써 가면을 쓰고 귀신이나 동물 등

37) 安廓,『朝鮮音樂의 硏究』
38) 我軍免冑乞死所 承制面縛交涕? 逡巡下令藝者全, 爭獻小技且吹. 其餘放劓馘之去. 東走矢液皆淋灕.
39) 翁敏華, "중국 優伶의 역사와 종류"
40) 金昌翕,『잡설(雜說)』

을 연기하는 상인은 神으로 분장하고 신을 즐겁게 하는 오신(娛神)의 목적에서 사람을 즐겁게 하는 오인(娛人)의 방향으로 나갔다"고 해서, 서서히 신(神)에서 사람(人)을 위한 행위로 변해 갔다고 말한다. 이와 유사한 상황들이 우리에게도 있었다. 조선의 화랑은 원래 삼국시대 신라의 젊은 장사(壯士)들로 적대국과 삼백년이 넘는 전쟁에서 큰 희생을 치루었다.

이에 신라인들은 비가(悲歌)와 검무(劍舞)를 만들어 그들을 노래하고 애도하였다. 후에 고려가 신라를 멸하자 화랑의 춤과 노래는 정복자 앞에 바치는 예능(藝能)으로서 의미를 갖게 되었고 화랑은 점차 예인, 무부(巫夫)만을 낮춰 부르는 호칭으로 변하였다. 심지어 화랑의 비가 후세에 상가집 연극(다시래기?)으로 쓰였다.41) 또한 "新羅王을 위하여 百濟王을 죽인 어린黃倡郞을 슮어(슬퍼) 하야 신라사람들이 황창의 얼굴과 같이 가면을 맨(만)들어 쓰고 춤을 추어 죽은 아이를 弔喪하는데서 부터 劍舞가 시작하였다"고 하며, "假面을 쓰고 演出한 검무는 非命에 죽은 勇敢한 어린 黃昌을 슮어하야 신라인이 그를 조상키 위하여 案出한것"42)이었다는 기록을 통해서 신라의 가면 검무가 일종의 전투훈련으로서 무인들 사이에 성행되었으리라는 것도 추정할 수 있다. 일본에서도 기원전 2~3세기~기원 후 4세기(古墳시대)에 백 여개의 부락간에 전쟁을 치른 후 정복자 앞에서 복종과 충성을 나타내기 위해 "자기종족의 토속가무를 공연했다고 했다"43)고 한다.

따라서 극(劇)자는 칼(刀)의 모양을 본 뜬 글자(劇)로서 칼이 아닌 독약(약국의 劇藥처방)과 혀로써 사람을 죽일 수 있게 되었고, 또한 오늘날 칼과 독이 아닌 연극으로 사람을 즐겁게 해주며, 연(演, 화살)자는 연희로서 연극, 장고, 북, 꽹과리, 징의 사물악기, 소품 등을 나타낸다. 희(戲)는 창(戈)으로 희곡(戲曲)·컴퓨터·놀이 등으로 변하여, 본래의 지녔던 목적에서 예술성으로 변형화를 가져다주고 있다. 뿐만 아니라 세월이 지나면서 춤사위, 반주음

41) 이두현, 『朝鮮藝能史』,28, 52, 60, 102쪽.
42) 김재철, 『조선연극사』, 7쪽.
43) 林屋辰三郞, 『中世藝能史的硏究』, 제1부 제2장.

악의 속도, 생활구조 등 변화가 왔으며 시대적으로 다양하게 변화를 주고 있는 것들은 다음과 같다.

강령탈춤에서도 제5과장 양반과장에서 등장하는 배역을 볼 때 삼인(三人: 마한, 진한, 변한)이 등장한다. 이 놀이는 강령탈춤이 삼한시대부터 생겼다고 해서 온 기원설인 것 같다. 아울러 탈춤놀이에서도 "부락에서 전쟁할 때 전시대(前時代)에 용장(勇將)한 얼굴을 숭내(흉내) 내여 가면을 맨(만)들어 쓰고 부락을 위협하는 전쟁가면을 섰는지도 모른다"는 김재철의 서술이 의미심장하다. 이러한 의식(儀式)에서 사자무(獅子舞), 사자의 가면은 수렵할 때 야수(野獸)들로부터 자신을 보호하는 측면도 있었다. 또한 '農民들이 집단하야 사자(獅子)를 선두로 호랑(虎狼)이의 무서운 가면을 쓰고 악기(樂器)를 반주(伴奏)하면서 동리(洞里)로 돌아다니며 쌀과 돈을 걷기도 하였다.'44) 오늘날 호랑이탈보다 사자무(獅子舞)를 가면극(假面劇)속에 더 많이 포함된 이유는 사자가 호랑이 보다 더 무섭고 위험이 있는 백수의 왕이기 때문일 것이다.

김일출은 "탈춤을 전부 남자가 춘 것은 여자가 탈에 접근하면 부정(不淨)탄다고 생각하여 온 고대의 풍습에서 온 것이며 이러한 풍습은 오랜 옛날(원시공동체시대)에 탈놀이를 주로 바깥에서 수렵에 종사한 남자들만의 행사였던 유습에서 기원된 것"45)이라고 주장하고 있다. 전쟁과 통일, 남자와 탈, 그리고 식생활과 힘을 책임지는 남자들이 여가생활과 수렵(狩獵)을 하면서 파생된 탈춤이기 때문에 사자춤이 탈춤 속에서 동시에 연행된 것이라고 할 수 있다.

따라서 원시 탈놀이에서 극(劇)으로 형성하여 전환한 시기가 문제이지, 탈놀이는 원시고대부터 이루어진 것이라고 유추할 수 있다. 특히 김재철은 『조선연극사』 서두에 "上古時代(상고시대)에는 崇天敬神(숭천경신)의 思想(사상)이 그들을 支配(지배)하여 年中行事(년중행사)로서 어떤 時期(시기)를 정하야 하날과 鬼神(귀신)을 祭杞 하얏고 또 神(신)을 즐겁게 하려는 目的(목적)으로 歌舞(가무)를 하게 되엿다"46) 탈을 쓰는 풍습은 우리 선조들이 오래동안 노동과정을

44) 김재철, 『조선연극사』, 3쪽.
45) 김일출, 『조선민속탈놀이연구』, 154쪽.

통하여 창조한 노래와 춤과 결합하여 서민들의 소박하고 단순한 탈놀이로 발전 변화하여 극적인 내용과 양식을 갖춘 탈춤놀이(假面舞劇)로 변화 된 것이다.

지금까지 위에서 살펴본 내용을 볼 때, 탈춤이 언제부터 시작되었는가 하는 역사적 기록을 찾아볼 수 없다고 한 의문이 풀릴 수 있겠다. 다만 단순한 탈놀이가 가면극인 양반계급에 대한 풍자, 승여들에 대한 비판, 벽사의 의식무, 서민들의 무속과 불교신앙, 호색과 현실폭로, 일부대처첩의 삼각관계 등 가면극으로 서민대중들에게 급부상한 때를 18세기 중엽으로 같이 하고 있다.

또한 한국가면극이 점차 발전되면서 인위적으로 탈을 조작하게 되었고, 후대의 탈(假面)이 경직된 굳은 얼굴은 연희(演劇)적인 필요에 의해 턱과 눈이 움직이게 되었다. 춤사위 자체도 첫목중춤의 엄폐, 은폐를 위해 등에 나무가지를 꼽고 누워서 하는 각개전투와 4목의 2보 전진을 위해 1보 후퇴를 하다가 힘차게 전진하는 역동적인 춤이었다. 8목중은 호흡을 가다듬고 호출(공격명령)하여 합동춤으로 이어지는 구성은 군대형성인 뭇 사람들(8道)이 집합하여 훈련을 받는다. 10장단의 각자 개인춤(각개전투)에서 총공격하는 뭇동춤의 진군은 전투적인 수법의 구성양식과 의상47)도 그대로 존재하고 있다. 지금까지 탈춤을 가(歌), 무(舞), 악(樂), 극(劇)의 연희적(演戲的) 요소(要素)로만 해석 되었지 전쟁, 전투, 전략(戰略)이란 말은 사용하지 않았다.

위에서 풍물과 탈춤의 예를 들었듯이 처음에는 희곡(戲曲)이 성립되지 않았을 것이다. 수렵(狩獵)도 사냥을 계획적인 전략으로 잡을 수 있듯이 전쟁은 전략각본에 의해 승리할 수 있었을 것이고 사기를 높이기 위해 전투적인 음악이 첨부되었을 것이다. 위와 같은 수렵생활, 전투음악(農樂), 전쟁가면 등 문헌들이 기록되어 있는 상황을 자세히 연결하여 종합해 보면 전쟁과 놀이의 관계를 재정립해 볼 필요성이 있다. 이러한 변화 과정을 볼 때 연희의 중요한 모티프는 수렵과 전투에서 온 것이라는 결론에 이르게 되었다.

---

46) 김재철, 『조선연극사』, 1쪽.

47) 봉산탈춤의 더그레는 갈도<喝道: 營門의 軍士와 馬上才軍. 사간원(司諫院)의 갈도와 나장(羅將: 義禁府의 나장의 더그레를 닮은 것 같다.(42p의 이두현 비고란 참고)

아울러 탈춤을 하면 불림(소리의 시작으로 행위(行爲)하게 된다/ 불러서 지시한다<軍> 등)으로 "낙양동천이화정"을 맨 처음 배우게 되는데, 불림이란 것은 불러서 악사한테 지시(軍)한다는 뜻으로 해석해도 된다. 불림의 낙양동천이화정이란 단어가 있는데 학자마다 서로 다르게 주장하고 있다. 이두현은 '洛陽洞天梨花亭', 전경욱은 '洛陽東村梨花亭', 오청과 임석재는 '洛陽東天柳下亭' 洛陽東天리화전 등 채록자나 연구자들마다 표기를 다르게 하고 있지만, 낙양(洛陽)의 지리적 여건은 당시에 군사지역으로서 탈춤의 대사에도 내용이 있다.

기록된 문귀를 보면 "監司到處에 宣化堂이요, 병사도처(兵使到處)에 음주헌(飮酒軒)이라" 라고 되어 있다. 전쟁에서 승리를 한 후에 여유롭게 문, 무관이 함께 술자리를 마련하고 풍류의 고장인 중국의 낙양(長安)에서 우리 고구려인 형제48)가 전쟁을 통해 중국의 황제를 위협하고 영토를 확장하였다는 이야기를 즐기는 것이다. 제나라 3대 임금 이사도(李師道)는 낙양의 물자보관소 '하음'을 공습해서 무려 150만개에 달하는 창고를 불지른 뒤 사저를 짓고 군부대를 상주 시켰다. 이곳이 과연 봉산탈춤의 불림인 '낙양'이라는 지역이 아닐까? 그후 청나라가 세워진 후에도 한광지대로 존속되어 조선인 유민들이 들어가 미개지를 개척하였다. 1712년(숙종38년) 백두산 분수령에 정계비(定界碑/비문<비석>: 빗도르 빗돌, 조선왕조 숙종 때 청국과 국경표시)를 세웠으나 한·청 사이에 국경분규가 계속되어 오다가 한·일 합방이후 일본이 독단으로 젠따오(間島村/북간도)의 영토권을 청국에 넘겨주었다.

2. 狩獵과 戰略說의 배경

연희의 화두가 '전쟁'이라고 위에서 제안한바 있다. 도변호(渡邊護)의 예술학(藝術學)에서 "어떠한 주술행위가 하나의 종족에서 종족, 혹은 부족에서

48) 지배선은 그의 논문에서 '고구려 유민인 이씨 일가 <이납/李納), 이사고/李師古, 이사도/李師道>는 서기765년 제나라를 수립, 819년까지 55년간 산둥 일대를 다스리며 당의 행정수도 "낙양"을 5회이상 공략하였다'고 하였다.

또 다른 종족 혹은 부족으로 옮겨 갈 때 본래에 지녔던 목적을 떨어낼 수 있다"고 했으며 그 목적을 상실한 주술은 상당부분 예술성을 띄게 된다[49] 라고 주장하였다. 비슷한 예를 보면 전쟁에서 사용했던 말(馬)도 생활놀이인 윷놀이[50] 등으로 변하게 되었다. 희(戱)자는 원래 신(神)을 즐겁게 하는 원(源) 뿌리를 가지고 있었으나 점차 변화하여 대상이 인간(人間)으로 바뀌게 되었다. 결국 오신(娛神)에서 오인(娛人)으로 변해 가는 것은 자연스런 현상이다. 신라의 "진흥왕12년(551) 3월에 왕이 순수(巡守)하여 낭성(娘城)에 묵었을 때 왕이 하림궁(河臨宮)에 머물자 우륵(于勒)과 그 제자 이문(尼文)의 음악이 정통하다는 말을 듣고 그들을 불러 음악을 연주하게 하였다."[51] 또 이보다 앞서 "가야국의 가실왕(嘉悉王)이 열두 줄의 거문고(十二弦琴)를 만들어 열두 달의 음율을 상징하고 우륵을 시켜 곡조(작곡)를 짓도록" 하였다. 가야국이 전쟁이 나자 우륵은 신라로 귀순해 와서 악기의 이름을 가야금(伽倻琴)이라 하였다. 진흥왕13년(552) 왕이 계고(階古), 법지(法知), 만덕(萬德) 등 세 사람에게 명하여 우륵으로부터 음악을 배우게 하였다. 우륵이 그들의 재능을 참작하여 계고에게는 가야금(樂)을, 법지에게는 노래(歌)를, 만덕에게는 춤(舞)을 가르쳐 학업이 끝나자 왕이 그들을 시켜 연주를 하게 하고 말하기를 "지난번 낭성에서 듣던 소리와 다름없다"하고 후하게 상을 주었다고 한다.[52] 오늘날 종합예술인 가무악의 일체가 뮤지컬과 시상식의 내용과 일치하며 이와 비슷한 내용이 탈춤에도 존재한다. 단오날 演戱競演(5월 6,-8일)에서 우승하면 감사(監司)로부터 돈 천냥을 타고 그 주장에게는 해주명기(海州名技)와 하루밤을 자게 하였다고 한다. 지금도 예술, 체육(사격 등)에서 경연대회가 있어 우승하면 상금과 특혜를 주는 행위가 그대로 변형되어 내려온 것이다.

중국은 유구한 왕권의 전통이 있는 나라지만 궁중무용은 중국왕조가 몰락

49) 翁敏華, "중국 우령의 역사와 종류"(중국 상해사범대학교 논문).

50) 윷놀이 : 도/ 돼지. 개/ 개. 걸/ 당나귀, 노새. 윷/ 소. 모/ 말. 할아버지부터 손자까지 남녀 벽을 헐고 가족끼리 화합하는 한민족의 유별난 정표놀이.

51) 김부식, 『삼국사기』(도서출판 장락, 1999), 69쪽.

52) 김부식, 『삼국사기』; 이것이 오늘날 총체극인<뮤지컬> 歌(가)舞(무)樂(악)으로 변화한 것 같다.

하면서 점차 소실되었고 우리 역시 왕조가 몰락하면서 궁중문화가 서서히 사라지기 시작하였다. 또한 양반이 몰락하면서 양반문화(兩班文化)도 점차 희미해져 가고 있다. 하지만 삼국사기, 고려사, 조선왕조실록 등의 문헌(文獻)과 문묘제례악, 문희연(聞喜宴), 이왕직아악부, 국립국악원, 각 단체보존회(保存會) 등의 전통문화단체에서 보존(保存), 재현(再現), 전승(傳承)에 힘쓰고 있다. 중국도 경극(京劇)에 의해 중국의 전통무용이 재점검되어 보존되고 있으며, 민족민간무용이라고 해서 환술, 무술 등 무용의 기법(技法), 손, 발의 형태(形態), 기본동작의 체계적인 예술훈련방법이 전승되고 있다. 또 군사훈련과 민간신앙을 통해서도 오늘날 중국고전무용이 재창조되고 있다. 중국은 56개의 민족(몽고족, 한족, 장족, 위글족, 따이한 등)이 있어 각 대학이나 연구기관에서 그대로 보존하고 있는 민족무용만 해도 만여 종이 넘는다고 중국의 무용학자들이 주장하고 있다. 우리도 국가에서 공식적으로 지정한 중요무형문화재(重要無形文化財)[53]가 109종에 215명의 藝能保有者(인간문화재)가 있다.[54] 그리고 각 지방마다 지방문화재(地方文化財)가 있어 지방 특유의 고유 민간문화유산(民間文化遺産)을 나름대로 보존(保存)하고 있다. 특히, 동아시아의 문화가 페르시아, 인도를 거쳐 실크로드의 육(陸), 해(海)의 통로를 통해 이곳까지 영향을 받았다고 하나, 전통문화(傳統文化)는 나라마다 전래적으로 내려오는 고유의 민간인의 풍속(風俗)이 있어 서민들의 생존능력(生存能力)과 삶 속에 질(質)을 향상시켜 공유(共有)하고 있었다. 공동집합체(共同集合體)가 형성(形成)되어 집단지도체제의 품부(稟賦)를 가진 꾼(專門家)들이 시대가 변화되면서 생활풍습의 몸짓에서 자연스럽게 변형된 연희를 창조해낸 것이다. 그 기원은 바로 수렵과 전쟁적인 요소가 특히 큰 비중을 차지하였다고 주장하게 되었다. 물론 이러한 전략설의 측면에서 보면, 현대의 한국가면극은 발전 변형(變形)하여 다양한 형태(形態)를 가지고 있는 것도 또한 사실이다.

---

53) 최초지정 1964년 12월 7일 중요 무형문화재 제1호 종묘제례악이 지정되면서 법의 보호아래 전승정책이 활성화: 1990년 11월 14일 문화재관리국 무형문화재과 신설/ 99년 5월 14일 문화재관리국이 문화재청으로 승격

54) 『무형문화재 현황, 2003. 6. 30 문화재청 통계』

Ⅳ. 수렵전략설의 종합적(綜合的)인 요소(要素)

1. 연희적(演戲的) 요소(要素)

韓國 傳統文化의 개념(槪念)은 가무악이 포괄적으로 다양하게 구성되어 있는 것이 특징이다. 탈춤은 가면극(假面劇)으로서 연희적(演戲的)인 가, 무, 악, 극(歌, 舞, 樂, 劇) 요소(要素)가 하나의 장르로서 합쳐진 종합적(綜合的)인 예술양식(藝術樣式)의 행위(行爲)이다. 이미 수렵전략설에 밝힌 바 있듯이 희(戲)는 창(戈)을 들고 신(神)앞에서 전쟁을 승리로 이끌어내기 위한 병사훈련으로서 사기를 돕기 위해 춤을 추는 병법행위(兵法/陳法)였다. 지금은 놀이의 개념으로 변하여 연극적인 개념이 더 강하게 포장되어 있다. 그러나 아직도 몇몇 무형문화재의 연희적(演戲的)인 행위(行爲)가 지금도 그대로 존재하고 있어 그 실태를 찾아볼 수 있다. 이를테면 경북의 김천농악과 호남 좌도굿은 농악이라기보다 전쟁의 진법(陣法)을 그대로 나열하여 군사 훈련하는 모습을 타악으로 음악의 편성, 삽입했을 뿐이다. 따라서 농악의 형태보다 전쟁(戰爭)을 하기 위해 제식훈련인 어름굿, 채굿의 기본훈련과 진지(陣地)를 구축하기 위해 진풀이굿, 장군이 사병들을 싸우기 위해 불러들이는 호호굿, 군가교육(軍歌教育)인 소리굿, 총검술훈련인 2열로 서서 밀고 땡기는 두마치(휘모리)의 미지기굿, 따라서 훈련을 다한 후에 병사들의 사기를 돋구기 위해 수박치기(Receration)인 춤굿(餘興), 술을 먹고 서로의 정(情)을 나누기 위해 하는 등지기굿이 있다. 아울러 2부 순서로써 훈련(訓練)을 마쳤으니 이제부터 전쟁을 하기 위해 아군과 적군으로 가상군을 구성한다. 각시(女子)를 투입해 적장을 유인하는 도둑잽이굿, 적장의 목을 베고 장례까지 해주는 예의(禮義)와 전쟁의 승리(勝利)를 이끌었다고 하여 문(門)을 세워 개선하는 문굿, 적군을 섬멸(殲滅)하였으니 각자 고향(故鄕)으로 휴가를 보내는 귀가(歸

家)의 헤침굿, 다시 전쟁이 발발해 귀대(復歸)하여 개인교육을 시키는 재능굿(才能佁/개인놀이) 등이 있다. 이렇게 다양한 전쟁놀이를 하는데도 기승전결(起,承,轉,結)이 있듯이 판굿이 끝나는데는 연희의 과정이 정확하게 성립되어 있다. 아직도 전쟁에서 찾아볼 수 있는 진법(陳法)이 우리 전통문화(傳統文化)에도 연희형태(演戲形態)가 그대로 남아 있어 전체적인 싸움의 형태를 상승시켜 상쇠(中隊長)가 리더가 되어 모든 병사를 통솔하듯이 전쟁을 치르고 있는 것이다.

탈춤의 춤사위 역시 전진후진 하면서 각개전투, 제식훈련 등 훈련하는 모양의 진법(陳法)을 그대로 엮어서 놓은 듯 개인춤과 군무(群舞)로서 음악과 병행하여 안무가 되어 있다. 봉산탈춤의 첫 과장 사상좌춤에 노장이 금강경을 읽고있다.[55] 취발이가 아군대장으로서 투입조(목중)와 유혹조(上佐:여자)를 투입하여 금강경을 읽고 있는 노승(가상군 대장)을 파계시키려고 유혹의 춤을 화려하게 춘다. 노승이 걸려들지 않자 취발이가 소대장이 되고, 분대장이 8목(助演)이 되어 첫 번째 목승(目僧)중을 정찰병으로 투입한다. 첫목은 누워서, 엄폐로 적진의 깊은 곳에 낮은 포복(첫목춤)으로 침입하여 사전 정찰한다. 한 명씩 불러 들여 훈련해서 기술을 연마한 후 이상이 없으면 총공격(合同舞/ 뭇동춤)을 하여 적진에 성숙한 여자(上佐/小巫<梅>)를 함께 투입시켜 적장(가상군 대장/老僧)을 무너뜨리는 전쟁을 하는 과정이 봉산탈춤(제2과장 목중춤, 제4과장 등)이다. 전쟁에서 이긴 취발이가 본분을 다하지 못하자 사자(獅子)가 출연해 개과천선하게 된다. 평화를 찾은 양반과 서민들, 난리(전쟁) 때문에 영감을 잃고 찾아다니는 것(미얄)과 양반과장은 단순히 양반과 종놈인 말뚝이의 이야기가 전개되지만 옛날 중국사신들이 우리나라에 들어와 양반집 규수를 간통하려한 것을 보고 그들에게 모욕을 주기 위한 목적으로 연출 된 해학적이고 풍자적의 장면이라고 할 수 있다. 한국(말뚝이:小國)은 비록 작고 힘없는 나라이지만 얼마든지 중국(양반:大國)을 상대하여

55) 서연호, 『한국가면극연구』, 249쪽. (오청대본)

대적할 수 있다는 의미를 내포한 정치성 발언이기도 하다.[56] 이런 봉산탈춤을 볼 때 풍물과 함께 훈련의 진법(陳法)에 연희(演戱)자체를 그린 작품(作品)이라고 할 수 있겠다. 봉산탈춤의 가면인 취발이, 목중가면을 어떻게 농사짓다가 명절날 심심해서 춤을 추었다고 할 수 있겠는가?

2. 음악적(音樂的) 요소(要素)

장단의 한배와 춤의 한배가 다르다. 춤과 반주는 각각 독립된 형태이나 공생공존(共生共存)의 관계를 가지고 있다. 춤에는 호흡과 느낌이 있듯이 음악에도 느낌이 있다. 한국무용의 굿거리장단과 탈춤의 굿거리장단의 한배가 다르게 되어 있다. 이것은 탈춤에 있어서 불림(춤의 템포, 불리워 행한다)이라는 것이 있어 지휘, 명령을 하고 템포대로 춤(舞)을 청하기 때문에 춤을 아는 자만이 반주음악을 할 수가 있다. 미국의 브로드웨이 뮤지컬도 드라마에서 음악으로 전개될 때 드라마와 음악사이를 연결하지 못해 대화부분(dialogue)으로 어정쩡하게 처리하여 해결하고 있다. 그러나 가면극(탈춤)에서는 불림이 있어 춤과 소리를 악단반주의 템포로 조절해주는 역할을 완벽하게 하고 있다. 탈춤을 포함한 모든 춤(舞)의 양식(樣式)이 종류가 다양한 것 같지만 호흡과 함께 걷고, 뛰고, 전진, 후진, 도는 것이 전부이지만 간단하면서도 복잡한 것처럼 보이나 따지고 보면 이러한 단순한 형태뿐이다. 서양의 음악은 지휘자나 메트로놈으로 템포조절을 하지만 탈춤은 극적구조(劇的構造)로써 내용이 풍부하여 장단의 흐름과 연희(演戱)에 연행(連行)에 따라 템포가 조절된다.

3. 축제적(祝祭的) 요소(要素)

탈춤놀이는 봉산군민들이 가장 애호(愛好)하는 민중오락(民衆娛樂)으로서

56) 최창주, 『한국가면극과 뮤지컬』, 37쪽.

매년 오월단오(五月端午)날 원근각처(遠近各處)에서 수많은 남녀노소가 운집(雲集)하여 초저녁부터 장작불을 피워놓고 놀기 시작한다. 그리고 그 다음날 아침까지 유흥적인 놀이를 즐긴다. 신앙적(信仰的) 내지 종교적(宗敎的) 의의(意義) 보다 순전히 오락적(娛樂的) 요소(要素)로 연희하는 것을 감상하는 것이다. 황해도내에는 이와 같이 유사한 놀이가 각처에서 있긴 하나 봉산의 것만큼 짜임새와 규모(規模)가 있고 상당한 거액의 비용(費用)을 들여 노는 놀이는 없었다고 한다. 연출자(演出者:企劃者)들이 각면(各面)에 비용을 분할배정(分割配定)하여 분담시켜도 군민(郡民)들은 아무런 불평(不平)없이 부담액(負擔額)을 내준다고 했다. 그래서 단오날 누구나 無料로 관람하게 되었으나 근년(近年)에 와서는 읍내상인(邑內商人), 유지(有志)한테서 기부금(寄附金)을 받아 비용을 쓰게 됨으로써 자연히 관람료를 받게 되었다. 필자는 요즘에 와서 행사(祝祭)나 뮤지컬을 기획, 제작할 때 방송매체인 신문사, 방송협찬(TV, 라디오, 인터넷 등), 관공서 후원 등 기업의 스폰서로 공연제작비를 충당하여 기획한바 있어, 예나 지금이나 절차, 방법은 마찬가지나 상황만 변화되었음을 인지할 수 있다. 우리는 옛부터 흥의 민족이며 놀 줄 아는 민족이었다는 사실은 다음의 글을 통해서 쉽게 이해할 수 있다.

4. 한국가면극(韓國假面劇)의 삼태아(三胎兒)[57]

한국의 가면극은 탈춤과 산대놀이, 오광대와 함께 더불어 발전해왔기 때문에 삼태아(三胎兒)라고 한다. 세 쌍둥이는 서민의 생활 속에서 지역에 따라 개성적으로 발전해 왔다. 산대놀이는 3월3일과 4월 초파일, 5월 단오, 9월9일 단풍놀이 등 명절날과 기우제(祈雨祭)와 같은 공동행사가 있을 때 놀았다고 한다.[58] 또한 경축행사나 궁중의 나례와 같은 의식행사도 참가하였고 연

57) 김일출, 『조선민속탈놀이』, 126쪽.
58) 김일출, 『조선민속탈놀이』

희자(演技者)인 반인(泮人)[59]들은 명절날 탈놀이를 주민들한테 놀아주는 대신 주민들의 곡물과 금전에 의존하여 생활하였다. 또는 兩班들 옆에 모여 살며 위로 공연을 하고 나면 반인들도 생활할 수 있는 근거를 제공하였다는 설이 있다. 산대놀이는 탈춤보다 지배계급의 관련된 행사가 많았다. 이른바 명나라 사신이나 임금의 행차를 환영하는 영가(迎駕), 국가의 행사에 동원되었고 임금의 죽은 조상의 령(靈)을 종묘에 합치는 부묘(祔廟)의 길례(吉禮)에도 동원되어 성대한 연등행사를 배경으로 국가행사와 더불어 흥행적인 성격을 띠게 되었다. 이에 비하면 황해도 탈놀이는 일년에 한번 오월 단오행사로써 년중행사의 하나로 고정된 공연이었다. 탈놀이를 5월 단오날 논 것은 이조 말 이래이고 그전에는 4월 초파일(50년전)에 한번씩 놀았다고 한다. 횃불을 켜고 집집마다 형형색색의 등불을 높이 달고 공중에 화약을 터뜨리고, 야금(夜禁)에서 해방되어 밤새도록 성대히 놀았다. 성(城) 밖 촌 늙은이들이 아이들을 이끌고 남산에 올라가 구경하며 놀기도 했고, 항아리물에 표주박을 엎고 빗자루로 두들기며 놀았다. 이러한 것이 19세기 중엽의 4월 초파일 명절놀이의 한 모습이다. 탈놀이는 횃불을 켜고 노는 밤 행사에 연등(燃燈)에서 물려받은 것 같다. 밤 행사의 성격을 띤 연등석(燃燈夕)[60] 행사의 전통을 그대로 지켜온 것이다. 황해도 탈놀이는 중소토지 소유자인 한량(閑良)과 지방하급관원(집사)들이 그 지방의 소생산자인 농민, 상인과 함께 노는 놀이였거나 또는 농민들이 직접 놀아 온 놀이이다. 또한 농민들은 탈놀이 구경꾼이지만 직접 연희자(演戲者)이기도 하였다. 밤이 새도록 하는 탈놀이였기 때문에 4월 초파일 또는 5월 단오의 기후와 밭곡식의 씨앗을 넣고 난 직후 모내

59) 전경욱, 『한국가면극 그 역사와 원리』, 312쪽; 본산대 놀이꾼(애오개산대 놀이꾼), 백정, 성균관의 노비.
김일출, 『조선민속탈놀이연구』, 126쪽; 김일출은 반인(泮人)은 생산에서 이탈되어 있었다. 그들은 주요한 명절날 탈놀이를 놀아주는 대신에 일년에 두 차례씩 인근에 주민들에게서 걷어 들이는 곡물과 금전에 의존하여 생활하였다. 피지배계급의 일부로 그들이 공연하는 산대놀이는 벌써 어느 정도로 전업화(專業化)한 것이었다. 또 그것은 특히 서울을 위시한 도시의 하층주민들을 상대로 공연하였던 것이다.

60) 정월 후 2월 보름의 연등행사가 13세기 중엽부터 4월초파일로 변경.

기 직전의 망중한(忙中閑)의 조건은 밤을 새는 탈놀이에 매우 적합한 것이다.

탈놀이는 황해도에서도 물산(物産)이 척박한 산간지대는 없고 풍요로운 토양지대로서 농산물이 비교적 풍부한 곡산지대인 곡물과 수공업, 생산물 등 상업지대의 교역이 비교적 왕성한 야지(野地), 소도시를 배경으로 성행되었다. 지리적으로는 북(北)으로 대동강을 건너지 못했으며 남(南)으로는 남북직로를 통하여 경기의 산대놀이 구역과 연결되고 있다. 따라서 봉산탈놀이가 유일한 탈춤의 전형적이고 대표적인 것처럼 생각해 온 근거가 없는 것이다.

원래는 도시주민 상대로 한 산대놀이와 탈춤놀이는 농민 및 장거리상인을 상대로 한 놀이였으나 이후로 봉산의 황해도 탈놀이가 한국가면극의 대표격(代表格)이 된 것은 역사적으로 일제 통치시기를 지난 뒤였다. 1977년도 아시아 소사이티 초청으로 미국 하바드대학 외 29개 대학에서 초청한 결과 뉴욕타임즈가 評하기를 "이렇게 좁은 땅덩어리에서 어떻게 그렇게 큰 춤사위가 나올 수 있느냐 실로 예술의 극치다"라고 소개하였다. 그후 유럽세계민속축제(C.I.O.F.F)·동남아 등에 초청되어 세계를 안방 들락거리듯 봉산탈춤은 대한민국의 대표적인 탈춤으로 소개되었다. 국내에서는 역사적인 남북교류의 일환인 1985년, 9월 평양대극장에서 공연을 비롯해서 공무원연수원, 기업체, 각 초·중·고·대학교마다 전통문화를 계승 발전하는데 일익을 담당하는데 앞장서왔다. 아울러 대학가에서는 축제 때 탈춤공연이 없이는 축제의 명분이 서지 않았고, 동아리모임을 통해 대학가의 의식이 있는 젊은이들이 탈춤강습과 탈춤공연을 통해 탈춤 속에 내포되어 있는 민족의 삶·정경유착·풍자적인 해학·군부독재·비판 등 시대적인 문제점과 결부한 풍자탈춤이 유행처럼 폭발적이고 걷잡을 수 없이 확산 되어갔다. 그러나 군부정권의 독재 속에 학생들은 거리로 쏟아져 나와 대학생들은 탈춤을 이용한 반국가적 탈춤과 연극이 데모로 변하였고, 직장인들은 사물놀이를 이용한 노사분규 행위가 사회문제로 거론되어 사회·정치·경제·문화가 마비된 듯 하였다. 그래서 정책입안자들은 탈춤과 사물놀이를 색안경을 쓰고 보게 되어 전통문화가 발전되는데 큰 걸림돌이 되었다. 하지만 필자는 전통문화의 대중화 일환으로 탈춤체조, 탈춤크리닉, 민속놀이 올림픽 등을 창안해 국민건강의 생활문화로 반전해보려고 앞장서 노력해오다가 한국예술종합학교 전통예술원 연희과에 몸담게 되었다. 그 동안 해외유학파들이 교수가 되어 대학강단에서 외국의 문화예술만을 교육하여 우리 것은 대학교과목에 삽입할 엄두도 못했지만 1998년 전통예술원 연희과의 설립으로 인하여 풍물·탈춤·무속 등 가무악이 총체적으로 어우러지는 교육과정으로 뒤늦게 편성되었다. 그 동안 사회에서 외면하는 전통문화예술을 필수과목으로 정하고 우리의 민족교육으로써 전통문화예술을 학습하여 청소년들에게 주체의식을 심어주고 있는 것이다.

5. 창작작품 구성(創作作品 構成)

봉산탈춤의 구성은 난리(戰爭)통에 부부(미얄, 영감)가 헤어져 천신만고 끝에 상봉하는 이 시대의 이산가족의 아픔을 그리는 내용과 수도하는 중(스님)들의 파계, 인간의 삼각관계, 전경유착, 남편의 외도에 할미의 방황, 사자과장 등을 통해 지혜로운 자(者)는 회개하여 자유로움이 있다는 메시지가 있다. 탈춤은 옴니버스타일과 스토리가 이어질 듯 하면서도 이어지지 않게 구성되어 있기에 10개 봉산탈춤 극본을 검토해 볼 때 아래와 같은 창작의 각색으로 구성작품을 2막 6장으로 제시하게 되었다.

가) 봉산탈춤 극본비교를 통한 창작극본

第一幕

1장/ 상좌, 먹중과장(태평성대).

먹중과 상좌와 소무가 한 패거리가 되어 천하 한량 췌괄이(취발이)의 지시에 의해 소무의 요염한 춤과 상좌의 화려한 춤, 목중들의 광란의 춤을 추어 금강경을 읽고 있는 노승을 유혹, 파계시킨다(오청대본 249면)

2장/ 미얄영감과장(혼돈시기)

난리(전쟁)통에 미얄과 영감이 헤어졌다. 미얄의 요염한 춤으로 무대로 신세타령을 하며 등장, 영감을 찾아 헤매고 있는데 취발이를 비롯해 목중들이 영감을 찾아 주겠다고 하면서 농락 당하게 된다.

3장/ 소무와 노승(만남과 헤어짐)

소무(小巫)는 취발이의 농간에 노승한테 팔려와 노승을 유혹하여 춤을 추다가 노승과 함께 소무는 퇴장하고 소매(小梅)는 취발이와 삼각관계를 이루고 아이를 낳고 아들의 총명함을 과시한다.

한편 미얄은 이곳 저곳을 헤매다가 하늘에서 내려 온 白獅子를 만나 사자에게 하소연하니 영감을 찾아 주겠노라고 한다.

第二幕

4장/ 양반 말뚝이과장(政經癒着)

양반(관리)과 상좌, 노승과 소무(I) 말뚝이, 취발이, 목중(조폭)들이 영감과 선비에게 소무(小梅 II), 상좌를 줄테니 성(性)거래를 하며 돈을 달라고 흥정하고 있는데 "짐승났소" 하고 사자가 등장한다.

5장/ 사자(懲戒와 悔改)

세상에 존재치 않는 백수의 왕인 사자가 등장하여 용맹성을 부각시켜 모두 잡아먹게 한다(호랑이를 등장시켜 호, 사와 격투를 벌이게 해도 좋겠다). 사자는 죄인(사람: 양반 등)들을 잡아먹게 하여 백사자 배 안에 들어 있는 양반, 노승, 취발이, 말뚝이, 목중, 소무, 상좌가 무릎을 끊고 엎드려 있는데 남강노인이 포도부장이 되어 심판하여 죄 값을 묻고 회개함으로써 용서를 빌자 마부로 하여금 사자에게 배 안에 있는 무리들을 토해내게 한다(마부는 인간으로서 짐승보다 한층 높혀 백사자를 마음대로 부린다는 의미부여).

6장/ 화합의 장(和合과 相生)

미얄과 영감, 노장과 소무(I), 취발이와 소매(II), 양반과 주모(용산삼개), 말뚝이, 취발이, 목중들과 상좌가 개과천선하여 원안의 무당굿과 함께 놀량가를 부르며 화합의 춤과 모듬(마당)놀이의 신명난 합동춤(뭇동춤)을 추고 퇴장한다.

나) 봉산탈춤 좌담회61)

* 일 시/ 1937년 5월19일 (오전11시~오후 1시30분)
* 장 소/ 京城 黃金町 金閣園
* 주 최/ 朝鮮日報 出版部
* 참석자/ 民俗學會 側: 송석하, 손진태, 이종태

舞踊團 側: 이동벽, 한상건, 라운선, 김운선, 김진옥, 김경석, 김학실, 엄선주, 김진숙.

本 社 側 : 함대훈, 노자영, 현인규.

一 般 側 : 이혜구(방송국), 이상남(조명가)

* 내 용/ 민속학회, 조선일보 출판부 主催로 京城 鄕土舞踊大會 公演參席.

61) 최창주, 『한국가면극과 뮤지컬』(앰애드, 1997), 309쪽 참고.

V. 결 론

봉산탈춤은 이미 놀이가 아닌 계획적인 극본화(劇本化) 작업으로서 배역의 고유이름을 붙혀 자기를 소개하였고 갈등(葛藤)과 인용(認容)을 통해 어떻게 극(劇)이 전개 될 것이라고 추측이 된 대본이 작가에 의해 이루어지고 있다.

특히 취발이 주연(主演)에 노승과 소무, 신장수와 원숭이, 사자와 목중과 상좌, 양반과 말뚝이, 미얄과 영감, 덜머리 등 배역명칭이 명시되어 있어 상대성의 원리로 공동체적 또는 개인적인 특징을 소개하고 있는 것이다.

일찍이 송석하는 향토예술(鄕土藝術)은 흙이 낳은 가장 그 환경(環境)에 적합(適合)한 예술로서 장차(將次)에 건설(建設)될 文化와 예술의 모태(母胎)가 되는 것이라고 했다. 1936년도에서 1965년, 그리고 현재까지 봉산탈춤 대본(劇本)이 텍스트로 10개정도 나와 있다. 그 동안 어떤 극본을 원형으로 채택할 것인가를 연희자(演戱者)들은 고심과 함께 선택의 여지가 없었던 시대가 있었다. 임의대로 주장을 하는 학자와 원형의 기본을 어떤 선상에 맞출 것인가? 과연 어느 텍스트로 할 것인가? 당시는 정보가 없어 국가기관에서 지시대로 따를 수밖에 없었다.

도변호(渡邊護)는 예술학(藝術學)에서 "어떠한 주술행위가 하나의 씨족 혹은 부족에서 또 다른 종족이나 민족으로 옮겨갈 때에 본래에 지녔던 목적(目的)을 떼어 낼 수 있다"고 했으며 그 목적을 상실한 상당부분 예술성(藝術性)을 띠게 되므로 전투(戰鬪:戰爭/狩獵戰略說: 불림/ 불러서 지시, 춤(舞)청함, 버드나무/ 은폐, 귀신出入, 방울/지도자, 안내, 귀신출입, 농악/ 농사, 전쟁(陣法))에서 승자는 관객이 되고, 패자의 연희 행위(演戱行爲,/ 언행, 검무, 사자춤 등)의 2중성을 가지고 있으며 부분별로 축소 또는 과장(誇張)해서 받아들인 몸짓 표출이 또 다른 예술행위가 극화(劇化)로 이어지는 것이다.(戰爭에서 이긴 자는 관객, 진자는 唱優/優伶) 변화(變化)는 수많은 역경으로 이루어지나 고통고난을 통해 정상에 도달할 수가 있다.

우선 봉산탈춤을 시작한 장소(원래 연희된)부터 차이가 있다. 민속이라는 시대적(역사적) 배경에 따라 연출의 기법과 구성이 차이가 있을 수 있지만 鳳山舊邑 競秀臺를 이두현은 [鳳山郡 東仙面 吉陽里] 라고 하고, 임석재는 [鳳山郡 土城面 茂井里] 라고 기록되어 있다. 무형(無形)의 존재는 변할 수 있으나 유형(有形)의 장소가 서로 주장이 다르게 기록 되어있다. 그러나 [동선령東仙嶺]이라는 대사가 나오는 것을 볼 때 [동선면 길양리]가 아닌가 유추해 본다.

(제6과장 양반춤에서 말뚝이의 노래 낙양성 십리허에--소리 끝내고 -- 글 한 수 짓기 시합할 때 동생 서방이 산자와 영자의 운자(韻字)를 내니 생원(형님)이 [울룩줄룩 作大<山>허니 黃川豊山에 東仙<嶺>이라] 글을 짓는다)

첫째 1, 4의 학자(이두현, 임석재)들은 표준말 인용을 하려고 노력하였고 표준말로 각색하여 언어를 매끄럽게 다듬었으나 2의 오청극본은 현장의 발음, 그대로 채록하였다. 즉 1과 2의 차이점은 "탈놀이=탈노리 , 따라서=딸아서, 유서깊은=유서깁흔, 있으나=잇으나, 있었다=잇섯다, 옛적=엣적, 돌아와서=도라와서, 이름=일흠, 모두=모다, 어깨=억게, 앞에=압에, 같은=갓흔, 돌아다니며=도라다니며 등등 오기(誤記)와 오자(誤字)를 그대로 기술하고 또다른 이본은 현장언어를 표준말로 바꾼 것이 특징이다. 3의 김일출대본은 극작(劇作)의 구성법(構成法)보다 출연 장면마다 과장별(科場別: 11장)로 나열하는 형식을 선택하였다. 즉 제2과장 1경을 제3과장, 2경을 제4과장으로 표현하였다.

둘째 1의 현재 극본(대본)은 각 과장(科場)별로 과장제목 표시를 한글인 "춤"표시를 했으나 오청은 무(舞)로 표시하였고, 김일출은 제0과장 로승, 량반, 사자놀이, 등 단어의 명칭만 있었으며, 임석재는 제목의 명칭은 없고 제1과장, 제2과장만 표시되어 있었다. 김일출은 등장인물을 연극대본의 배역처럼 로승1인, 팔목8인, 소무2인으로 과장표시 후 극본 앞에 등장인물(登場人物)을 기록(記錄)하였다.

셋째 1, 4의 극본(대본)은 지문(解說)이 없고 바로 극본(臺詞)으로 되어 있으나, 2는 개설(槪說)부터 상세히 줄거리, 공연 일자를 감독부터 배역담당까지 기록하였다. 3의 극본은 1부와 2부, 부록까지 과장별로 본 공연극본(臺詞)을 나열하기 전에 장면해설이 설명(說明)되어 있다.(吳晴 /송석하: 제1과장: 이 장면은 악마가 수도를 방해하는 서막으로서 醉發이라고 하는 방탕한 처사 한 사람이 생불과 갓흔 老僧의 마음을 움지기게 하랴고, 그이 上佐 四名을 꾀어내서 노승이 金剛經을 읽고 잇는 법당 압헤서 가장 화려한 춤을 추히는 것이다. ----제2과장 취발이(주인공)가 그 절에 잇는 먹중 八名을 타락식혀 노승의 마음을 움지겨 보는 것이다--- 생략) 줄거리가 연결되어 있다.

넷째 불림은 춤의 템포(또는 지시)를 나타낸다. 탈춤의 백미인 목중춤의 불림인 '낙양동천이화정'은 이두현본에서는 기본동작과 2목중춤에서 '洛陽洞天梨花亭',이 있는데 오청본은 목중춤에는 없고, 취발이 대사 속에 '洛陽東天리화전', 김일출본은 '낙양-' 이란 불림이 없다. 임석재는 대사 속(6목중)에만 있다. 다만 [이화정]을 '柳下亭'이라고 기록하였고, 전경욱은 동촌(東村)이라고 주장하고 있어, 청각적(聽覺的) 문제인 듯, 연구에 매우 흥미가 있었다. 또한 봉산탈춤의 건무(健舞)라고 하는 팔목중의 뭇동춤(합동춤)에 있어서 2,3,4의 오청과 김일출, 임석재는 합동춤을 추기 위해 팔목중이 따로 목중들을 불러 내지 않고 퇴장했던 7인이 등장한다. 2의 표현은 "먹중八人이 한데 엉키여서 각자의 장기 춤을 각각 한부로 춘다" 또 3의 김일출은 "뒤 섞여 뭇동춤을 춘다" 그러나 1(이두현)은 합동춤을 극적인 처리를 하기 위해 팔목중이 개인 춤을 추고 난 다음 팔목중이 인위적으로 "아나야" 라는 단어(臺詞)를 사용, 목중들을 불러내어 합동춤(뭇동춤)을 추고 갈 것이냐? 하고 목중들의 의도를 극적으로 물어보고 대답 후 춤을 추고 퇴장한다.

다섯째 목중 대사는 1은 목중 한 명이 두 번 대사를 하는데 대사를 한 후 계속 불림을 한다.(춤의 경연대회처럼) 2 ,3, 4는 목중의 불림과 대사가 내용이 같은 첫 번째 대사 후 불림이 없고, 두 번째 대사가 끝난 다음에만 불림을 하고 있으며 다만 3의 김일출은 대사와 불림의 단어와 순서(2목중춤의 백수한산심불로)가 조금 색다른 표현을 하였다. 따라서 8목대사의 순서가 2.3.4 모두가 奉祭祀然後에 接賓客이요, 修人事 然後에 待天命이라 하였으니 ---라고 기록되었는데 1은 修人事 然後에 待天命(사람의 힘으로 할 수 있는 일을 다하고 천명을 기다림)이요, 奉祭祀然後에 接賓客(제사<조상>을 모시고 손님을 받음)이 타당한 것 같다.

제2과장 2경에 1은 법고놀이가 있는 반면 2, 4는 없다. 다만 3은 제3과장 <법고춤>이라고 별도처리 하였다. 1은 사당춤에서 놀량가, 앞산타령, 뒷산타령, 경발림 까지 있으나 2.3.4는 '놀량가' 만 기록(保有者:言/ 유옥, 김선봉, 김애선)되어 있다.

여섯 째 노장과장에서 1의 대본은 취발이의 계략이 암시적이다. 목중들이 도(道)를 닦는 노승을 일방적으로 끌어낸 것 같은 구성으로서 목중의 대사를 볼 때 "우리가 노장님을 모시고 나왔는데 노장님은 간 곳 없고 지팡이만 가지고 떵꿍하였구나" 로 극(劇)이 시작한다면; 2, 3, 4의 극본은 금강경을 읽고 있는 노장을 취발이가 상좌 소무 등을 등장을 시켜 계획적으로 파계시키는 해설, 등 캐릭터가 분명하고 노골적으로 표출이 기록되어 제1과장 상좌의 등장이나 제4과장의 소무(小巫/梅)의 등장이 완벽하게 꾸며져 있다. 소무와 먹중들이 춤추는 모습을 보고 노장이 남모르게 슬쩍 입장한 것을 볼 때 취발이의 계략적 꼬임에 결국은 파계하여 노승이 숨어(앉아)버리는 행위가 잘 표출 되어있다. 따라서 소무와 먹중들이 춤을 추는 모습을 구경하다가 노장이 먹중에게 들킨 대사가 "저 동편을 바라보니 비가 오실랴는지 날이 흐렸구나" 하면서 노장이 이미 등장(나타남)한 것으로 극(劇)이 시작된다. 위의 1

의 인위적인 대사와 2, 3, 4의 풍자적인 대사를 비교해 볼 때 극적(劇的)으로 1의 구성(構成)보다 2, 3, 4의 대본이 자연적으로 탈춤으로서의 각색되지 않고 기승전결(起承轉結)의 완벽한 극적인 구조로 구성되어 있는 것을 볼 수 있다.

따라서 노장과장에서 2,3,4는 소무가 2명이 출연하는데, 1은 소무가 1명이 출연한다. 제1경(노장), 제2경(신장수), 제3경(취발이)을 구분하면서 인위적으로 노장을 먹중들이 모셔 와서 극적으로 처리를 하였다면, 김일출은 제5과장 로승, 제6과장 신장사, 제7과장 취발이 과장별로 구별하였다. 그러나 오청과 임석재는 경과 과장(科場)을 따로 구별하지 않았다.

신장수가 퇴장하는 것은 1은 신 값 대신 장작 짐을 맞을까봐 퇴장하나 2,4는 원숭이 치료(治療)차 퇴장하고, 3은 그냥 춤을 추다가 퇴장한다. 소무(小巫/小梅)의 출연은 따지고 보면 취발이가 노장한테 여인<소무1>을 취하는 것이 아니라 노장이 버리고 간 것을 취발이가 얻게 되는 것이다. 시주하러 내려갔다가 취발이와 성관계를 맺었고 현장에서 현행범으로 원숭이가 소무하고 성관계를 하다가 체포되었다. 때문에 노장은 깨끗하다고 하는 <소무II>만 데리고 퇴장하는 것이다. 따라서 노장은 불교, 취발이는 유교, 불교와 혼합된 2중 인격(복잡한 관계)을 가지고 삼각관계와 정경유착인 사회를 그대로 풍자하고 있다.

일곱 째 1, 2, 4는 제5과장에 사자춤(獅子舞)이 기록되어 있고, 3의 김일출은 11과장 남극로인 뒤에 붙어 있다. 사자춤에서는 1(이두현), 3(김일출)은 마부 배역을 등장시켰고, 2는 마부역을 목중 甲,乙,丙,丁으로, 4는 목중이 나눠서 마부 대사(臺詞)를 한다. (본분, 회개, 용서)

또한 사자춤의 발생이 4~50년전(김일출), 60년전(임석재), 80년전(이두현)에 새로이 들어 왔다고 기록하고 있으나, 김재철(金在喆)의 수렵시대, 상고시대, 산대극 이전에 나례(儺禮)가 산대극 발생에 기여했다는 주장 등으로 학자들의 긍정적, 부정적 견해가 있지만, 필자는 사자춤은 탈춤이 시작할 때 이미 함께 존재할 가능성이 있다고 견해를 밝혔다.(三國史記 권4 新羅本紀 智證麻立干, 최치원의 鄕樂雜詠五伎의 狻猊, 百濟의 味摩之 假面默戲의 伎樂, 고려시대의 五方鬼舞, 獅子舞, 百獸戲, 國讌呈才唱詞抄錄에 고종 24년에 成川雜劇. 聖經 욥38:39, 단6:24 등 104곳의 聖經句節 사자등장 記錄)

이에 극본을 분석해본 결과, 다음과 같은 여러 가지 요소로 인해서 사자춤이 봉산탈춤의 탄생과 함께 있었을 것이라 추정할 수 있다. ① 주인공 및 출연자가 승려들이며, ② 종교를 탄압하게 되고(수도하지 않고 항상 파계<주색잡기>만 한 것 같은 비유), ③ 승려들의 특권계급과 위선적 사고를 나타내며, ④ 제4과장까지만 보았을 경우 승려들의 타락과 부패한 생활만을 부각시킨 것에 반발이 있을 것이라 염려하여, ⑤ 종교적인 차원을 떠나 승려들도 인간이기에 실수할 수 있어 하나님(부처님)의 자비로 이러한 모든 뜻을 헤아려 달라는 의미로 백수의 왕인 사자가 등장케 된 것이며, ⑥ 사자가 출연하지 않으면 극(劇)이 성립될 수가 없으며, ⑦ 노장과 연관되었기 때문에 노장과장 뒤에 사자가 출연하는 것이 타당하고, ⑧ 시대가 변하면서 유 · 불교시대, 노승과 취발이의 양자대결과 양반계급사회 등 사회가 어지러워지자 최종 판관인 사자가 출현하게 되는 것이다.

또한 산속에서 사냥을 하는 과정이나 종족과 부족들 사이에 싸움이 일어날 때 전시대(前時代)의 무섭고 용맹한 명장의 모습을 본받아 만든 전쟁탈(戰爭假面)을 쓰고 적에게 위엄을 보임으로 적을 쉽게 물리칠 수 있고, 사냥을 할 때 사자나 호랑이의 맹수 탈을 쓰고 사냥하면 작은 짐승들이 위축되고 당황하여 가면을 쓰지 않고 사냥할 때보다 더 손쉽게 동물을 잡을 수 있어, 원시인들의 수렵생활에서 수렵노동을 통하여 수렵탈(假面)을 고안하게 된 것이 아닌가?

따라서 상징적인 백수왕(百獸王)인 백사자(白獅子)를 등장(登場)시켜 회개하고 뉘우치면 용서하는 과장을 동시에 구성된 것이다. 특히 봉산탈춤의 극본에서 사자(獅子)가 목중들을 용서해주듯 성경(聖經/B.C. 538년경)에서 왕명을 거역한 다니엘이 사자굴(獅子窟)에서 던져졌으나 천사의 보호로 무사했다.(그러나 왕의 금령을 어기고 하루 세번 기도했다고 어인(御印)으로 죄를 씌운 者들은 사자밥(단 6.24)이 되었다.) 이렇게 짐승(獅子)까지도 하나님께서 먹이시며(욥 38:39) 그가 정하신 섭리대로 사는 것을 인간들에게 일깨우는데 사용되었다. 그러므로 봉산탈춤의 큰 줄기를 형성하고 있는 내용적 줄거리에서 사자를 배제할 수 없는 것과 결부되어 있음을 알 수 있었다.

참고적으로 성경을 보면 유다는 사자새끼로다(창 49:9), 유다의 후손이 사자로서 예수님은 곧 사자이다(계 5:5), 그 외 성경기록을 보면 욥38:39, 단 6:24 외 104곳의 성경구절이 기록되어 있다. 요즘은 추상적 용어로서 전체를 다스린다고 해서 하늘에는 독수리, 땅에는 사자를 말하고 있다.

팔레스타인의 사자(獅子)는 아시아의 사자, 또는 팔레시아의 사자(Panthera leo persica May)에 속한다. 초기의 추측과는 반대로 이 아종(亞種)에는 갈기가 없는 종류뿐 만아니라 검은 갈기를 가진 것으로부터 가진 사자들도 포함되었다. 갈기는 어깨부분에서 그치지만 배의 부분을 덮는다. 성서시대에는 팔레스타인 사자가 매우 흔했으나 그 후 A.D. 1300년 직후까지 계속 수가 감소되었다. 사자는 고대 근동지방의 종교적인 상징 속에서 제한 된 역할을 담당하였다. 이집트에서는 수많은 여신들이 암사자로 나타나고 있는 반면, 사자는 호루스(Horus)신과 관계되어 있다. 후대에 가서는 사자의 힘에도 불구하고 자연그대로의 사자가 악령들과 대항하기에는 불충분하다는 것을 알게 되자 날개를 다는 등, 사자의 능력을 증대시켜 그것이 반신적(半神的)인 그룹(chrub)으로 고귀한 짐승으로 간주, 추(錘)나 왕의 깃발의 일부인 웅크린 사자(해태)의 형상으로 주조하였다.

<사진 1> 사자 굴에서 살아난
다니엘(聖書大百科事典 p.598)

사진 2 날개달린 사자
(聖書大百科事典 p.442)

<사진 3> 날개달린 용의 모습을 한 사자조각상(susa)
(聖書大百科事典 p.596)

〈사진 4〉 아슈르바니팔왕의 사자사냥Ⅰ:
니느웨에서 출토된 설화석고(雪花石膏), 런던 대영박물관 소장. BC 7세기
신앗시리아 시대의 것으로 죽어가는 사자를 생동감있게 묘사했다.
(聖書大百科事典 p.441)

여덟 째 양반춤에서 포도부장이 등장하는데 2. 4는 기록이 없고 극(劇)과 관련 없게 진행되어 1도 삭제하였으나 구술자들의 말을 인용 포도부장 내용이 있었다고 전했다. 김일출은 제9과장으로 포도부장 과장을 별도로 만들었다. 양반과장에서 이두현· 임석재의 학자들은 양반을 찾으려고 가는데 '찬밥국말어 일조식(日早食)하고' 라고 했는데, 오청은 '日早食'이 아니라 "찬밥국마라<일즉이> 먹고" 라고 기록되어 있어, 말뚝이의 캐릭터에 맞는 것 같다.

탈춤 속에 인간의 삼각관계로 구성되어 나오는 미얄과장은 한국의 대표적인 서민생활의 극이다. 조강지처(糟糠之妻)를 버리고 먹고 살만하니 첩을 두는 과정인데 조강지처는 지게미조(糟)에 살겨 강(糠)자이다. 술을 걸러 아무 쓸데 없는 술찌게미와 쌀 방아를 찧고 난 껍데기를 주어다가 그나마 자기는 먹지도 못하고 남편의 밥 끼니를 겨우 해주었는데 이제 먹고 살만하니 본처를 버리고 첩과 산다는 것은 인간으로서 할 수 없는 짓을 한다는 뜻으로 이해하면 될 것이다.

제7과장에서 무당배역(김금화)을 1은 삽입시켜 무당이 등장하는데 반해 2, 3, 4의 오청, 임석재 극본에서는 무당배역이 없고, 남강노인이 무당배역으로 나와, 죽은 할멈의 영(靈/령)을 위로하기 위하여 국(웃)거리곡에 맞추어 노래를 부르며 장구를 치며 나온다.(비디오 촬영 테잎 확인) 그러나 3의 김일출은 7과장을 취발이 과장으로 별도 처리하였고 제11과장 남극로인(태상로군)이 굿을 하고 동창남창대사를 하고 퇴장한다. 뒤에 과장구분 없이 사자놀이를 삽입을 하였다(사자춤을 8목중 혹은 취발이 다음에 넣기도 한다고 기록하고 있다)

* 남극로인/ 옛 천문도에 남반구 하늘에 비교적 큼직하게 노인성(老人星)이 그려져 있는데 한국과 중국에서는 이를 남극노인, 또는 수성(壽星)이라고 한다. 제주도에서만 보인다는 설이 있다.
* 태상로군/ 주술(呪術)을 이용하여 병을 고쳤다는 설과 철학사전에는 춘추시대의 사상가요 도교의 창시자이며 도교의 교주인 <노자>가 추대되어 태상로군이 되었다고 한다. 또 북위(北魏)의 구겸지(寇謙之365~448)가 신천사도(新天師道)를 주창하여 여기서 도교를 확립하였다. 산속에서 수업하고 있던 그에게 많은 신선을 거느린 태상로군(太上老君: 천지의 창시자)이 하강하여 호흡조절이나 곡물을 먹지 않고 불로장생(不老長生)을 할 수 있는 술을 가르쳤다고 한다.

아홉 째 가면(木製탈에서 紙탈로)의 길이는 68년도 조사보다 현재의 가면이 1-4센치 정도가 더 작게 제작되었으며(96년 필자조사) 현재공연도 학자들의 조사에 의해 공연(가면착용)하지 않고 연희자(탈제작자)들이 자기배역에 맞는 가면제작을 임의로 제작하여 공연하여 왔다. 그것은 당시에는 탈을 제작하여 공연 후 마귀가 침범한다고 하여 불에 태웠고, 다음해 또다시 제작한데서 이유가 있었을 것이다(목중탈 혹 7개와 경추, 취발이 혹 12개와 흉추). 전에는 탈이 크기 때문에 코에다가 구멍을 뚫었으며(필자소장) 지금은 사람의 얼굴에 맞춰 석고 틀에서 제작해내고 있고 현재는 탈 값이 비싸 태우지 못하고 있다. 따라서 공연이 끝나면 가면을 소화(燒火)하는데 이것은 액댐과 함께 가장성, 등 모든 것을 다 태워버리고 자기신분의 현장으로 되돌아가는 강신(降神/神내림), 오신(娛神/ 神즐겁게), 송신(送神/ 神원위치)의 원리일 것이다. 노장탈, 목중탈의 점은 긍정적 표현으로 볼 때 불도(佛道)에만 수련했기 때문에 파리가 와서 똥을 누워도 모를 정도로 기도했다는 것과 부정적 표현은 목중들이 풍류를 접하고 놀았기 때문에 부스럼과 종기가 나고 성병에 걸려 곰보가 되었다고 볼 수 있다.

열째 오청 채록본은 현장(봉산군 사리원 경암산 아래에서 1936, 8,11<음 7,15>)에서 연희자인 이동벽(監督), 김경석(金景錫), 이윤화(李潤華), 한상건(韓相健), 라운선(羅雲仙), 김태혁(金泰赫)씨 등 위의 출연자 외 구술을 속기한 것임으로 오기(誤記), 오자(誤字)를 그대로 기록하였고 현재 채록본(이두현)은 서울에서 1965년 8월 녹음(김진옥, 민천식)에 의해서 기록이 되었다고 했다.

열한 째 (훈련과정) 演戲者 훈련과정에 대해서는 이두현은 『한국가면극』에서 일반적으로 타 분야와 함께 설명하였고, 오청은 극본을 쓰기 전에 기록일시와 사리원읍 주최로 임시 거행한 것과 구술자·개설(槪說)·배역순서 등을 기록한 후에 극본을 나열하였다. 김일출은 『조선민속탈놀이연구』에 게재하였다. 임석재는 『국어국문학회』에 극본채록을 마치고 후기(後記)에 다음 일시, 영화촬영, 방송, 공연회수, 탈의 종류, 협찬처 등 연희자가 되기까지 과정을 이렇게 상세하게 설명하고 있다. "탈꾼(演戲者)은 특별한 교습을 통하여 양성되는 것이 아니다. 이속(吏屬)중 어려서부터 흥미(興味)를 가지고 선배(先

輩)를 따라다니며 노리(놀이)하는 것을 보고, 듣고, 흉내냄으로써 長久한 시간을 허비하여 자연습득(自然習得)하여 연기자가 된다. 정식(正式)의 연기자가 됨에는 30년 이상이 되어서야 된다고 한다. 演技者는 서로 친밀(親密)하고 우의(友誼)도 두텁고 평등(平等)하다고는 하나 상좌는 흔히 통인(通引)이 되고, 노장, 취발, 첫목의 역은 이속(吏屬)중에 서도 유력한 者가 맡게 되고 이노리(놀이)의 主宰者가 되므로 그들 사이에도 어느 정도의 계층(階層)이 있게 되는 것이라고 하겠다." 그러나 오늘날의 전수교육은 문화재청의 교육지침에 의해 정기요일을 지정(指定)하여 보유자나 전수조교들이 있어 학습을 하고 있다.

열두 째 한국가면극(탈춤)의 주제(主題)는 1은 1)辟邪儀式舞, 2)破戒僧에 대한 諷刺, 3)양반의 대한 모욕(侮辱), 4)一夫對妻妾의 三角關係와 서민생활의 곤궁상 권선징악(勸善懲惡)과 호색(好色)과 현실폭로(現實暴露) 등으로 분리하면서 독립된 네 개와 더불어 사당춤 사자춤을 곁들여 전체를 구성하고 있다지만 전체적으로 보면 스토리가 연결되고 있다. 그 외는 불교의 타락상과 양반부패의 형상화를 크게 두 가지를 들었다. 당시 불교는 왕실에 보호하에 점차 세도가 강화하면서 왕실과 결탁(政經癒着)하여 서민들을 수탈하였고, 농민들에게 고리로 대부(고리대금업자)하고 술을 빚어 팔기도 하였다.

이상 12가지의 예를 들어볼 때 학자와 연구자들은 나름대로 시대에 맞게 현대적 새로운 무대공연양식으로 계승, 발전시킨 노력이 있고, 앞으로 한국전통문화의 발전을 위해 어떻게 전통문화를 현대적으로 수용하느냐가 관건이기도 하다.

현재 이두현본은 無形文化財로 指定되었으며 구성내용도 극적으로는 잘 정리되었다. 또한 독특한 공연 상황까지 연행양상의 변화를 볼 수 있었다. 특히 봉산탈춤의 역사적 변화의 과정을 살펴볼 수 있었으며 봉산탈춤의 근원적인 요소와 시대적 상황을 유추할 수 있었다. 그러므로 여러 이본을 살펴볼 때 탈춤의 원형적인 형태를 파악하고 연희적인 양식으로 탈춤을 새롭게 창조할 수 있는 가능성의 단초를 제시하였다.

따라서 1936년에서 1965년, 그리고 현재에 이르기까지 봉산탈춤의 극본(劇本)10개 정도를 검토해볼 때 작품의 발굴과 연구의 흔적보다 원본을 각색과 윤색으로 일관한 결론을 얻을 수 있었다.

참 고 문 헌

고려대학교 민족문화연구소 편.『한국민속대관』, 고대민족문화연구소, 1982.

김부식.『삼국사기』, 도서출판 장락, 1999.

金在喆.『조선연극사』, 민속원, 2001.

권택무.『조선민간극』, 조선문학예술 총동맹출판사, 1966.

金龍玉외, 聖書百科大事典 第5卷, 聖書敎材刊行社, 1880.

김일출.『조선민속탈놀이연구』, 과학원출판사, 1958.

______. "황해도 탈놀이와 그 인민성"『문화유산』, 평양과학원출판사, 1957.

______. "봉산탈놀이의 옛 모습을 찾아서"『문화유산』, 평양과학원출판사, 1957.

김학주,『중국고대의 가무희』(株)민음사, 1994

박진태.『탈놀이 기원과 구조』, 새문사, 1990.

徐淵昊.『한국가면극연구』, 월인, 2003.

______.『황해도 탈놀이』, 열화당, 1988.

______.『전통연희의 원리와 방법』, 집문당, 1997.

______.『꼭두각시놀음의 역사』, 연극과 인간, 2000.

송석하.『한국민속고』, 일신사, 1960.

신영돈.『우리나라의 탈춤놀이』, 문화선전성중앙인쇄공장, 1957.

任晳宰.『봉산탈춤대사』, 국어국문학회, 1957.

吳　晴.『假面舞踊 鳳山탈脚本(日文)』, 1937.

______. "가면극 봉산탈 각본"『최정여박사 회갑논문집』, 계명대출판부, 1983.

李杜鉉.『한국가면극』, 서울대학교, 1994.

______.『한국연극사』, 두산동아, 2000.

______. "한국신극사".

이혜구. "산대극과 기악"『한국음악연구』, 국민음악연구사, 1957.

李應壽.『일본연극사』, 도서출판 청우, 2001.

리봉옥. "조선고전무용"『해외우리어문학연구』.

이근술. 최기호/ 토박이말 쓰임사전, 동광출판사. 2001

윤사순, 한국민속의 세계, 고려대학교 민족문화연구원, 2001

全耕旭.『한국가면극의 역사와 원리』, 열화당, 1998.

______.『민속극』, 고대민족문화연구소, 1990.

조동일.『탈춤의 역사와 원리』, 홍성사, 1979.

조선문학사, 과학・백과사전출판사 <고대중세 통 5권>.

조선의 민간오락, 국립출판사 1955, 물질문화유물보존위원회.

崔常壽.『해서가면극의 연구』, 대성문화사, 1967.

______.『한국가면극의 연구』, 성문각, 1984.

최정여. "산대도감극 성립의 제문제"『한국학논집』, 계명대 한국학연구소, 1973.

崔昌柱.『한국가면극과 뮤지컬』, 엠애드, 1997.

______.『한국전통연희의 이론과 실제(Ⅲ)』 한국예술종합학교

부 록
(봉산탈춤대본)

일본어 대본

일본어대본

【仮面舞劇 鳳山タール 脚本】

各科場

第一幕 上佐舞
第二幕 墨僧舞
第三幕 社堂舞
第四幕 僧舞
第五幕 獅子舞
第六幕 両班舞
第七幕 ミヤル舞

第一科場……上佐舞
第二科場……八墨僧
第三科場……法鼓舞
第四科場……社堂舞
獅子舞 第五科場……老僧
第六科場……鞋商
第七科場……醉発
第八科場……両班
第九科場……捕盗裨長
第十科場……미얄 婆
第十一科場……南極老人
青江南老人

登場人物

老僧 一人
上佐（老僧の弟子たる小僧）四人
墨僧（その若僧）八人
醉発（その知人）一人
コーサ（男の旅芸人）七人 社堂輩
社堂（女の旅芸人）一人
小巫（舞姫）二人
鞋商 一人
猿役 一人
獅子役 二人
両班（兄、次弟、末弟）三人
マルトギ（両班の従者）一人
ミヤル（婆さん）一人
ミヤル夫 一人
竜山麻浦 トルマリ女（ミヤル夫の妾）一人
南江老人（ミヤル夫の父）一人

青黄色の服装を着けた六人の楽士が、鼓、杖鼓、奚琴（胡弓）、觱篥（一種の笛）、笛の順で演舞場の一隅に列座して楽曲の伴奏をする。

第一幕　上佐舞

この幕は、悪魔が修道のさまたげをする序幕で、酔発と称する一人の童士が、生き仏のような老僧の心をゆかさんが為に、その弟子たる四人の上佐（小僧）を誘い老僧の清浄な場の前に於て華かな踊を行わしめるので、ある。昔は神霊への供物として行わしめたが、今では娯楽として世の僧に為らしめるのである。
四上佐登場。四人の上佐が打令曲（念仏曲）の伴奏に合せて、一人宛墨僧に背負はれて踊りながら登場する。墨僧は斯くの如く、四人の上佐を一人づつ背負わて登場せしめたら退場する。上佐は四人共白色の長衫を着け袈裟を掛け、コッカルという三角の白い頭巾を冠ってゐる。
四人の上佐は、一列に並び霊山会相という曲の伴奏に合せて踊り始め、二人宛東西に分れまくに往きつ戻りつしながら霊山会相の音節が終るまで華かに踊る。
これが正に終らんとする際、八人の墨僧の中、初目（第一番目に登場する者）が駆けて入場する。四人の上佐は退場し、楽の伴奏は打令曲に変るのである。

第二幕　墨僧舞

酔発は若き娘をもって試みて見たが、老僧の心は微動だもしないので、今度はその寺に居る八人の墨僧を随従させて、老僧の心をゆかさむとするのである。
八人の墨僧は、何れも青又は紅色の快活なる服装を為し、でこぼこしたるをかしい假面を被って、一人宛駆て入場し、打令曲の伴奏に合せて場内を跳ね廻りながら、奇想天外の舞踊を為し、且つ色々な滑稽な台詞を朗々と述べるのである。
初目。（腰部に青葉の柳枝を挿み、大鈴を鳴らして、打令曲の伴奏に合せて登場する。酒に酔ひたる如き振りを為し衣衫を以て顔を蔽ふぐるぐると場内に転廻して忽ち地面に倒れ、臥したまま面白く且つをかしく踊る。（これは老僧の前で踊るが、気にとがめられることをあらわすのである）。暫らくそのまま踊りつつ、起ち上らむとしては伏すこと三回、四回目にやうやく起立し、それから愈々快活な踊を始める。かくて何等憚るところなく、盛んに踊ってゐる際、二目が登場する。二目とは第二番目に登場する墨僧の通称である。
二目。（駆けて登場し初目の面を一度打ってこれを退場せしめ、打令曲の伴奏に合せて、暫らく場内を廻りつつ快活に踊ってから）。
［スイー］（と、静かにせよとの合図をする。これと同時に楽の伴奏と舞は止まる）。
山の中には暦日なく、時節の往くも知る由なし。花咲き笑って春節と知り
木の葉繁りて夏節と知り　梧桐の葉落ちて秋を知り　山中の蒼松翠竹に
白雪紛々と乱れて飛ぶ　これぞ季節のうつり様かな　我も本より遊冶郎
山間に隠れてひそみしが　風流の声なつかしく聞き　念仏三昧にその意なく
この風流亭を尋ねて来つれ。

(と、語りたいと唱えながら、楽士は打令曲を伴奏し、二目は之に合せて軽く踊る。)
[スイー。](と合図をすると、楽の伴奏と舞は止る。)
[奉祭祀、然後接賓客、修人事、然後待天命、と言いますから、一言挨拶を申し述べます。]
(と述べ、打令曲の伴奏に入り、之に合せて踊りながら)
(唱)[人は老いず〳〵、白首窮れに心は老いず……。]
(二目が打令曲の伴奏に依って盛んに踊ってゐる際三目が登場する。)
三目(三目とは第三番目に登場する僧侶のことであるが駆けて登場し、二目の面を打って退場せしめ、打令曲の伴奏に合せて、場内を一回踊り廻る。次で場内をぐるっと顧みながら)
[スイー](楽の伴奏と舞は止まる。)
此處に到りて　四方を眺むれば　瀟湘八景の四字　中かに貼れり。
東方を眺むれば　慈仁聖君周文王　太公望を尋ね　渭水の陽を往く景
歴々と描きあり。
東方を眺むれば　春秋の時秦穆公　健叔を尋ね　崇山村を往く景
歴々と描きあり。
西方を眺むれば　戰國の時魏公子　昭武王を尋ね　邯鄲山を往く景
歴々と描きあり。
北方を眺むれば　楚漢爭伍に際し　天下壮士の項羽　范亜夫を尋ね　祈南山を往く景
歴々と描きあり。
中央を眺し見れば　大勢の友達風流に遊ぶ　我も亦一場遊び往かむ。
(と唱へてから、打令曲の伴奏に合せて軽く踊る。)
[スイー](楽の伴奏と舞は止まる)
[奉祭祀、接賓客、修人事、然後待天命、さうでありますから、一言御挨拶を申し述べます。]
(と述べ、打令曲の伴奏に入り、之に合せて踊りながら)
(唱)[この松節、あの松節、萬畳青山に……。]
(三目が盛んに踊ってゐる際四目が登場する。]
四目(駆けて登場し三目の面を打って退場せしめ、打令曲の伴奏に合せ乍場内を一回ぐるっと踊り廻ってから)
[スイー](楽の伴奏と舞は止まる。)
汨羅の水清き流は　屈三閭の忠魂なり。
三江の木陰たる湖は　呉子胥の精霊なり。
薇採りし白夷叔斉　九秋兄弟ありと雖　首陽山に餓えて死せり。

口の達者な蘇秦張儀は 弘田説客魔きしが 閻羅大王道に魔かします 春風細雨杜鵑の声に
悲しき魂と化しまれり。況んや草の露の如き 我ら人生においてをや。かかる風景の春の御き
いかで遊ばざるを得ぬや
(と唱へてから打令曲の伴奏に合せて面白しく踊る。)
[スイー](楽と舞は止まる)
[東に祭祀に然ば持つ賓客に仕つ人事に然ば待つ天命にとのことでありますから、一言挨拶を申し上げます。](と述べて打令曲の伴奏に合せて踊りながら)
(唱)[帝位は驪山であり、地上神仙は……。]
(四目が盛んに踊ってゐる際五目が登場する。)
五目(駆けて登場し四目の面を打って退場せしめ、場内をぐるっと一巡しながら)
[スーイー](楽の伴奏と舞は止まる)
五湖に到りつけば 范蠡は行方知れず 白蘋洲の白鷗は 江蓼岸に飛び込み
三湘の群雁は 芙蓉堂に飛び込む。潯陽江に到り着けば 白楽天の去りてから
琵琶の声聞くことも得ず。赤壁江に到り見れば 蘇東坡去りて その風月
依然たり然れども 一世の俊英豪傑 今何處にか在ます。月落烏啼く霜き夜に
姑蘇城外に船を着けば 寒山寺よりひびく鐘鼓の声 客船もあとし～～と当る。
やがて天辺に白輪紅く 扶桑に高くかがやき昇る。
風流亭に到り着き 四方を望み見れば 萬壑千峰雲深き處
鶴仙戯ぶるが如く 風景の奇絶勝たり 遊ばずしていかでか往かれん。
(と唱へてから、打令曲の伴奏に合せて盛んに踊る。)
[スイー](楽と舞は再び止まる)
[一言挨拶を述べます。](と述べ、打令曲の伴奏によって踊りながら)
(唱)[南山松柏の老人が訪ね来る)
(五目が盛んに踊ってゐる際、六目が登場する。)
六目(駆けて登場し五目の面を打って退場せしめ、場内をぐるっと一巡しながら)
[スイー](楽と舞は止まる)
山高からずして秀麗 水深からずして清澄 地廣からずして平坦 人多からずして茂盛。
月と白鷗は笑ひ伸び 松と竹は共に茂く。箕山潁水の別乾坤に 巣父許由遊び居れり。
采石江の月明き夜に 李謫仙遊び居れり。赤壁江の秋夜の月 蘇東坡これを愛し遊ぶ。
かくの如き風流亭に 一度遊び行くも如何なり。
(と唱へてから、打令曲の伴奏に伴って暫らく踊る。)
[スイー](楽と舞は止まる。)

「一言挨拶を述べるよ。」（と述べ、打令曲の伴奏に合せて踊りながら）
（唱）「耳を洗って世の事を聞かざれば、閑暇このよなし……。」
（六目が踊っている際七目が登場する。）
七目（駆けて登場し、六目の面を打って退場せしめ、場内をぐるっと一巡しながら）
「スイー」（楽と舞は止まる。）
天地玄黄生じたる後　明星是ここになれり　天地開闢の後　万物が繁盛となり。
山も自然水も自然　山水間に我も自然。　時節を春なれば　山水の景色を求めんが為
竹杖芒鞋單瓢子　このに山到り見れば　山に満つる紅や緑　一年一度新に会え
春色を誇りて　紅紫とりどりなり　蒼松竹翠は　鬱々蒼々たり
奇花瑤草爛漫の中　花の間に寝りし蝶　その跡もなく飛んで来る。
柳上に鶯飛び片々金の如し　花間の蝶舞は紛々の如し。
よいかなよいかな三春の佳節　桃花満開盛んに　武陵桃源ここにあり。
楊柳細枝絲々の緑　黄山谷裏正に春節　渭城の柳ここにあらずや。
光層たり絶壁の上　瀑布の水轟きて流れ　水晶の簾垂れたるが如く
屏風岩に衝突すれば　銀玉の如く乱れ散る。　巣父許由の問答せし
箕山穎水ここにあらずや。　住則僧舍は千石の市　積み鼎は一年の堂
絶佳の景色無窮なり　いま場内に眼を転ずれば　大勢の豪傑ここに集まり
奚琴、觱篥、笛、鼓、杖鼓を並べ　あちこち跳ねて踊り狂えば
これこそ風流者ならずして何ぞ　我も若き趣の赴くままに　一場遊び往かずるを
楽しむや。」
（と唱えてから、打令曲の伴奏に従って荒々しく踊る。）
「スイー」（楽と舞は止まる）
「一言挨拶を述べるよ。」（と述べ、打令曲の伴奏に従って踊りながら）
（唱）「玉洞桃花万樹春さま～……。」
（七目が踊っている際八目が登場する。）
八目（駆けて登場し七目の面を打って退場せしめ、場内をぐるっと一巡しながら）
「スイー」（楽の伴奏と舞は止まる。）
竹杖を引き芒鞋を履いて　千里江山を辿り行く　瀑布も壮快なりとても
廬山がここなり　飛流直下三千尺　昔話に聞きたれど　疑是銀河落九天
これ来りて虚言にあらず。銀河水は遠く去る　やさしく岩に当りつけば
白髪先生は琴をかこつ　蘇武は何をかなせる　牛の手綱を執りて居り
許由の起居を思いかに　腕を組って坐り居る。声に従って降りければ

波かには淫欲なりき 一度遊んで行くべきか。
(と出てから、打令曲の伴奏に合せて踊る。暫らくして)
[スイー] (楽と舞は止まる)
[一言挨拶を進ぜるよ]
(出) [菩薩様も一釣竿、実に可笑しい……。]
(八目が打令曲の伴奏に合せて盛んに踊っている。この際退場したる七人の墨僧が揃って再び登場する。八人の墨僧が渾然となってムフトン舞という独自の長技舞をさまざまに踊る。楽工は打令曲やクッコリ曲を交々に伴奏する。かくして、八人の墨僧は暫らく乱舞、やがて退場する。)

第三幕 社堂舞

社堂舞とは旅芸人のことで、男をコーサといい、女は単に社堂と云う。今度はその寺の近き村にやって来た旅芸人の一団として、老僧の心を試みるのである。
社堂輩登場。(先きに黒衣のコーサ一人が、穢らしい衣裳を纏って登場し、打令曲の伴奏に依って、出鱈目に踊っている。この際九人のコーサが、色彩華かな服装をしたる美しい女社堂一人を、轎に乗せて登場するが、九人の男の中、四人は轎を担ぎ、一人は燈籠を持ち轎の前に立って案内をする。黒衣のコーサはこれを見て、大いに驚いて場内の東西に逃げ廻っている。九人のコーサは、轎を場内の中央に置いて、その轎の側に寄り集る。女の社堂は轎の上に立つ。
(楽の伴奏は止まる。)
コーサ甲 [オーイ、シュルノンシケー]
コーサ達 (九人一緒に) (ハーイ)
コーサ甲 (逃げ廻っている黒衣のコーサを指しながら) [あのコーサを捕えて来い。]
コーサ達 (九人一緒に) [ハーイ]
(九人のコーサは小鼓、太鼓、鉦等の楽器を打ち鳴らしながら、黒衣のコーサを捕えようとして、場内を駆け廻る。遂に黒衣のコーサは逃げて退場する。この際社堂は轎から下りる。そして九人のコーサと社堂が一緒になって、楽器を打ち鳴らしつつ、[ノルヤン四街里]という歌を合唱しながら乱舞する。その一団はこの歌の全節を歌い終って退場する。)

第四幕 老僧舞

今度は余興の一つとして、美色の小巫(舞姫)をして舞を舞わしめ、老僧の信心を動かすことにするのである。

こゝで二人の少巫(芸妓)・八墨僧・老僧・鞋商・酔発手が登場して、老僧の心の動きを表現する。

少巫登場。(二人の美しい少巫が、花冠と云う七宝にて飾りたる女の冠りものを冠り、[モントリ]という色衣かとり〜〜の服装をして、轎に乗り八人の墨僧に担されて登場する。この少巫は八人の墨僧と共に、打令曲の伴奏に合せて、最も花やかしく踊ってゐる。)

老僧登場。(二人の少巫と墨僧達が、盛んに踊ってゐる際、何時しか老僧が登場する。老僧は薄い、墨色の法衣を着け、白い袈裟を掛け、丈の長い年老に似合ふ袴をつけその上に松葉の細きものを組んで編みて造りたる[松ナク]と称する僧笠を冠り、膝まで垂れる百八念珠を頸に掛け、白扇といわれた大きな扇を広げて顔を蔽い、六環杖と称する長杖をついて舞台内の一隅に密かに立つ。やがて二人の少巫と盛んに踊ってゐる八人の墨僧の中一人が、老僧の立ってゐる姿を眺めてから、俄かに驚く。この際楽の伴奏と共に止まる。少巫は静かに立ってゐる。)

初目 [オーイ見ろよ。]

墨僧達 (七人共)[なにを…]

初目 (老僧の立ってゐる所を指しながら)[彼の東の天を眺めて見れば、雨でも降るのか、天気が曇ってゐるぞ。]

二目 [俺が往って見ようか。](二目踊りながら、老僧を覗んで見る。戻って来て)[オーイ。]

墨僧達 [なんだ]

二目。[俺が今往ってよく見て来たが、天気が曇ってゐるのでなく、甕器匠(陶器商)が陶器を積んだチゲ(荷物を積みて負う木製の具)を支へてゐるんだよ。]

三目 [オーイ]

墨僧達 [なんだ。]

三目 [俺が往ってよく見て来るよ。](三目踊りながら、老僧の近き所に往って、暫らく老僧を見てから戻って来て)[オーイ]

墨僧達 [なんだ。]

三目 [俺が今よく見て来たが、木炭商が木炭を積んだチゲを支へてゐるんだよ。]

四目 [オーイ]

墨僧達 [なんだ。]

四目 [俺が往ってよく見て来よ。](と云って踊りながら、老僧の近くに往って、あちこちを覗んで見る。戻って来て)[オーイ。]

墨僧達 [なんだ]

四目 [俺が今往ってよく見て来たが、天気が曇ったので、大蟒が出てゐるんだよ。]

墨僧達〔大蛇が出てゐるって？〕（七人の墨僧は大いに驚く。）
五目〔オーイ〕
墨僧達〔なんだイ。〕
五目〔俺が往って見よう。〕（五目は腰を低くしつゝ、恐ろしい振りをして老僧の近くに往って、あちこちを詳細に察して見てゐたが、俄かに驚いて地面に転倒しながら戻って来る。）
墨僧達〔あいつ！突然狂ったのか。〕
五目（辛うじて起き上って）〔オーイ〕
墨僧達〔何だイ。〕
五目〔本当だよ、実に大きい蛇であったよ。〕
六目〔オーイ。〕
墨僧達〔なんだ。〕
六目〔人間がこんなに多く集ってゐるのに、大蛇が出たとは話にならんよ。俺が往って見よう。〕
（六目は勇しく踊りながら駆けて行って、頭をもって老僧に一度ぶつかって見る。）
老僧（扇を一寸わきへ振る。）
六目（驚いて戻って来て）〔オーイ。〕
墨僧達〔なんだイ。〕
六目．〔陶器のチゲとか、木炭のチゲとか、大蛇とか、何とか、かんとかいってゐるが、そんなものぢやないんだ。実は老僧さまだよ。〕
七目〔オーイ。〕
墨僧達〔なにか〕
七目〔そんな筈がない、俺が往って見よう。〕（七目は悠然として踊りながら、老僧の立ってゐるところに向って往く。この際楽工は打令曲を伴奏する。七目が老僧の前に到り起立して）〔老僧さまー。〕（楽曲の伴奏は止まる）
老僧（扇を振りながら、頭を縦ににうなづく。）
七目（駆け戻って来て）〔オーイ。〕
墨僧達〔なんだ。〕
七目．〔確かに老僧さまだよ。オーイ諸君！我が老僧様の最も好むのは白鷗打令（歌）であるから、俺達が一斉に白鷗打令を、一寸歌って見ようぢやないか？〕
墨僧達〔やーそれはよいこと。〕
八目〔それでは俺が往って、老僧様の意向を伺って来るから、一寸待ってくれよ。〕（八目は意気満々となって老僧の前に往って）〔老僧さま！私達が白鷗打令を歌って、そっとお耳に入れませうか！〕
老僧（頭を縦ににうなづいてよいとの表情をする。）

八目（たいに喜んで踊りながら戻って来て）［オーイ。］
墨僧達［なんだい。］
八目［老僧さまに、白鷗打令を歌って、そっと耳に入れようかといって見たが、忘れただか主人ぶって頭を振るが如く、首をうなづいてみせたよ。］
（墨僧の十一人が肩を並べ、老僧の方に向って往きながら、打令曲の伴奏に合せて白鷗打令を歌い出す。その後に一人の墨僧が随いて往って、二人の肩を一度軽く叩くと、二人はびっくりして後を顧みる。後に随いて往った墨僧が、楽の伴奏に合せて［白鷗よ！高く飛んで跳ねるな、お前を捕る俺ぢゃないぞ……。］と唄いながら、三人揃って踊りつつ戻って来る。］
四目［オーイ。］（楽の伴奏は止まる。）
墨僧達［なんだい。］
四目［白鷗よ！高く飛んで跳ねるな……と歌うのも、わるくはないが、今度はオトイキ打令（歌）を唄はうぢゃないか。］
墨僧達［それもよいことさ。］
四目（老僧の方へ往って）［老僧さま！今度はオトイキ打令をお耳にそっと……。］
老僧（頭を前後にうなづいてよいとの表情をする。）
四目（戻って来て）［オーイ。］
墨僧達［なんだ。］
四目［オトイキ打令をお耳にそっと……といって見たが、老僧さまは酔っ払った酔漢のように、首と頭を前後に動かすのだよ。］
（八人の墨僧達は、かくの如く衣々、詩調・雑歌——等々各種の歌を、老僧の耳にそっと入れると言ってから、戻って来て、あらゆる陰謀を以って老僧を侮辱する。）
初目［オーイ。］
墨僧達［なんだ。］
初目［老僧さまを焼けた家の柱の如く、あんなにまたして置くのは、弟子たる俺達の仕ないことだから、老僧さまをこちらに一遍へ申さねばならぬぢゃないか。］
墨僧達［さうだ、君の話が本当だ。］
（八目人の墨僧は、老僧の方へ往って、初目と二目は老僧の杖の末端を執ってその前に立ち、他の六人は老僧の後から包囲して、踊りながら老僧を場内の中央に案内する。老僧は八人の墨僧に引かされて入場する途中、僅かに倒れる。そこで後について来る墨僧の十一人が、恰も老僧の如くその杖を握って、先導する二人の墨僧（初目、二目）について来る。この二人の墨僧は後を顧みてびっくりする。）

初目 [我が老僧さまは何處に往かれた。これは何ごとだ。]
二目 [そんな筈がない。これは吾々たる俺達の誠意が足らないからだ。更に老僧さまを探して見ようぢやないか。]
(八人の墨僧は、打楽曲の伴奏に合せて乱舞しながら、老僧を探す為に、元の番に向つて往く。先頭に立つた初目が、老僧の倒れてゐるのを見てびつくりする。)
初目 (引返して) [スイー―(楽と舞は止まる。) 大変なことが起つたぞ。]
八目 [何んのことだ]
初目 [俺が、君達より先に往つて、よく探して見ると、意外なことに老僧さまが、向方の道ばたに倒れてゐるんだよ。どう見ても死なれたやうだ。]
二目 [オーイ。]
墨僧達 [なんだ。]
二目 [果してさうかどうか。俺が往つて見て来よう。] (二目が駆けて往つて、倒れてゐる老僧を遠く眺めて見る。戻つて来て) [ありや実にとても大変なことだ。老僧さまが柳々井々花々(じたばたもがいてのびてしまつたとの意)となつたよ。]
六目 [こいつをかしい言葉をいつてるんだね。柳々井々花々つて？確かに死んだとのことか。]
三目 [オーイ。]
墨僧達 [なんだい。]
三目 [我が老僧さまは、そんなに軽々しく死ぬるもんぢやないよ。もう一度俺が往つて見届けよう。]
(三目は老僧の處へ往つて、あちこちを詳細に窺ひ見る。戻つて来て) [オーイ諸君！死んだことは確かに間違ないよ。三七日位に死んだ犬の腐る悪臭が出てゐるんだもの。] (かくのごとく、八人の墨僧は交々に、倒れてゐる老僧を見て来て、からかつてゐる。)
初目 [オーイ。]
墨僧達 [またなにか]
初目 [坊主は坊主の行ひをしなければならぬ。俺達は弟子だから、死なれた老僧さまの霊を慰めねばならぬぢやないか。]
墨僧達 [さうだ――、それが本当だ。] (八人の墨僧達は、楽器を打ち鳴らしながら、老僧の周囲を廻つて、暫らく念仏をする。]
四目 [オーイ。] (楽器と歌は止まる。)
墨僧達 [なんだ。]
四目 [これこそ、不思議な妙事だ。なくなられた老僧さまが、生き返つて来たぞ！我が老僧さまの一生ぬかれるのが、この念仏からだ。念仏をもつとやらうぢやないか。]
(八人の墨僧は、念仏曲にて楽器を打ち鳴らしつつ乱舞しながら退場する。)
小巫 (二人共場内の中央に立て、念仏曲の伴奏に合せて静かに踊り出す。)

老僧（伏し倒れたまゝ、念佛曲の旋律に合せて、わずかに体を動かして、起ち上らんとする。暫らくしてから、辛うじて起ち上る。しかし恥しさに顔を蔽い、周囲に人気のあるかないかを確かめる為に、密かに四方を見まわす。その視線が、かの少女達の踊っている美しい姿に留まるや、俄かにびっくり尻餅をついて坐り込む。が再びようやく起ち上り、四方を顧みながら、踊り居る二人の少女を、秘かに覗いて見る。）

（これからの老僧の所作事に、表現される部分は— 美女の踊り。初めは、人間であるのか仙女であるのかが、はっきりしなかった。只深き山の中にばかり、籠居していた老僧にとっては、かゝる仙女の輝きかたは、実に夢のごときことである。しかし今見る姿は、どう見ても人間であって、仙女ではない。人間社会にも、あんなものが居るかと考へて見れば、自分の過去は、実に味気なき淋しいものであったと痛感されて来た。）

（かくて老僧は、人間社会のことがどんなものかを、初めて知ったものの如く。そして此世に興味を覚えたものが頭を左右に動かしながら、心中この興味を肯定する表情をする。而して顔を蔽い〔まだ幾分恥かしさがあるから〕杖をついて、念佛曲の伴奏に合せて踊りつゝ場内を一周する。歩みが次第に少女の近くに近づく。他に注意するもの、如く、寄せる杖を両手に持ち、膝頭に当て、折り棄てながら、一飛踊り試み、両手を肩と耳手にかざして、大膽に踊りつゝ少女の近き周囲を廻る。かく踊りながら、或は少女の背に寄り添って、之に觸って見たり、或は少女の正面に立って、その美しい姿に見とれたりする。）

少女（二人共泰然として踊りながら避くるが如く、老僧と反対の動作を執る。）

老僧（こゝに失望したるが如く、行きつ戻りつしてるたが、再び近寄って少女の正面に立つ。）

少女（老僧を嫌悪を感じつゝ離れて立って踊る。）

老僧（一寸躊躇ったが如く、わっと少女に近寄る。）

少女（きらって離れる。）

老僧（初対面だから、避けるのも無理はないと、頭を軽くうなづきながら、後から自分も踊りつゝ、一人の少女に近づき、自分の念珠をとって、その少女の頸に掛けてやる。音楽の伴奏は、打令曲に転換する。）

少女（泰然として踊りながら、頸に掛けられた念珠をとって棄てる。）

老僧（びっくりして、その少女の正面に、詫びるが如く謝する。）

少女（顔をそむけて踊る。）

老僧（これではならじと、地面にも棄てられた念珠をひろいあげ、踊りながら、再びその少女の頸にかけてやる。）

少女（こんどは知らぬ顔をして之を拒まず、泰然として踊っている。）

老僧（この態に、大いに満足したが如く、踊りながら、その念珠の一部を自分の頸に掛け、一念珠に二人の佳会を見せ、始めて満足して踊りつづける。老僧は暫らくして、又他の少巫にも、以上の如く戯れ踊る。）

（かくして老僧は、遂に美しい二人の巫女の術中に、迷い陥ってしまったのである。）

（かく老僧が少巫の番手に陥り、無我無中になってゐる際、鞋商が一匹の猿を背負って登場する。）

鞋商 ［やア、これは実に立派な市場だ。非常に繁栄してゐると聞いて、遠路わざわざやって来たが、噂にたがはず盛んなものだなア。こんな賑かな處は、普通の市場ぢやあるまい。それは兎も角、品物売るのが此方の仕事、どれ屋台でも張るとしよう。］

鞋商 （店を拡げながら）［履物召しませんか、草鞋、麻鞋、美しい女鞋、その他いろいろございます。値段はお安く、お品は上等……。］

老僧 （鞋商の後に行って、扇子をもって鞋商の肩を軽くたたく。）

鞋商 ［おや！］（びっくりして後を顧みる。）［お前の姿形（すがた）を見れば、払子を持って百八念珠を頸に掛け、黒長衫を着るからには、たしかに坊主であらうものが、商売に対し［少僧問安］といふ挨拶もなく、人の肩をたたくとは何んのことだ。］

老僧 （少巫の足を指しながら、扇をもって履物の寸法を計り、少巫に恰好の鞋を出して見せよと云ふ所作をする。）

（鞋商が、その寸法に合ふ履物を探してゐる際、意外にも、履物を入れた袋から、一匹の猿が飛び出して、鞋商の前に坐る。）

鞋商 （非常に驚いた身振りよろしく猿に対し、）［こ奴は何か、水に住んでゐる魚か？］

猿 （頭を左右に振りながら、否定の表情をする。）

鞋商 ［これでは鬼か？］

猿 ［頭を左右に振る。］

鞋商 ［それでは虎か？］

猿 （頭を左右に振る。）

鞋商 ［それでは獅か？］

猿 （頭を左右に振る。）

鞋商 ［それでは鹿か？］

猿 （頭を左右に振る。）

鞋商 ［それぢゃ山猫か？］

猿 （頭を左右に振る。）

鞋商 ［あゝ、やっとわかった。お前は猿ぢゃないか？］

猿 （頭を可成にうなづいて、さうだとの表情をする。）

鞋商 「すると、これはお父さんが、中国に使臣として行かれた際、記念として買って来られた猿を飼ってゐたが、それがこの履物の袋に入ってゐるとは知らずしてそのまま背負って来たと云ふわけかな。」「これ猿公！お前はなかなかりこうな奴だ。あの坊主の奴に履物を売ったが、まだその代金をもらはなかったら、お前往ってその履物代をとって来い。」

猿 （履物代を取りに往き真中に居る少亜に対して、滑稽な動作をしかける。）

鞋商 「やーやー、御見物の皆様！私のお坊ちゃん何処に往ったか御覧なされたお方はございませんか？」（鞋商が猿を探して四方に歩き廻る。少亜に寄添って居るのを見出し、）「おっ、この奴め？貰った履物代を、みんな美女につかってしまふとは……。」（少亜のところから猿をひっぱって来て）「お前は少亜に変なことをやったり、こんどは俺がお前を懲らしめようか。」（鞋商は猿に向って、滑稽な動作をする。）

鞋商 「それでは、肝心の履物代は取って来たか？」（鞋商、地面に数字を書いて、履物代の計算をする。猿はこれを邪魔してゐたが、鞋商猫は計算してゐる間際に、又僧か亜のところへとんで往き、いろいろと滑稽な動作をしかける。老僧はこれを見て猿を殴りつける。この時、それに気がついた鞋商は早速駆けてゆき、なぐられる猿公を引き取って退場する。）

酔漢登場 （酔漢はでこぼこしたおかしい仮面を被り、腰部に青葉の柳枝を挿み、大きな鈴を帽に、酒に酔うた身振りよろしく、打令曲の伴奏に合せて、快活に踊りながら登場する。）

酔漢 「やあ、この野郎の家は、何ほど伴奏の法が、フワへ してゐるなあ。」

「スイー。」（之と共に楽と舞は止まる。）

「四方を眺めれば、絶色の美人も居り、風流の声もうるはしい。俺も暫し遊んでゆかうかな」

「拾んなる笑話百話を聞く！」（と歌ひ、打令曲の伴奏に合せて踊りながら、老僧に近寄る）

老僧 （扇をもって酔漢の頭をなぐりつける。）

酔漢 （びっくりして後退する。楽と舞は止まる。）

「やあ、こりゃどうぢゃ今まで人に殴られたことがないのに、俺をなぐりつけるなんて？一体これは何者の仕業か？ あー わかった。俺も、もとは、奥深き山間にて、道を修むる身までであったが、その修道をそっちのけ、風流を好み、放蕩の途を辿ってゐるから山間の禽獣までが、この俺を馬鹿にするんだね。矢張りそうか、もう一度往って見ようかな。」

（酔漢打令曲の伴奏に合せて踊りながら、老僧のところへ往く。）

老僧 （再び酔漢の頭をなぐりつける。）

酔漢 （四五歩退いて老僧を注視する。楽の伴奏は止まる。）「やい あいつ一体何かしら。鬼でもあろうか？しかし、こんなに晴れた白昼に鬼があるとは、未だ聞かない話。それでは大蛇かな。」

（老僧の前にソッと近寄って）「お前は一体何者だ、大蛇か？」

老僧（顔を左右に振って、否定の表情をする。）
醉發［こりゃわからん、大変だ。これは本当に何んだろうか？］（更に老僧に近づき、その顔をあちこち仔細に凝視して）
［あーそうか、始めてわかった。これ！以前に俺と一緒に修道してみた、あの山寺の老僧様ですだね］
［オイ――、坊さん！お前は生き仏だと、世間の人達から、非常な尊敬を受けてあるにも拘らず、若い美人を二人も連れて、お前にあるまじき、この醜態は、一体何としたことだ。お前も、とうへ俺のような遊び人になってしまったね。しかし、お前も人間、俺も人間だ。かうなるからとて、許してやるさ。人間として、あんな絶世の美人を見てはね――。それはそうと、お前と俺が、舞の競争をして、勝ったものが、彼の女を貰うことにしようぢゃないか？］
老僧（首肯して、よろしいと云う表情をする。）
少巫（二人とも素然として、静かに踊り続けてゐる。）
（醉發と老僧は、打令曲の伴奏に合せて、舞踊の競争を始め、醉發が少巫の近くに立ち寄るや、老僧いきなり、醉發の頭を打つ。）
醉發［やア、また殴られたなア。こいつ実に怪しからんやつだね。今度は、こちらから遠慮せずして、ウンとやっつけてやろう。］（醉發打令曲の伴奏に合せて踊りながら、老僧を殴りつける。）
［殴ったぞ へ！山寺の僧を殴ったぞ！それ去った へ。］
（と叫ぶ、楽の伴奏によって踊りながら、何度も老僧をなぐりつける。老僧は、これはたまらんと、いわ身振りで退場する。）
醉發（老僧が退場ひ意気揚々と、残った一人の少巫に話しかける。）［オイ君！どうだ？山寺の僧だけが好みか、旅師みたいな俺のような、俺のつらは、いやなのか？ソラこのお金をやろうか。］
（醉發、お金を少巫の方に、投げようとする。）
少巫（手を出して、其の金を受けようとする。）
醉發［ちい、この女郎め！お金の声さへ聞けば、うれしくても隠して来やがる。全くあつかましい女奴だね。ソラこのお金を拾え！これを取れ。］（醉發お金を投げる。）
少巫（投げられた、お金を拾わんとする。）
醉發［あ――い］（と大きな声で叫びながら、投げたお金を、自分で拾ひあげる。）
少巫（二三歩後に退く）
醉發［オーイ君！僕のことを、まあ、よく聞きたまへ。僕はこの世の中に、君のような美人があると知らずに、ただ山奥で、夢のような歳月を送ってたのだが、幸か不幸か、今日君を一目見てから、始めて仙女の如き美人あると知ったのだ。かうして逢ったも、神さまより授けられた佳縁と云うもの。どうだ、これから僕と一緒になって、僕の甘蜜いところを味はっては、いいだろう。］
少巫（身を背けて、いやだとの表情をする。）

酔発．［オイチヨコト．それとも俺がいやなのか？お前のような美人を見て、冗談したのは、どうもわるかった。さあ、先のお金ここにあるよ、これを収めて置き給へ。］（酔発お金を少玉に與へる。）

少玉．（大いに喜んで、そのお金を受ける。）

酔発．（得意さうに打令曲の伴奏に合せて踊りながら、少玉に戯れる。）

少玉（僅かに陰府の素振をしてゐたが、やがて、その如き一人の赤坊をとりあげた。）

酔発（踊りながら少玉のところへ往き、その赤坊を抱きかかへて喜ぶ。）

赤坊［あーん、へー。］（と泣く）

酔発［これは、又なんとしたことか、実に意外千万だね。］（この際、少玉は一人去る退場する。）
（あー村の衆よ！わしは年をとって、赤ちゃんを得ました。この赤ちゃんの名づけを、しなくちやならないが、次第坊とでも致しませうか、いや兄弟がないのに、次弟のあらう筈もない。お庭で産れたから、庭坊と名づけませうかな。庭坊の母ちゃん！この子にお乳を飲ませてくれない。］
（歌）［アーハトン へ可愛い、アーハトン へ可愛い。赤ちゃん へ、何処に往って今に来たの。玄陽山の伯夷叔齊と、蔽操して今に来た。アーハトン へ可愛い へ へ。］（と、赤坊を抱いて歌ひながら踊る。）

赤坊［お父ちゃん、こんなにトン へ打令（はやし）ばかり歌はないで、私にも人並の勉強をさして下さらないの？］

酔発［何！偉いことを言ふね。］

赤坊［それなら、お父ちゃん！私に両書を教へて下さいよ。］

酔発［両書でどんなことかい。平安道と黄海道のことなのか？］
（黄海、平安の両道を俗に両西と云ふ）

赤坊［いーえ、さうぢやあないよ。諺文と漢文のことよ。］

酔発［だーさうか、よし へ。天。］

赤坊［地］

酔発［オや！俺が天といふのに、お前は一足お先きに地の字を読むのか。］

赤坊［お父ちゃん！それはもう知ってるよ。これから諺文を教へて下さい。］

酔発［ハーさうか、それでは、カキヤコーキヨコキヤウ……。］

赤坊［お父ちゃん！もう沢山、それも知りました。］（酔発は赤坊を抱いて、打令曲の伴奏に合せて踊りながら退場する。）

第五幕 獅子舞

この場では、墨僧の一人が、突然出現した獅子に、その由来をたづね、あなどり嘲って、獅子の怒りにふれ喰はれてしまふ。そこで、他の墨僧達はびっくりして、きいて見ると、お釈迦様が生き仏の如き老僧を誘惑したがために、それをこらさんとて仏様の遣はしたものと知り、ここに恐怖改悛し、前非の謝り納めだと、獅子と一緒に踊るのである。

獅子八墨僧登場。（八人の墨僧が、先づこつそりと登場して、適当の位置に並んだ後、つづいて一匹の白獅子がのそりへと現はれて来る。この獅子は二人の人が前後に立ち、白紙の細片を多くつけた、獅子の皮を被ったものである。これは、木を以つて獅子頭の型を造り、紙を水に浸してこれに張りつけ、紙が乾いた後木を取り去つて、その紙型を以つて獅子の頭となし、木綿を以つて獅子の皮を造り、これを頭に縫ひ付け、白紙を毛のやうに細く切つてその上に貼りつけ、その面は赤く塗りつぶし、眼と口を恐ろしさうな形につけ、金箔その他の絵具を以て眉、ひげ、斑紋を書き出し、頭から尾まで背の中央に青線を引いた、夜目に美しき一大白獅子である。）

墨僧甲（一番初めに、獅子の現はれてゐるのを発見して）［獣物が出て来たぞ……。］

墨僧達［獣物だつて、それは、一体何んなといふ獣物か、獏か鹿か、でもなく、虎でもないようだなア。］

墨僧甲［俺が一つ問うて見よう。］（獅子の前に往つて）［お前は、なんの獣物か？我が祖先の時から見たこともない獣物だね。それともお前は獏か？］

獅子（頭を左右に振りて、否定の表情をする。）

墨僧甲［それでは鹿か？］

獅子（頭を左右に振る。）

墨僧甲［すると虎か？］

獅子（頭を左右に振る。）

墨僧甲［あー解つた。昔から、聖君が在れば麒麟が現はれ、君子が在れば、鳳凰が現はれるさうだが。我が老僧様が在れたから現れたのだ、お前は差しづめ麒麟だらう？］

獅子（頭を左右に振る。）

墨僧甲［ヤア、これは大変だなア。］

墨僧達［実に大変なことだね］（といひながら皆して騒ぐ。）

墨僧甲［あーわかつた。昔の時、田単といふ者が、人の仮装をした牛を使つて、敵将の軍兵を撃退せしめたさうだが、すると、我々がこんなに騒いでゐるから、戦場だとでも思つて、飛び込んで来た牛かな。］

獅子（頭を左右に振る。）

墨僧甲［こりや実に大変なことだなア。］（墨僧八人皆大騒ぎをする。）

墨僧甲（思案しながら）［あーやつとわかつた。それぢや昔の時、鳥動山に大旱魃があつて、百姓が大騒ぎをしてゐる際、山王に招聘されてお前の神秘な変化を尽して甘雨を降らしめ、烏耆国王の居宅を襲り、宮中に閑居して、とても豪奢なくらしをしてるながら、宮中は苑の瑠璃の井に、その国王を沈め、三年間も国王に変装して、あらゆる富貴栄華をたのしんで居たが、佛法をほろぼすため西天取経に往った唐の三蔵が、宝林寺に留宿の際、生埋にされた烏耆国王が夢に現れたことに因って、三蔵法師の首弟子なる斉天大聖孫悟空に、その正体を見破られ、九死一生の途を探して逃走し、文殊菩薩に救はれて、やっと命を保つことになり、その後、文殊菩薩を乗せて歩き回った獅子か？]

獅子　(頭を前後にうなづいて、さうだと云ふ表情をする。)

黒信甲　[そんなら、お前は何事あって、この世間に出て来たのか？我が老信さまが修道して、世間の人から、生き佛といわれてるから、釋迦如来佛様の命令受けて我が老信さまに傷つ害うおとてでも、ここへ来たのか？]

獅子　(頭を左右に振って違うとの表情をする。)

黒信甲　[それぢゃ、お前が烏耆国に居る時、悉耳目之所好し窮志心之所楽して、人間のあらゆる享楽を恣にしてゐたのが、弟子者から追い出されて、天上に登り、文殊菩薩の蓮台下に、やうへ辛抱してゐたが、俺達がこんなに花々しく遊んでゐるので、その賑やかな風楽の音を聞いて、俺達と一緒に遊びたくなって、やって来たのか？]

獅子　(頭を左右に振る)

黒信甲　[それでは、お前は王の假装をして、三年間も山海の珍味ばかりを食ってゐるから、その味忘れず、もう一度この世の食いものを飲み食いして見ようと、それでここにやって来たのか？]

獅子　(頭を左右に振る)

黒信甲　(癇癪を起こして) [それぢゃ、お前の父母でも会はうとやって来たのか？]

(といひながら、杖を以って獅子の頭を殴りつける。獅子は大いに暴れて、場内を荒れ廻り、逃げ惑ふ黒信を食ってしまふ。)

(食はれて獅子の腹の中に入った黒信甲は、暫らく獅子の尻の下から、秘かに出て来る。これから腹中で見て来たことを話す、特徴るところがあるが、これを省略することもある。いまはは省略。)

黒信乙　(獅子を指しながら、大いに恐怖して他の黒信達に話し) [あいつが、我々の友達仲間を、殺して食ったところを見れば、きっと俺達が、老信さまを誘ひ出して、こんな不良戒に陥らしたので、どうにもならず、俺達全部を殺して食ふのかも知れないな？]

黒信達　[恐らく、さうかも知れないね。] (といって大騒ぎをする。)

黒信丙　[まあ いやもう一度聞いて見て、若しも果してさうだと云ふならば、俺達は直ちにこの行いを、改めねばならぬぢゃないか。]

墨僧達〔そうだ〜。君 実によいところに気がついた。〕
墨僧丁〔それでは、俺がよく聞いて見よう。〕（獅子の前に往って）〔オイ獅子！俺の言ふことをよく聞けよ。山の中にて道を修めてゐる、生佛のごとき師の老僧さまを、俺達が放蕩の道に誘ひ出して、破戒の悪業させた為め、お前は釈迦如来の御命を受け、俺達を懲戒せんと、それでここにやって来たのか？〕
獅子（頭を前後にうなづいて肯定する。）
墨僧丁〔それぢゃ、お前は俺達皆を一人のこらず、殺して喰はうとするのかい？〕
獅子（頭を前後にうなづいて肯定する。）
（墨僧達はこれを見て皆寄り集って騒ぐ。）
墨僧戊〔しかし、俺達にゃ、何んの罪があるものか、実は彼の醉發が老僧さまを誘ひ込んで、あんたになさせたのぢゃないか。それでは、俺達一同は今直ぐ前非を洗ひ去り、悔い改めようぢゃないかね——。〕
墨僧達〔さうだ〜。君の話が本当だ。〕
墨僧丁（獅子の前に往って）〔オイ獅子！お前が来た訳はよくわかった。俺達は今悔い改めて、これから全心の力を尽して、佛さまの前に誓て道を修めることにしたから、俺達の過去の罪を容赦してくれよ。さうして、これを改心の徴として、お前も俺達と一緒になり、愉快に踊って御別れしようぢゃないか。〕
獅子 ~~[illegible]~~（頭を前後にうなづいて肯定する。）
（そこで、獅子は墨僧達と共に、打令曲の伴奏に合せて世にも面白く踊り狂ふ。暫くして獅子と墨僧達は全く同時に退場する。）

第六場 両班舞

この幕では、両班の従者マルトギと云ふ者が主役となって、田舎両班の生活ぶりを面白く諷刺表現し、遂にその威を藉って放蕩無頼の醉發を逮捕するのである。マルトギとは両班の馬夫のことであるが、~~[illegible]~~マルツクボングコジと云ふ帽子を冠ってゐるので、かく通称した。

両班一行登場。（マルトギは、紺色の短かき上衣に、でこぼこしたる赤黒い假面を被ぶり、〔マルツクボングコジ〕と云ふ黒帽を頭に頂き、手に鞭を持ち、クッコリ——曲の伴奏に合せて、をかしい踊りをしながら、三人の両班兄弟を案内して登場する。両班三人はいかにも大儀さうに足並悪く、咳をしつつ、マルトギの後について登場する。両班三人の中、兄甲と次弟乙は、道袍と云ふ袖の広く脇を縫ひつけたる長き上衣を着け、顔色白く鬚長き假面〔兄甲は白いひげが胸まで垂れる年老の假面、次弟乙は黒いひげが延びたる壮年の假面〕を冠り、程子冠と称する山字形の冠帽を頭に頂き、長い煙管を口に啣へて両班らしく装ひ、末弟丙は、快子と云ふ脇を縫はないつけたる藻色の長き上衣に、綺麗な若者の似るを織り、程巾と云う黒い巾〔甲紗と云う絹織物にて、なん尻まで垂れるやうに、長く造りたる両班の冠りもの〕を纏ってゐる。)

マルトギ [スイー。] (楽と舞は止まる) [両班の御成り、両班の御通り、両班のお出でだぞ！ しかし両班と云ってもこの両班は、文科に登科し玉堂、承旨、三提学〔弘文、禮文、奎章〕を経て、工曹、刑曹、禮曹、兵曹、吏曹、の判書や右相、左相、領相の三政丞に歴任して、老退宰相となられた、老論少論の両班ぢゃないから、さう驚かなくともいいよ！ ケエヂャルマン（狗の皮を縫ったもの）と云うヤンの字に、カエダリ小盤（狗脚形の足を付けた膳のこと）と云うバンの字を書くヤンバン様がお成り遊ばす。

両班甲、乙、[オイこらっ！ 何を云ってゐる] (と怒ってしかりつけ、末弟両は何とも言はず黙ってゐる。)

マルトギ [ハイ〜、何とお耳に入りましたか知りませんが、私は玉堂、承旨、文判書、三政丞を経て、老退せられたる老論少論の両班、李生員の三兄弟さまが、おいでになったぞと申しました。]

両班甲、乙、[あいつが老論少論両班李生員と云ったさうだね] (といひながら クッコリ曲の伴奏に合せて踊る。末弟両は無邪気に歩き廻りながら、兄達をたしなめつつ、心地よろしく二人の扇をチョイ〜と打つ。)

マルトギ [スーイ。] (楽と舞は止まる。) [やー 大節なる皆の衆！ わしの云うことをお聞きあれ！ そんな短い煙管は捨て、早く煙竹屋に往って、一丈にもなる長い煙管を買って来て 河辺に乗れる釣竿のれい、口に銜へて煙草をお吸いなさいよ。]

両班甲、乙、(一緒に大きな声で) [オイこらっ！ 貴様何を云うか。]

マルトギ [あ！ 両班さま！ 何んとお聞きになりましたか、両班がおいでになるのに、煙草を吸はれた、喧嘩するな、煙管をとりて煙補にしろ、と申しましたよ。]

両班甲、[あいつが喧嘩をとめさせたって] (云ひながら、クッコリ曲の伴奏に合せて、乙、丙と共に踊る。)

マルトギ [スイー。] (楽と舞は止まる。) [オイ楽人達！ 六角（鼓、杖鼓、奚琴、笛）の外出して、祈笛ならぬ新曲で伴奏をちょっとやってくれよ。]

両班甲、[こいつ何を云うのか。]

マルトギ [オヤ、両班さん！ 何と仰せられる。鼓、杖鼓、奚琴、笛、笛を一つもかかさず、上手に伴奏してくれといったのではございませんか。]

両班甲、[あいつが、上手に楽の伴奏をやれといったさうだね。] (といひながら、両班三人共クッコリ曲のた伴奏に伴って踊る。)

両班甲、[オイ、マルトギ！] (楽と舞は止まる。)

マルトギ [ハーイ。]

両班甲.［オイ、お前は両班に侍いてゐないで、何處をうろつき廻ってゐるのか。］

マルトギ［ハーイ、両班様を探し申さうと実はね、早朝に冷飯を食って、馬廏に入り驢馬をひっぱり出し、このマルトギさんが（大きく手をあげて自分を指しながら）その驢馬さんに乗って、八道江山を踏み渡したが、東は涑川、西は九月山、東の涑い川や西の九月山を越えて、来たものの、北漢山下の冷水を廻って、林間の岩穴や谷底の隅々までも探し廻っても（両班甲を指しながら）この両班のやうなお方は見当らなかったね。京城の本宅に往って見ても、田舎に往かれたのか、そこには居られず、その弟さんも居られず、宗家の遠縁の従妹（従妹婿）も居られず、奥さまお独り居られたので、この帽子を冠ったまま、この鞭を持ったまま、この草鞋を履いたまま、膝つきながらで、二つ三つ[illegible]にやらして来ました。］

両班甲.（怒って）［こいつ何をいってるか。］

マルトギ［え！両班さま！お耳がどうかなさいましたか。奥様に丁寧に御挨拶を申し上げましたが、有難いことにや、奥様が親しく酒床をお出しになって、挿入から頸の長き鶴首瓶や頸の短い亀瓶などを出され、秘酒を鸚鵡盃に御自身ついで下さるので、一盃、二盃、三盃と遠慮なく頂きました。肴は牛の脚焼や猪肉や、アワビもございましたが、それよりも、昨年八月お宅で[illegible]殺して来られた亀の汁をくだされました。］

両班甲.［何だと？］

マルトギ［この両班様は聞き違いなさるる。実はかういいましたよ、昨秋[illegible]殺された亀ーびき頂きましたと申しましたのに。］

両班甲［あー亀ーびき頂いたと云ふのか。］（両班三人共クッコリ曲の伴奏に合せて踊る。）

両班甲［おいー、マルトギ！］（舞と音は止まる。）

マルトギ［えーい、この馬鹿者め！両班か、チンゴバンか、筆の折れた折半か、狗脚の小盤（膳）か知らぬが、マルトギとか、コルトギとか、脚の折れたチンバトギとか、小児が飴屋を見てお祖母さんを呼ぶがやうに、うるさく人を呼んでゐるね。］

両班甲［オイーこら。お前は両班に侍いて来て、旅宿を定めずに、何處を廻ってゐるか。］

マルトギ（鞭をふって豚小屋を指しながら）［もう彼處に、立派な旅舎を定めましたよ。檍の丸太で塀を造り、中には柔い乾草を敷き、戸口は蒼空に向いてゐるあの宿ですよ。］

両班甲［こいつまた何を云ふんだ。］

マルトギ［あ！両班さん、何が悪いんですか。子坐午向の家しきに、琉璃の礎、珊瑚の柱、翡翠の椽木、錦繍の梁、欄干八字の[illegible]、「字の形に建ててありますよ、仰いて見れば蒼空の天張、俯して見れば、紙張の温突に花紋の席が敷いてあり、四方の壁を見渡せば、東の壁には［洞庭明月］西の壁には［石崇…］南の壁には［仁義禮智］北の壁には［孝悌忠信］等の文字を、大書したる立派な額がかけってるるから、いはゆる両班の実質たるに何らの遜色なく。文房道具を見れば 則四友の文房具な硯箱や、白銅の灯台や、灰落煙草盆……一式があり。ひかへ 白銅煙草盆の蓋を開けて見れば、陰毛のやうなキザミを、平壌大同江船場の豚養水に浸して一パイ入れてあると、申しました。〕

両班甲.〔こいつ、また何をいつてゐるか。〕

マルトギ〔ハー両班さん！また聞き違つたのですか。牛毛のやうなキザミを、蜜水に浸してあると、申しましたよ。〕

両班甲〔キザミを、蜜水に浸してあるさうだね。〕（両班三人共、クツコリ曲の伴奏に合せて踊。マルトギも踊る。暫らくして楽と舞は止まる。かくて三人の両班兄弟は旅幕を定める。）

両班甲.〔オイ弟達！我等は元来両班だから、詩でも一首作つて見ようぢやないか。〕

両班乙〔兄さんよいことを仰しやる、先づ兄さんから、お始めなさることに致しませう。〕

両班甲〔それでは、君が韻字を出して呉れ。〕

両班乙〔山、嶺。〕（と韻字を呼ぶ）

両班甲.〔凸凹重畳件大山、黄川背山洞山嶺。〕（と吟詠する。）

両班乙〔やー、兄さん！実に名句ですね。〕（甲乙丙三人共〔ハーハハー〕と笑ふ。）

両班甲〔君、一つ作つて見給へ。〕（乙を指す。）

両班乙〔それでは、兄さんが韻字を出して下さい。〕

両班甲〔チョングの字とモツの字だ〕

両班乙〔この韻字は、実に僻字(むずかしい)ですね、兄さん！私が吟じますから、お聞きになつて下さい。〕〔草屋の前縁はチョンヂョンヂョン、瓦家の…に黒いモツ。〕（と吟詠する。〔チョング〕—chong—とは草屋の前縁。〔モツ〕—mot—とは釘のことである。）

マルトギ〔両班さん！私も一つ作りますから、韻字を出して下さいまし。〕

両班甲〔やあ、書堂狗三年吠風月といふ話があつたが、お前も両班の家に永年の間使はれてゐるから えらいことも云へるんだね。我輩は二字の韻で作つたが、お前は一字の韻をつけて作つて見給へ。韻字はガンの字だ。〕

マルトギ〔下水道には鈎手ガンイ、鍋はかまにまうテガンイ。〕（と吟詠する。テガンイとは頭のこと。）

両班甲（うなづきながら）〔やーこいつ、立派な文学者だなア。よく作つた。〕

両班甲（二人の弟を見ながら）〔今度は破字（字画を分解して行ふ謎）でも、一つやつて見ようぢやないか。〕

両班乙〔それもよろしうございませう。〕

両班甲〔口が白く、体に斑紋のいつぱいある字は、何んの字かな。〕

両班乙（暫らく考へてみたが）〔ハイ、その字は字典にもない字で、これこそ、実にむづかしい字ですね、蓖麻の字ではありませんか。]

両班甲［ウー君はえらいね。実に上手だ。］

両班乙［今度は、私が一字を出しませうか。］

両班甲［よろしい。］

両班乙［それでは、田の畦に柄の長い鎌をつけて立ってゐる字は、何んの字で御座いませうか。］

両班甲［あ！それは田主ぢやないかね。］

両班乙［兄さん、実に文学界の大家ですね。］（この時、酔発が秘かに登場し、場内の一隅に立つ。）

両班甲．［オイ、マルトギ］

マルトギ［ハーイ。］

両班甲［口縦のお金七戈を横領した、其奴の容貌がわからんならば、乾いた棗の如きでこぼこ顔して、体が牛の腰の如き奴を捕へて来い。］

マルトギ［其奴は力が非常に強く、虎の如き勇ましい奴ですから、両班さんの令状でもあるなら、捕へられるかも知れませんが、私単独では、とてもできないことであります。］

両班甲．［然らば、令状を発するから、引っぱって来い。］（紙片に令状を書く。）

マルトギ（両班から、書いてくれた令状をもって、酔発の所へ行き）［君をすぐに来たよ。］

酔発［なに！令状を出して見せろ？］

（マルトギは、持参した令状を出して酔発に見せる。酔発はこれを見て、仕方なく、マルトギに引っぱられて来る。）

マルトギ（酔発を捕へ来り、尻を両班の面前に向けて）［この野郎を、ひっぱって来ました。］

両班甲［これへ、その様は何んだ、あーくさい。］

マルトギ（酔発を指しながら）［この野郎が逃げ廻りますから、急いで駆けつけたので、汗が出てきたかも知れません。］

両班甲［こら！然らば、そ奴の首を引き抜いて、お前の尻の穴にねぢ込め。］

マルトギ（右手で酔発を指しながら）［こいつの首を引抜いて、私の尻穴にねぢこむことが出来る位なら、私の一物を両班さんの口に、ねぢ込んで見せますよ。］

両班甲．［こら！何をいふんだ。］（両班大いに怒る。）

マルトギ［両班さま！さうぢやありませんか、まあさう怒らずに、私の言ふことをお聞きになって下さいまし。世の中はお金さへあれば、いいんですから（酔発を指しながら）こいつの首を切った所で何の足しになりますか。それよりかお金、何百両かを奪ひ取って、私も旅費にあづかって使はうがよいぢやありませんか。さうすれば、両班さんも御徳であり、私も少し儲かることになりますから、これに越したことはないぢやありませんか。だから両班さんは知らぬ顔をして黙って下さい。一切私がうまく處理致しますから。］にれにて、両班三人、マルトギ酔発一緒に退場する。）

旅人

第七幕 ミヤル舞

男は旧職人、女は神楽舞のルンペン夫婦が、久しぶりでめぐりあったよろこびも、束の間、やきもち喧嘩に花が咲き、遂に再び永遠のお別れとなるのであるが この幕は前之幕と共に独立したもので、余興のごときものである。或はこの婦夫を居酒屋商売のものとなし、酔漢、暴行、売淫等の乱行に酒食を供し、その上不当の利を貪めたかどで、同じく神罰を受けるような命によって罰せられるものもあることを、断って置く。

ミヤル登場（ミヤルは黒い仮面を被って右手に扇、左手に鈴一組を持ち、クワエリ曲の伴奏に合せて、踊りながら登場する。ミヤルとは所謂極めて醜男な女の意であるが、ここに於けるミヤルは旅巡りの巫女らしい。

ミヤル（楽工達の前にやって来て）「あん〜。」（と泣く。楽工さんの中、一人がミヤルに話しかける。」

楽工「この婆さん、なんだ。」

ミヤル「婆さんは婆さんさ。賑かな楽の音が聞えるから、クッ（神楽のこと）でもやってみるかと思い、一寸遊んで行く~~[illegible]~~かうと入って来た婆々だよ。」

楽工「それなら遊んで行くがよい。」

ミヤル「サア、遊ぼうか遊ばぬか、それは家のお爺を探してからのことだ。実は私は行方知れぬお爺を探して、歩き廻る婆んですよ。」

楽工「婆さんは何處かね？」

ミヤル「私の故郷は、全羅道済州マンマク洞でさ。」

楽工「お爺さんは、どうして失踪したのかね？」

ミヤル「私の故郷で動乱が起った際、命からがらてんでに逃げ出したが、それからというもの行方がさっぱり知れません。」

楽工「それじゃお爺さんの顔色は！」

ミヤル「うちのお爺の顔色ですか、それは馬の顔色でしたよ。」

楽工「それじゃ、馬のような顔なものだね。」

ミヤル「ええ、牛の顔色だよ。」

楽工「そしたら、牛のようであったのかね。」

ミヤル「いえ、馬の顔色でもなく、牛の顔色でもない。しかし私のお爺の顔色を率直に話したらここで笑うが却ってもしますかね。」

楽工「容貌を詳しく知らせれば探す途のあるかも知れないさ。」

ミヤル「私のお爺の容貌を~~[illegible]~~と〜わのでござんすか〜〜〜〜〜（踊りつつ）私のお爺の容貌は、ずん醜うございますよ。顔は楕円、目は深く、鼻は狗の[illegible]のごとく髪は[illegible]

した箒のごとく、髪は老人のチンのごとく、身長は五尺三寸しかない爺ですもの。]

翁 [なるほど、その様な爺さんなら、あの山越えて、臼を造りに往ったよ。]

ミヤル [えー この野郎! コリ匠(柳行李造り)が、柳の枝を口に挿んで死ぬさうだが、いまだに臼の職人をやってゐるのであらうかな。]

翁 [爺さんを一度呼んでごらん。]

ミヤル [~~[illegible]~~ ヨンゲカム。]

翁 [短かくて駄目だ。]

ミヤル [ヨンゲーカーム! ヨンゲーーカーーム!]

翁 [節が悪いね。]

ミヤル [そんなら、どんなに呼ぶのかへ。]

翁 [全羅道濟州が故郷ださうだから、(ジンアウイ)の曲で呼んでごらん。](ジンアウイ曲と作王歌の節。)

ミヤル [嘆息をしい、シンアウイの節で歌ひ出す。)

[ジョールへ ジョルルシ▼、　梅花打令 ジョクフルルク。
家のヨンゲカム　何處へ往った。　寒山顕水の別乾坤に
巣父許由に随いて行ったか。　采石江の明月夜に
李謫仙に随いて往ったか。　赤壁江の秋月に
蘇東坡について往ったか。　家のヨンゲカム探さんと
一に元山に一泊し　二に江景に二泊し
三に扶助に三泊し　四に法聖に四泊して
三國時代劉玄德が　諸葛孔明探さんと。
三顧草廬した精誠。　万古聖君周文王が、
太公望を探さんと　渭水の陽に往った精誠。
楚漢の時に項羽が、　花重女を探さんと
新豊山に往った精誠を盡して　江山三千里隈なく巡っても
家のヨンゲカムは見当らぬ。　家のヨンゲカムに会えさへすれば
この手にて兩耳を握り　鼻も会せば口も吸はう。
君子が喜遂令と戯れるように　背負ってあげたり背負はれたり
しっぽり遊んで見たいのに　家のヨンゲカム何處に往き
私の探すを知らぬのか。]
と歌ってから[あーあへ]と泣く。)

（かくて、ミヤルは場内の中央に往って、クッコリ曲の伴奏に合せて舞り尽す。この時、ミヤルの夫が登場する。ミヤル夫は、薄い黒色の上衣に、醜い老爺の仮面を被り、をかしい冠りものを冠り、一人の女を連れて登場する。その女は［竜山麻浦トルマリ宗］と称する女で、顔色のちょっと白い若さうな仮面を被り、ミヤル夫の後について登場し、場内の一隅に立つ。）

ミヤル夫．（楽工達の前に来て徐々に歩く。）

楽工［なんだい、このお爺は。］

ミヤル夫［俺はどんなお爺でもない。浮いた外来の音を聞いて、クッ（神楽）かと思い、やっと暫し、遊んで往かうとやって来たお爺さ。］

楽工．［それから、遊んで往くがよい。］

ミヤル夫［サー遊ぶか遊ばぬか、それは行方知れぬ家内を、探してからのことだ。］

楽工［一体君の郷里は何處かね。］

ミヤル夫［俺の故郷は全羅道は済州マレて7洞だ。］

楽工［どうして君の妻君の行方が知れないのか。］

ミヤル夫［郷里に動乱が起った際、はなればなれに逃出したが、それからついに行方不明となってしまったよ。］

楽工．［あーさうか、君の妻君の容貌は。］

ミヤル夫［醜いもので話にならん。］

楽工［でも、それ詳しく言ってごらん。］

ミヤル夫［詳しく言っても仕方がないよ、探すのぞみがないものを。］

楽工［世の中のことは、さうあきらめてしまふものでもないからなア。］

ミヤル夫［家内の容貌を詳しく言って見ろと云ふんですか。黒ん坊の顔色、犬牙の歯、古箒のやうな髪、凹んだ目、身長は三尺五寸……右手に扇子を、左手に鈴を持ってゐる婆さんだよ。］

楽工．［あー、その婆さんか。その婆さんは、あの山を越えて、神堂に往ったよ。］

ミヤル夫［え！このやめ！いまだに神狂ひして歩くんだね。］

楽工［君の妻君を一度呼んでごらん。］

ミヤル夫［ハルマームー］（婆のこと）

楽工（そんなに気やかく呼んぢゃ駄目だよ。）

ミヤル夫［ハルーマーム！へ　へ……。］

楽工［それは余りに長すぎる。］

ミヤル夫［そんなら、どんなに呼べばいいかね。］

夫と［全羅道濟州の產まれだと云ふから、シンアウイの曲で唄いてごらん。］
ミヤル婆（シンアウイの節で）
［ジョール〜 〜 〜
ジョヘリ、ジョール ジョールシク。
オルシク チョールレク
梅花老ダヤ ジョウフルシク
何處へ往った 〜 〜
家のハルマム何處へ往った。
箕山潁水の別乾坤に
巣父許由に随いて往ったか。
采石江の明月夜に
李謫仙に随いて往ったか。
赤壁の秋夜月に
蘇東坡に随いて往ったか。
家のハルマム探さんと
一に元山、二に江景
三に浦口 四に法聖
江山三千里限もなく
坊々谷々悉く。
余すところなく廻ったが
家のハルマム見付からぬ。］
（と、歌いながら クツコリ曲の伴奏に合せて踊る。そこへミヤルが近づく。）
ミヤル （シンアウイ曲で）
［ジョール〜ジョールシク
会いたい 〜 〜
大旱七年の大旱魃に
九月洪水の太陽線に
家のヨンガム会わたなら
観音の如き手を振り
かゆくほど遊ぶだろうに
私の探すを知らぬのか。］

梅花老ダヤ ジョウフルシク。
家のヨンガム会いたいよ。
雨水の如く会いたいよ。
日光の如く会いたいよ。
目も鼻も合せて
草履の如き舌を吮い
家のヨンガム何處に往き

（と歌いながら、のクツコリ曲の伴奏に合せて、華らしく踊る。このとき、夫がミヤルに近寄る。）
近寄

シャル夫。（以上夫と唱和す。）
〔ジョール〜〜〜　ジョ〜リジョールジョールシク
オールシクチョールシク　桔花岩ギョウルシク
会いたい〜〜　家のハルマム会いたいな。
大旱七年の大旱魃に　雨水の如く会いたいな。
九年洪水の大長霖に　日光のごとく会いたいな。
（と歌ひながら、クッコリ曲の伴奏に従って踊りつゝ、シャルに近寄り呼びかける。）
夫　〔あーハルマム！〕
シャル　（シンアウイの節で）
〔ジョール〜〜　ジョ〜リジョールジョールシク
桔花岩ギャジョウフルシク。　誰が私を呼んでゐる〜〜
私を呼ぶ人居ないのに　誰が私を呼ぶんだらう。
お酒のすきな李太白　酒飲みたくてお呼びかね。
商山四皓の老人　碁打ちたくて呼ぶのかね。
首陽山の伯夷叔斉　薇とりたくて呼ぶのかな
（と歌ひながらクッコリ曲の伴奏に合せて踊りつゝ夫に近寄る。）
夫　（シンアウイの節で）
〔ジョール〜〜　ジョ〜リジョールジョールシク
桔花岩ギャジョウフルシク。　ハルマム尋ねるその人は
この世に俺より外にある。　ハルマム！〜〜！
俺だよ〜　この俺だよ。〕
（と歌ひながらシャルの前で、クッコリ曲の伴奏に合せて踊る。）
シャル　〔あら！まあ！誰かと思ったら、ヨンガムぢゃないか。どう見ても確かに私のヨンガムだね！精誠が至極れば神様も感ぜられるさうだが、今こそ、懐しい私のヨンガムに会えることが出来たね！〕（と言って踊りながら。）
〔嬉しいよ〜〜　私のヨンガム嬉しい。
よいよ〜〜　桔花岩がよいよ。〕（と歌ひ）
夫　〔あゝハルマム！天体神明か、俺達は久しぶりに会ったんだから、抱き合って威勢よく、踊りでも踊って見ようぢゃないか。〕
〔嬉しいよ〜〜。この上何が嬉しからう。〕（と歌ひ）
（シャル夫婦は抱き合って、クッコリ曲の伴奏に合せて若くも華々しく踊る。やがて、シャル夫婦は不興を告げて、俄かに精神に異常を来した表情をなし、夫は倒れシャル

は木の所へ引かれて往く。)

ミヤル 「あゝ痛いよ、腰が痛い腰が痛い痛いよ。年老けて男子を産んだ。こんな慶事が何處にある。よいね、よいね、男子を産んでよいね。」(と歌ひながら踊る。)

夫 (倒れ臥したまゝ)
「ハアハ……。あーここは、随分陰険なところだね。四方は松林が鬱蒼し、山は高く谷は深い。水の乾いた湖水の隅々に、赤土の丘があちこちに並んでゐるんだね。」
「サア、此處から俺の何里は何里あらうかな。陸路では三千里、水路では二千里なから、水路を船に乗って行かうかな…船に乗って行く途中、暴風に遭って、ここに着けられたのだらう。如何すれば、立ち上ることが出来るかなあ。うむ、わかったよし、俺は若い時に占術を習ったことがあるから、占でもやって見やう。」(懐から占の道具を出して目をつぶり)「天堂に言葉ありて、地堂に言葉あらうけれど、これを告じれば直ちに応ぜられるであらうから、感じて復活せしめられよ。無知な私共が船に乗り航行の中、暴風に遭ひ、ここに着けられてゐますから、伏して乞はくんば 李淳風霍郭先生、諸葛孔明先生、程明道程伊川先生、邵康節先生 張翰郎明は、一緒同参せられよ卦数を指示なさしめたまへ。」(と静かに頌くである)
「あーこの卦象をかしいなア。鶏声の卦だから鶏が声を発して立ち上るの卦だね。ウムメー。」(といって立ち上る。)「やーこの女奴！俺を長男といって侮辱したな。この女奴のそれをサフサフと破ってやらう。」(と云って ミヤルを殴りつける。)

ミヤル 「あーヨンガム！私が少く悪かったとはいへ こんなに無茶に殴るとは、さあ殺せへ。」
「アーン へー」(と泣きながら夫にぶつかる。)

夫 (腹立って)「オヤ、この女奴！却って俺を殴るんか。」

ミヤル (優しい声で)「あーヨンガム！私達は何時もこんなに喧嘩ばかりするから、この村の人が私達を追ひ出すさうですよ。」

夫 「俺達を追ひ出すって、へー へーへ。出て行けといふんなら、出て行くさ。欲走船に順序だよ。英都王土であり英都王臣であるから、何處へ行ってくらしても、よいぢゃないか。追ひ出される前に出て行かうや。行かう行かう早く出て行かう。お前と俺がこれこの村を出て行けば、この村には大変なことが起るんだ。この村の人々で西の方はおそれるから、前の方は俺が守って居れば強盗に侵入されないことを知らぬと見える。」

ミヤル 「これは失禮、ヨンガム！私と別れて、それからは、何處と何處を廻り、どうしてどんなに暮したの？」

夫 「あーあの動乱のあった際、ハルマンと別れたその後俺は方々廻って、本当に難儀したよ。」

ミヤル 「ヨンガムの前に、立ってゐるものは何んです？」

夫　「俺の帰ってきたわけを聞きたいのか。八道江山巡っても、~~道楽~~適当は仕事がないからに、冶金工の道具を買い求め、これを背負って歩き巡ってみたが、或るは、山台都監に会おうと山台都監が俺に問い、「仁旺山知らぬ者が何処にあり、山台都監知らぬ冶金工が何処にあるか。お前も税金を納めろと。」いはれるので税金額はと問うて見れば、一日一文八分という。そこで俺は「あ～この税金は実に重税だね。日に八分しか儲からないのに税金は日に一文八分！一文を加えて納めなければならぬじゃないか。」といって納税を拒んだが、山台都監が喧嘩をふっかけ、俺の着物や[illegible]を破ってしまったものだから、冶金工の箱中にあった犬の毛皮をとって着りものにした。こんな着りものを着けてみるから、俺はこんな間抜け（宝貝）だよ。」

ミャル　「間抜けへ　あほだ間抜け！お前は宝職を得たのか。」（「あーんへ。」と泣く。）

ジョールへ　ジョルジョ。　このヨンガムの衣裳をごらん
信実繊細なトンヤング笠や　ぴかへ光る載鎚凡籍や
人毛網巾何処に置いて　~~人毛網巾何処に置いて~~
犬毛皮の衣とは何事だ。」（と歌う）
「しかし、ヨンガムの着物は何んですか。」

夫　着物の由来を聞き給へ。山台都監に追払われてから平安道寧辺の妙香山に行ってお寺にとまった際、丁度一人の美しい尼さんが居ったので、これをやっつけたんだ。ところが坊主達から滅茶苦茶に殴られて、俄かに脱げ出し逃げるとき、手当り次第着て来たものだ。これがそれ坊主の墨衣装さ。」

ミャル　「あ～ん～」（と泣く）
「日が昇った日光緞　月が昇った月光緞
夏は夏服冬は冬服　春夏へに山秋も
造ってやったその服　それ皆何処かに置いて
坊主の墨衣装とは何ごとだ。」（と歌え。）
「しかし、ヨングガム！私達が別れるとき、豚のように肥えてるたのに、どうしてこんなに痩せたの。」

夫　「俺が痩せたのは、いままで非常な~~苦労~~苦労をしたからだ それはそうと、長男の[illegible]は、その後どうなったか？」

ミャル　「あの子のことですか　あー[illegible]はね……。」（長嘆息する。）

夫　「ハルマン！何故そんな長嘆息をする。どうなった早くいってくれよ。」

ミャル　「あーヨンガム！[illegible]はね！生活難の為に山へ仕事に行ってね！あ！悲しい、可愛そうに虎に咬まれて死んでしまったもの。」

夫 ［オヤ、ミヤルが何んだって、さうか、名もないのに、お前と同棲することもないぢゃないか。お前と俺は別れる方がよい。］

ミヤル ［別れたいなら別れるさ。］

夫 ［別れると云ふことになれば、お前のような嫉妬深い女の素行を、蔽うて置くことは毛頭ない。ヤー皆様！この女奴の素行を聞いて下さい。或る日、隣の家から餅を送って来たが、俺には［ヨンガムー一つ如何ですか］と一言も云はず、自分独りで皆食ってしまった。実にあつかましい女奴だよ。それのみか、この女奴の小便する時は、隣家の者が、下水が壊れたと聞き違って、大鍬持って来るのでしたよ。］

ミヤル （場内の一隅に立ってゐる竜山麻浦ドルマリ女を指しながら）［この野郎！あんな若い女奴のかけ橋で装飾してあるか。］（ワッと駆け寄り麻浦ドルマリ女を殴りつける。）

夫 （ミヤルを殴りつけながら）［オイこら、竜山麻浦ドルマリ女をなんの罪があって殴るのか。やーこの女奴？早いへ。］

ミヤル ［お前はあの若い女奴の甘い淵に陥ったから、こんなに俺を虐待するのか。それなら一緒に苦労した亭主であるから、折半して分けて別れることにしよう。早く家財を分けてくれよ。］
（［あーん へ へ］と泣く。）

夫 ［さー勝手にしろ。門前の田畓文書、貝細工の箪笥やかへする白銅の小便器など、みんなここに置いて、お前は役のない破れた草履、裏山の火田文書、柄だけ残ってゐる扇子、破れた柳行李は、お前が皆持って往け。］

ミヤル （踊りながら）
［あー悲しい へ　飛禽走獣のものさへ　配偶なきものないのに
我ら夫婦の離別とは　これ一体何ごとだ。　別れる気なら別れよう。
アハー ジョール へ　ジョールシク　桔花春 きるムフルシタ。］（と歌ふ）
（しかしこれだけで、この老婆がどうして暮せるか、こんなものでは話にならぬ。もっと へ
分けておくれよ。］

夫 ［やーこの女奴！実に欲が深いね。全財産を折半して分けてくれって、もっとくれって、それぢゃ全部ぶちこわして、お互に素手で別れようぢゃないか］（といって家財道具をぶちこわしはじめる。）

ミヤル ［あーヨンガム！ へ へ 他の物なら皆ぶちこわしても、神棚だけはそのままに置いて置きなさいよ。神様が怒られたらば大変だもの。］

夫 ［なに神様が怒る。怒るならば怒るがいいさ。］（といいつつ何もかも、手当り次第にぶちこわしてゐる途中、俄かに倒れる。）

ミヤル （拍手しながら踊りつつ、シンアウイの節で）

「よかったへ へよ あいつよくないヨングかん
神さまの言う通り倒れて死んだ。村の偉方よ へ へ
背も高く気も大きい偉方さん! 私のヨングかん埋葬して
それと一緒に花になりませうよ。」(と歌い。夫の目を摘みながら。)
「もう、この目を、鳥が食ってしまうだよ。(目をつぶして死んだとの意)

夫 「あー痛いへ!。」

ミヤル 「死んだお前も物を言うかね。」

夫 「本当に死んだものなら、物が言えるもんか。」(ミヤル夫は立ち上って、ミヤルをどなり倒し、それから竜山麻浦トルマリセと相抱き合って戯れる。この際、南江老人が登場する。これと同時にミヤル夫は竜山麻浦トルマリセと共に退場する。)
(南江老人はミヤル夫の父で、白い髭が胸まで垂れる仁顔白髪の仮面を被り、長き杖をついて、徐々に歩いて登場する。)

南江老人 「あーこいつ奴、また喧嘩をしたなア。(倒れているミヤルを暫らく見て。)「これは死んだのちがないか、確かに死んでいる。あー憐れなものだ。夫と別れて多年間離れて寂しく暮していたが、おい可哀相にも夫からなぐられて死んでしまったか。余りにも憐れな死にを遂げたから、魂でも慰めてやらなければならない。」

南江老人(杖鼓を打ちつつ踊りながら。)
「名山大川仏士神霊! 憐れはかなきこの人生を
極楽世界に導きたまへ。 魂は神盤に打のりて
白魂は神盤に打のって 栄華の峰に往きたまへ。」
(と歌う。ミヤルの子と少年が登場し、往々にして神楽を奏することもあるが、南江老人独りで行うのが本格であるという。)
「兒童達よ! 起きなさい! 東窓南窓が明るくなったぞ。」(と掛け退場する。かくてこの劇は全部終るのであるが、假面や衣裳等一切の道具を火中し、これが全焼するまで、役者一同が篝火の周囲に列立して、燃え盛る火花に合わし、何回となくおじぎをするのである。)

〔楽学軌範〕・〔進宴儀軌〕解題

〔楽学軌範〕及び〔進宴儀軌〕の両書は〔大唐六典〕其他支那の諸楽書にその範を求めてはみるが、共に朝鮮古典芸術としての雅楽、並に宮廷舞踊の研究には欠くことのできない文献の一つである。従って朝鮮の演劇とは極めて深い関聯を持つ。

〔楽学軌範〕は全九巻三冊から成り、朝鮮成宗二十四年（明応二年）八月上梓された。撰者は武靈君柳子光、禮曹判書成俔等である。

世宗及び其の子世祖は、共に音楽を愛好し、種々の楽章、楽譜を制定するの外、古制によって諸楽器をも製作し、諸種の式典に用いた。併し時代と共に磨滅するの状態に立到った。そこで前記、成宗はこれが整備再興に意を注ぎ、その成果として該書の刊行をみるにいたったのである。其の内容は先ず楽律を作るの原則より論じ、其の用法を示し、更に楽器、儀物、舞踊、歌曲の範例をも記して、ほとんど古今に亘る諸制度を集大成してゐる。その後 文禄役後光海君の時代に楽書廳を設けて、重校覆刻した。現在では京城帝国大学蔵本による古典刊行会影印複製本（昭和八年）等がある。

〔進宴儀軌〕全三巻は、前者の如く直接、音楽、舞踊等、所謂楽学の軌範書ではなく、王宮に於ける諸種式次第の手本ともいうべき書であって、儀式に附随する楽典の伴奏として、矢張り音楽、舞踊に関する記事が相当に多い。従って此の書によっても朝鮮古典音楽並に舞踊の一端を窺知し得る。以下掲載の諸図はそのうちの主なるものを参考までに抜萃したに過ぎない。

假面舞踊 鳳山탈 脚本

오청(朝鮮總督官房文書課)

配 役

배역(역자의 성명은 昭和 11년 8월 31일 임시거행시 출연자들이다.)

監督 : 李東碧

出演者

老僧	金景錫
醉發(老僧의 知己인 處士)	李潤華
上佐(老僧의 弟子)	李明花
同	金蘭心
同	鄭月仙
同	鄭雲仙
墨僧(老僧의 弟子) : 初目	李潤華
〃 : 二目	林德濬
〃 : 三目	金守正
〃 : 四目	韓相健
〃 : 五目	金振玉
〃 : 六目	金泰赫
〃 : 七目	梁錫鉉
〃 : 八目	羅雲仙
거사	林德濬
同	金泰赫
同	金守正
同	金振玉

同	羅雲仙
同	韓相健
同(鰥夫)	梁錫鉉
社黨	宋蓮紅
少巫	金彩仙
同	丁映山紅
鞋商	韓相健
猿公	金錦仙
兩班	金景錫
同(그의 次弟)	羅雲仙
同(그의 末弟)	韓相健
말뚝이	李潤華
獅子(前)	李潤華
同(後)	金振玉
미얄	李潤華
미얄夫	林德濬
龍山痲浦덜머리집	韓相健
南江老人	金景錫
樂工	金春學
同	金學元
同	金成珍
同	方永煥
同	延德鵬
同	金明根

第一場 四上佐舞

이 장면은 악마가 수도를 방해하는 서막으로서 醉發이라고 하는 방탕한 처사 한 사람이 생불과 갓흔 老僧의 마음을 움지기게 하랴고, 그의 上佐 四名을 꾀여내서 노승이 金剛經을 읽고 잇는 법당 압헤서 가장 화려한 춤을 추히는 것이다.

장내의 한편에는 푸른빛 혹은 누른빛갈의 옷을 입은 樂工 六人이 鼓, 杖鼓, 奚琴, 觱篥, 笛의 순서로 느러 안젓다.

四上佐 등장. 상좌 四人은 모다 힌 長衫을 입고 紅袈裟를 억게에 걸고 꼬깔을 썻다. 八墨僧中 한 사람에게 업히여 打令曲의 伴奏에 맛추어 춤을 추면서 한 사람식 등장한다. 먹중(墨僧)은 상좌를 업고 춤을 추며 다름질하야 들어와서 장내를 한 박귀 도라다니며 춤을 추다가 상좌를 내려노코 퇴장한다. 먹중은 이러케 상좌 四名을 한 사람식 등장식힌다.

四上佐. 처음 일렬로 서서 긴- 靈像曲의 반주에 맛추어 상좌춤을 추기 시작하야 두 사람식 동서로 갈나서서 서로서로 엇박구어 가며 긴- 靈像曲의 全章이 다 끗나도록 화려하게 춤을 춘다. 상좌무가 거의 끗날 지음에 첫목(初目; 처음 입장하는 먹중)이 다름질하야 등장하자 四上佐 모다 퇴장한다. 樂의 반주는 타령곡으로 전환한다.

第二場 八墨僧舞

이 장면은 승려들의 파계과정을 표현하는 것으로서 醉發이가 그 절에 잇는 먹중 八名을 타락식혀 老僧의 마음을 움지겨 보는 것이다.

八墨僧은 모다 靑 又는 紅色의 황홀한 긴 저고리를 입고, 울퉁불퉁하고 기괴한 가면을 쓰고 한 사람식 등장하야 타령곡의 반주에 맛추어 장내로 뛰여 도라다니면서, 기괴하고도 쾌활한 춤을 추며 여러 가지 방탕한 노래를 부른다.

첫목. (붉은 빗갈의 웃옷을 입고 허리에는 靑葉의 柳枝를 꼽고 큰 방울 한아를 차고 다름질하야 등장한다. 머리를 앞흐로 폭- 수구리고 술 취한 사람 모양으로 비틀거리며, 저고리의 두 소매로 얼굴을 가리우고 타령곡의 반주에 마추어 춤을 추면서, 장내로 빙빙 도라다니다가 땅에 넘어저서 넘어진 그대로, 누어서 얼굴을 가리운 그대로, 팔과 몸과 다리를 움지기며, 타령곡의 반주에 맛추어 춤을 춘다. 이는 엄숙한 노승의 앞헤서 恐縮함을 늣긴 까닭이다. 한참동안 그대로 춤을 추면서 이러나랴고 하다가 업더지기를 三次나 거듭한다. 네번만에 겨우 이러나서 매우 쾌활한 춤을 추기 시작하야 조곰도 꺼림업시 한참 추고 잇을 때에 둘재목이 다름질하야 등장한다)

二目. (다름질하야 들어와서 첫목의 面을 한 번 탁- 처서 퇴장식히고, 타령곡반주에 마추어 장내를 한 박구 도라다니며 쾌활하게 춤을 추다가, 악공의 앞으로 와서 좌우를 도리보면서) "쉬-"(악의 반주와 무는 긋친다)

(唱) "산중에 無曆日하야 철 가는 줄 몰낫더니
꽃피여 春節이요 葉돋아 夏節이라
梧桐落葉秋節이요 저 건너 蒼松綠竹에
白雪이 펄펄 휘날니니 이 아니 冬節인가
나도 본시 誤入匠이로 산간에 뭇첫더니
풍류소리 반겨듯고 염불에 뜻이 업서

이런 風流亭 차저왓든."

(창이 끗나자 六角은 타령곡을 반주하고, 둘재목은 이에 마추어 한참 춤을 추다가 다시) "쉬-"(악과 무는 긋친다) "奉祭祀然後에 接賓客하고 修人事然後에 待天命이라고 하얏스니, 修人事 한마듸 들어가오."(타령곡의 반주에 마추어 춤을 추면서, 창) "心不老 心不老 白首寒山에 心不老."

(둘재목이 한참 쾌활하게 춤을 출 때에 셋재목이 등장한다)

三目. (셋재목이 다름질하야 들어와서 둘재목의 면을 한 번 탁 처서 퇴장식히고 타령곡의 반주에 맛추어 장내를 한 박구 돌어다니며 쾌활하게 춤을 추다가 악공의 압흐로 와서 좌우를 도라보면서) "쉬-" (악의 반주와 무는 긋친다)

(창) "이곳을 당도하야 사면을 도라보니
淡泊淸正 네 글자 분명히 붓처잇고
동편을 바라보니 萬古聖君 周文王이 太公望을 차즈랴고
渭水陽 가는 景을 역력히 그려잇고
남편을 바라보니 春秋적 秦穆公이 健叔을 차즈랴고
農明村 가는 景을 역력히 그려잇고
서편을 바라보니 戰國적 吳子胥가 孫武子 차즈랴고
那夫山 가는 景을 역력히 그려잇고
북편을 바라보니 楚漢이 擾亂할 제 天下將士 項籍이가 范亞夫 차즈랴고
祈高山 가는 景을 역력히 그려잇고
중앙을 살펴보니 여러 동무들이 풍류를 잡히고 흐낙이 노니
나도 한번 놀고 가려든."

(타령곡의 반주에 맞추어 한참 춤을 추다가 다시) "쉬-"(樂과 舞는 긋친다) "奉祭祀然後에 接賓客하고 修人事然後에 待天命이라 하엿으니 修人事 한마듸 들어가오."(타령곡의 반주에 맞추어 추면서, 唱) "이 杜鵑 저 杜鵑 萬疊靑山에…"

(셋재목이 한참 쾌활하게 춤을 출 때에 넷재목이 등장한다)

四目. (넷재목이 다름질하야 들어와서 셋재목의 면을 한 번 탁 처서 퇴장식히고 타령곡의 반주에 마추어 장내를 한 박구 돌아다니며 춤을 추다가 악공의 압흐로 와서 좌우를 돌아보면서) "쉬-"(악의 반주와 무는 긋친다)

(창) "汨羅水 맑은 물은 屈三閭의 충혼이오
三江水 얼크러진 비는 吳子胥의 精靈이요
採薇하든 伯夷叔齊 九秋名節 일넛건만 首陽山에 餓死하고
말 잘하는 蘇秦張은 列國諸王 다 달내도 閻羅大王 못달내어
春風細雨杜鵑聲에 슯흔 魂魄 되엇스니
하물며 草露같흔 우리 인생이랴
이러한 풍류 소리 듯고 아니 놀 수 업거든"

(타령곡의 반주에 마추어 한참 춤을 추다가 다시) "쉬-"(악의 반주와 무는 긋친다) "奉祭祀然後에 接賓客하고 修人事然後에 待天命이라고 하엿스니 修人事 한마듸 들어가오."(타령곡의 반주에 마추어 춤을 추면서, 창) "節槪는 驪山이요 地上仙은…"

(넷재목이 한참 춤을 출 때에 다섯재목이 등장한다)

五目. (다름질하야 들어와서 넷재목의 면을 한 번 탁 처서 퇴장식히고 타령곡의 반주에 마추어 춤을 추며 장내를 한 박구 도라 악공의 앞흐로 와서 좌우를 도라보면서) "쉬-"(악의 반주와 무는 긋친다)

(창) "五湖로 도라드니 范呂는 간 곳 업고
白蘋洲 갈매기는 紅蓼岸으로 날아들고
三湘의 떼기러기는 芙蓉堂으로 날아들 제
潯陽江 도라드니 白樂天 一去後에 琵琶聲이 끈어지고
赤壁江 도라드니 蘇東坡 노든 風月 依舊히 잇다만은
趙孟德 一世之雄 爾今에 安在哉오
月落鳴啼 깁흔 밤에 姑蘇城外 배를 대니
寒山寺 쇠북소리 客船을 둥둥 울니고
少焉에 天邊一輪紅은 扶桑에 둥실 놉핫는대
風流亭 당도하야 사면을 바라보니
萬壑千峰雲深處에 鶴仙이 노니는 듯
嚠喨한 風流소리 그저 지날 수 업거든"

(타령곡의 반주에 맛추어 한참 춤을 추다가 다시) "쉬-"(악의 반주와 무는 긋친다) "奉祭祀然後에 接賓客하고 修人事然後에 待天命이라고 하엿으니, 修人事 한마듸 들어가오."(타령곡의 반주에 맛추어 춤을 추면서, 창) "商山四皓 옛 늙은이 날 찻는다…"

(다섯재목이 한참 춤을 출 때에 여섯재목이 등장한다)

六目. (다름질하야 들어와서 다섯재목의 면을 한 번 탁 처서 퇴장식히고, 타령곡의 반주에 마추어 춤을 추면서 장내를 한 박구 도라 악공의 앞흐로 와서 좌우를 도라보면서)

"쉬-"(악의 반주와 무는 긋친다)

(창) "山不高而秀麗하고 水不探而淸澄이라
地不廣而平坦하고 人不多而茂盛이라
月鶴은 雙伴하고 松竹은 交翠로다

箕山潁水別乾坤에 巢父 許由 노라잇고
采石江明月夜에 李謫仙 노라잇고
赤壁江秋夜月에 蘇東坡 노라잇다
이러한 風流亭에 한번 놀고 가려든"

(타령곡의 반주에 마추어 한참 춤을 추다가 다시) "쉬-"(악의 반주와 무는 긋친다) "奉祭祀然後에 接賓客하고 修人事然後에 待天命이라고 하엿스니, 修人事 한마듸 들어가오."(타령곡의 반주에 마추어 춤을 추면서, 창) "洗耳人間不聞 閑暇롭다…"

(여섯재목이 한참 춤을 추고 잇슬 때에 일곱재목이 등장한다)

七目. (달음질하야 들어와서 여섯재목의 면을 한 번 탁 처서 퇴장식히고, 타령곡의 반주에 마추어 춤을 추면서 장내를 한 박구 도라 악공 앞흐로 와서 좌우를 도라보면서) "쉬-"(악의 반주와 무는 긋친다)

(창) "天地玄黃 생긴 후에 日月盈昃 되엿서라
天地가 開闢後 萬物이 繁盛이라
山절노 水절노 하니 山水間에 나도 절로
때 마츰 春節이라 山川景槪 求景코저
竹杖芒鞋 單瓢子로 이 강산에 들어오니
滿山의 紅綠들은 一年一次 다시 피여
春色을 자랑하야 色色이 붉엇는대
蒼松綠竹은 鬱鬱蒼하고 奇花瑤草爛漫中에
꽃 속에 자든 나븨 자취업시 날아든다
柳上鶯飛는 片片金이요 花間蝶舞는 紛紛雪이라
三春佳節이 조을시고

桃花滿發點點紅하니 武陵桃源이 예 아니냐
楊柳細技絲絲綠하니 黃山谷裏當春節에 淵明五柳가 예 안이냐
層岩絶壁上에 瀑瀑布水가 괄괄 흘너 水晶簾 들이운 듯
屛風石에 마조처서 銀玉같이 홋터지니
巢父許由 問答하든 箕山穎水 예 안이냐
住刻啼禽은 千古節이오 積多鼎鳥는 一年豊이라
景槪無窮 조을시고
場中을 굽어보니 豪傑들이 만히 모여
奚琴 피리 저 북 장고 느러노코
이리 띄며 저리 띄니 이 아니 風流亭인가
나도 興겨워 한번 놀고 가려든."

(타령곡의 반주에 마추어 한참 쾌활하게 춤을 추다가 다시) "쉬-"(악의 반주와 무는 긋친다) "奉祭祀然後에 接賓客하고 修人事然後에 待天命이라고 하엿스니, 修人事 한마듸 들어가오."(타령곡의 반주에 마추어 춤을 추면서, 창) "玉洞桃萬樹春 가지가지…"

(일곱재목이 한참 춤을 출 때에 여덜재목이 등장한다)

八目. (다름질하야 들어와서 일곱재목의 면을 탁 처서 퇴장식히고, 타령곡의 반주에 마추어 춤을 추면서 장내를 한 박구 도라 악공의 앞흐로 와서 좌우를 도라보면서) "쉬-"(악의 반주와 무는 긋친다)

(창) "竹杖 집고 芒鞋 신어 千里江山 들어가니
폭포도 장히 조타만은 驢山이 여긔로다
飛流直下三千尺은 옛말로 들엇더니
疑是銀河落九天은 과연 虛言이 아니로다

銀河石徑 좁은 길로 引導한 곳 나려가니
四皓先生 바독두고
蘇武는 무삼 일노 소골피를 거슬이고
許由는 어이하야 팔은 것고 안저 잇고
소리 쪼차 나려가니 風流亭이 分明키로
한번 놀고 가려든."

(타령곡의 반주에 마추어 한참 춤을 추다가) "쉬-"(악의 반주와 무는 긋친다) "奉祭祀然後에 接賓客하고 修人事然後에 待天命이라고 하엿스니, 修人事 한마듸 들어가오."(타령곡의 반주에 마추어 춤을 추면서, 창) "萬事無心一釣竿 可笑롭다…"

(여덜재목이 한참 춤을 출 때에 퇴장하엿든 먹중 七人이 일제히 등장한다. 먹중 八人이 한데 엉키여서 각자의 장기 춤을 각각 한부로 춘다. 六角은 타령곡과 굿거리곡을 석거서 반주한다. 먹중 八人은 이와 같이 한참 뭇동춤을 추고 모다 퇴장한다)

第三場 社黨舞

이 장면은 그 절(寺) 부근의 촌락에 왓든 거사 社黨 一團으로 하야금 老僧의 마음을 간즈려 보는 것이다.

홀아비거사 一人이 시래기 짐을 지고 타령곡의 반주에 마추어 춤을 추면서 등장하야 뭇동춤이라는 춤을 되는 대로 한부로 춘다. 이 때에 거사 六人이 어엽분 사당 一人을 다리고 등장한다. 거사 一人은 사당을 업고 거사 五人은 그 뒤에 따라 장내의 중앙으로 들어와서 사당을 땅에 나려노코 거사 六人이 모다 사당의 겻트로 모여 선다.

홀아비거사는 거사 사당 一團의 등장하는 것을 보고 엇지할 바를 몰나서 이리저리로 왓다갓다 한다.

거사甲. "술넝수-"(악의 반주는 긋친다)

거사乙丙丁戊己. (五人 일제히) "예-잇."

거사甲. "홀아비 거사 잡아드려라."

거사乙丙丁戊己. "예-잇."(小鼓, 長鼓, 錚, 꽹매기 등의 악기를 각각 울니며 웅덩이춤을 추면서 홀아비거사를 붓잡으랴고 장내를 쪼차다닌다. 홀아비거사는 한참 쫏겨다니다가 장외로 도망한다)

(사당과 六人의 거사는 한데 엉키어 놀냥歌를 합창하면서 악기를 울니며 난무한다. 이 노래 전부가 끗나자 모다 퇴장한다)

第四場 老僧舞

이 장면은 少巫, 八墨僧, 老僧, 醉發, 鞋商 등이 등장하야 老僧의 파계를 표현하는 것이다.

少巫二人이 花冠 몽두리로 찬란하게 차리고 각각 가마바탕을 타고 먹중 八人에게 떠바치어 등장하야 타령곡의 반주에 마추어 먹중들과 같이 화려한 춤을 춘다. 이러는 동안에 老僧이 송낙을 쓰고 먹長衫 우에 紅袈裟를 메고 百八念珠를 목에 걸고 남모르게 슬적이 입장하야 한편 구석에서 四仙扇으로 얼골을 가리우고 六環杖을 집고 가만히 선다. 먹중들은 少巫 二人과 같이 한참 춤을 추다가 그 中 한 사람이 老僧의 서 잇는 편을 바라보고 깜작 놀낸다. 이때에 악의 반주와 무는 긋친다.

初目. "아나야-"

墨僧들. "그래와이."

初目.(老僧을 가르치면서) "저 동편을 바라보니 비가 오실나는지 날이 흐렷구나."

二目. "내가 한번 가서 보고 올거나."(춤을 추며 노승을 갓가히 가 보고 도라와서) "아나야-"

墨僧들. "그래와이."

二目. "내가 이제 가 보니 날이 흐린 것이 안이라 甕器匠이가 옹기짐을 버트여 놨드라."

三目. "아나야-"

墨僧들. "그래와이."

三目. "내가 한번 가서 자세히 보고 올나."(노승 잇는 곳으로 갓가히 가서 노승을 바라보고 도라와서) "아나야-"

墨僧. "그래와이."

三目. "내가 이제 가서 자세히 본즉 숫장사가 숫짐을 버트여 놨드라."

四目. "아나야-"

墨僧들. "그래와이."

四目. "내가 한번 가서 더 자세히 보고 올나."(老僧의게로 갓가히 가서 보고 도라와서) "아나야-"

墨僧들. "그래와이."

四目. "내가 이제 가서 자세히 본즉 날이 흐려서 大蟒이가 나왓드라."

墨僧들. "대망이야?" (큰 목소리로 말하며 깜작 놀낸다)

五目. "아나야-"

墨僧들. "그래와이."

五目. "내가 다시 보고 올나." (웅더이춤을 추면서 무서운 모양으로 엉긔정거리며 노승잇는 곳으로 갓가히 가서 이리저리로 살펴보고 깜작 놀내여 땅에 구을며 도라온다)

墨僧들. (五目의 땅에 구을며 도라오는 樣을 보고 일제히) "야 이놈 지랄벗는구나. 지랄벗는구나. 지랄벗는구나."

五目. (땅에서 이러나면서) "아나야-"

墨僧들. "그래와이."

五目. "사실이야. 대망이 분명하더라."

六目. "아나야-"

墨僧들. "그래와이."

六目. "사람이 이러케 만히 모엿는데 대망이란 말이 웬 말이냐. 내가 한번 가서 자세히 보고 올나."(용맹스럽게 춤을 추며 노승의 앞흐로 가서 슬금슬금 머리로 노승을 부닷처 본다)

老僧. (얼굴을 가리운 扇을 흔들흔들한다)

六目. (놀내여 도라와서) "아나야-"

墨僧들. "그래와이."

六目. "대망이니 옹긔짐이니 숫짐이니 뭐니뭐니 하더니 그런 것이 아니고 뒷절 노스님이 분명하더라."

七目. "아나야-"

墨僧들. "그래와이."

七目. "그럴 理가 잇나. 내가 한번 가서 자세히 알아보고 올나." (태연히 타령곡의 반주에 마추어 춤을 추며 노승의 앞흐로 가서) "노스님!"

老僧. (扇을 흔들며 고개를 끄덕끄덕한다)

七目. (다름질하야 도라와서) "아나야-"

墨僧들. "그래와이."

七目. "노스님이 분명하더라. 우리 노스님이 평생 조와하시든 것이 白鷗打令이 안이드냐. 우리가 모다 백구타령이나 한번 하여 보자."

墨僧들. "그것 조흔 일이야."

八目. "그러면 내가 노스님께 가서 엿주어 보고 올라." (의기양양하게 웅뎅이춤을 추며 노승의 앞흐로 가서) "노스님!"

老僧. (고개를 끄덕끄덕한다)

八目. "백구타령을 돌돌 말아서 귀에다 소르르…."

老僧. (고개를 끄덕끄덕한다)

八目. (도라와서) "아나야-"

墨僧들. "그래와이."

八目. "내가 이제 가서 노스님께다 백구타령을 돌돌 말아서 귀에다 소르르 하니까 대강이를 굼주린 개가 주인 보고 대강이 흐들듯이 끄덕끄덕 하더라."

初目・二目. (억개를 견우고 노승에게로 향하야 가면서 타령곡의 반주에 마추어 춤을 추며 백구타령을 並唱한다)

(唱) "白鷗야 훨훨 날지마라.
너 잡을 내 안이로다.
聖上이 버리시매
너를 쪼차 여긔왔다.
五柳春光景 조흔대

백마금편 花柳가자."

(三目이 初目·二目의 뒤로 따라 가다가 두 사람의 억개를 한 번 탁 친다. 두 사람은 깜작 놀나며 뒤를 휠근 도라다 본다)

三目. "백구야 껑충 날지마라. 너 잡을 내 안이다."(라고 창하면서 初目 二目 두 먹중과 억개를 견우고 춤을 추며 도라온다)

四目. "아나야-" (악의 반주는 긋친다)

墨僧들. "그래와이."

四目. "아 네어미를 붓틀 놈들, 백구야 껑충 날지 마라도 납부지는 안치만, 그것 그만두고 오도도기打令을 엿주어 보자."

墨僧들. "그것도 조흔 일이야."

四目. (노승의 앞흐로 가서) "노스님! 이번에는 오도도기타령을 돌돌 말아서 귀에다가 소르르…"

老僧. (고개를 끄덕끄덕한다)

四目. (다름질하야 도라와서) "아나야-"

墨僧들. "그래와이."

四目. "내가 이제 노스님께 가서 오도도기타령을 돌돌 말아서 귀에다가 소르르 하니까 대강이를 용두질치다가 내버린 좆대강이 흔들 듯 하더라."

(먹중 八名은 이러케 서로 각각 番갈너 가면서 무슨 타령이니 무슨 노래이니 하면서 노승에게 무러보고 도라와서 노승을 모욕한다)

初目. "아나야-"

墨僧들. "그래와이."

初目. "스님을 저러케 불 붓튼 집에 좆기동 같이 세워 두는 것은 우리 上佐의 도리가 안이니 스님을 우리가 모서야 하지 안켄나."

墨僧들. "그래 네 말이 올타."

(八名의 먹중들이 모다 노승에게로 가서 初目과 二目은 노승의 앞헤서 그의 집행이 끗을 잡고 다른 먹중들은 뒤에서 노승을 에워싸고 "南無大聖引路王菩薩"이라고 引導소리를 하면서 노승을 장내의 중앙으로 인도한다. 노승은 먹중들에게 떠바치여 입장하다가 중도에서 넘어진다. 이때 뒤에서 따라오든 먹중 한 사람이 노승의 집행이를 쥐고 노승처럼 初目·二目의 뒤를 따라온다. 初目이 뒤를 도라보고 깜작 놀낸다)

初目. "우리 노스님은 어데로 가시고 이게 웬놈들이란 말이냐."

二目. "그럴 理가 잇나. 上佐인 우리의 정성이 부족하야 그런 것이지. 우리가 다시 한번 노스님을 차저 보잣구나."(타령장단에 마추어 八名의 먹중들이 난무하며 老僧을 차저간다. 선두에서 가든 初目이 老僧의 넘어저 잇는 것을 보고 깜작 놀내여 뒤로 도라선다)

初目. "쉬-"(악의 반주와 무는 긋친다) "이것 큰 일 낫다."

八目. "무슨 일이야."

初目. "이제 내가 저편을 가보니 노스님이 길바닥에 꺽구러저 잇겟지. 아마 죽은 모양이더라."

二目. "아나야."

墨僧들. "그래와이."

二目. "과연 그런지 내가 자세히 가보고 올나."(다름질하야 老僧의 넘어저 잇는 곳으로 가서 멀니 바라보고 도라와서) "이거 참 야단낫다."

六目. "무슨 야단이란 말이냐."

二目. "노스님이 柳柳井井花花햇더라."

六目. "야 이놈 빽 센 말 한 마듸 하는구나. 柳柳井井花花 柳柳井井花花? 그것 柳柳井井花花라니 버들버들 우물우물 꼿꼿이 죽엇단 말이로구나."

三目. "아나야."

墨僧들. "그래와이."

三目. "우리 노스님이 그러케 쉽사리 죽을 理가 잇나. 내가 다시 한번 가서 자세히 보고 올나."(달음질하야 老僧에게로 가서 이리저리 자세히 살펴보고 도라와서) "야 죽은 것이 분명하더라. 六·七月에 개 썩는 냄새가 나더라."

(이러케 먹중 八人이 번갈아가면서 老僧의 넘어저 잇는 것을 보고 와서는 여러 가지 욕설을 한다)

初目. "아나야."

墨僧들. "그래와이."

初目. "중은 중의 행세를 해야 하고 속인은 속인의 행세를 해야 하는 것이니, 우리가 스님의 上佐가 안이냐. 스님이 도라가섯는데 천변수락에 만변야락굿을 하여 보잣구나."

墨僧들. "그것 즈흔 말이다."

(먹중 八人이 各各 꽹매기 등 악기를 울니며 老僧의 업더저 잇는 곳으로 가서 老僧의 주위로 도라단이며 염불을 하며 재를 올닌다)

(念佛) "願我臨欲命終時

盡除一切諸障碍

面見彼佛阿彌陀

卽得往生安樂刹"

四目. "아나야."

墨僧들. "그래와이."

四目. "이것이 藥은 참 약이다. 스님이 다시 사라나시는구나. 우리 스님의 평생 조와하시는 것이 염불이엇스니 염불을 한바탕 실컨 하자."

(먹중 八人은 한데 엉키여 염불곡으로 악기를 울니며 난무하다가 일제히 퇴장한다. 먹중들이 모다 퇴장하자 少巫 二人은 장내의 중앙에서 염불장단의 반주에 마추어 화려한 춤을 추기 시작한다)

老僧. (땅에 업더진 채로 염불장단의 반주에 마추어 춤을 춘다. 그리하야 차츰차츰 이러나랴고 한다. 한참 동안 주저하다가 겨우 六環杖을 집고 이러나서 扇으로 얼굴을 가리우고 주위에 사람이 잇는지 업는지를 알기 위하야 부채살 사이로 가만이 사방을 살펴보다가 少巫의 춤추고 잇는 태도를 보고 깜작 놀내여 땅에 업더진다. 다시 이러나서 사방을 살펴보며 은근히 少巫를 바라본다. 이로붙어 老僧의 가슴을 울넝거리게 하는 것은 少巫의 춤이다. 처음에는 사람인지 仙女인지를 잘 분별할 수 업섯다. 깁흔 산중에 칩거하여 잇든 老僧으로서는 실로 꿈과 같흔 일이엿섯다. 그러나 아모리 보아도 仙女가 아니고 사람이엿섯다. 인간사회에도 저런 것이 잇는가 라고 생각한 때에 자기의 과거는 실로 무의미하고 적막하엿든 것임을 통감하게 되엿다. 이에서 老僧은 인간사회란 것이 엇더한 것인지를 비로소 알엇다는 듯이 그러고 이 세상의 흥미를 개달앗다는 듯이 고개를 끄덕끄덕하더니 扇으로 얼굴을 가리우고 杖을 집고 염불곡의 반주에 마추어 춤을 추며 장내를 일주한 다음 少巫의 주위를 멀즈간이 한참 돌아단이며 춤을 춘다. 男兒로서 이런 곳에 놀지 안코 무엇하리 하는 표정을 하고 집행이를 억개에 메고 춤을 추며 少巫의 갓가운 주위로 도라단이면서 혹은 少巫의 배후에 가서 등으로 슬적 부다처 보기도 하고 혹은 少巫의 정면에 가서 마주서 보기도 한다)

少巫. (태연히 춤을 추며 실타는 듯이 살작살작 老僧을 피하야 도라선다)

老僧. (낙심한 듯이 휘둥휘둥하다가 다시 少巫의 앞으로 가서 정면하야 선다)

少巫. (살작 도라서서 춤을 춘다)

老僧. (노한 듯이 少巫의 정면에 밧작 닥아선다)

少巫. (점점 교태를 부리며 살작 도라서서 춤을 춘다)

老僧. (처음 보는 사람임으로 붓그러워서 그런 것이라 생각하고 고개를 끄덕끄덕하더니 두 손으로 집행이를 수평으로 들고 少巫에게 가서 춤을 추며 여러 가지 동작으로써 얼너본다. 집행이를 少巫 사타리 밋트로 너엇다가 내여들고 少巫를 한참 바라보며 집행이를 코에 대고 냄새를 맛더니 뒤으로 물러나와서 두 손으로 집행이를 무릅에 대이고 꺽거버리면서 펄적 뛴다)

(이때 악의 반주는 타령곡으로 轉한다)

老僧. (타령곡의 반주에 마추어 춤을 추며 少巫의 앞흐로 가서 念珠를 버서 그의 목에 거러준다)

少巫. (태연히 춤을 추면서 목에 거러준 염주를 벗겨서 땅에 던저 버린다)

老僧. (少巫의 염주 버린 것을 보고 놀내며 염주를 주어 들고 少巫의 앞흐로 가서 정면하야 선다)

少巫. (살작 도라선다)

老僧. (춤을 추면서 少巫 겻트로 단이다가 염주를 다시 少巫의

목에 걸어준다)

少巫. (모르는 채하고 그대로 태연히 춤을 춘다)

老僧. (이에 만족하야 춤을 추며 그 염주의 한 끝을 자기 목에 걸고 少巫와 마주서서 비로소 만족한 표정으로 춤을 춘다)

(老僧은 또 다른 少巫를 이와 같이 농락한다. 생불이라든 도승이 두 少巫의 술책에 빠저 無我夢中으로 되여 잇슬 때에 신장사가 원숭이를 업고 등장한다)

鞋商. "야 場 잘 섯다. 場滋味가 조타기에 불원천리하고 왓더니 과연 거짓말이 안이로구나. 人物屛風을 돌나첫스니 이것 太平市場이 안인가. 태평장이거나 무슨 장이거나 속담에 이른 말이 싸홈은 말니고 흥정 붓치랫스니 장사(商人)가 되여서는 물건을 잘 팔아야겟다. 食而爲天이라 하엿스니 먹을 것붙어 팔아보자.(사방을 바라보며 큰 목소리로)군밤을 사랴오, 삶은밤을 사랴오."(한아도 팔니지 안는다) "그러면 신이나 팔아 볼가.(큰목소리로)세코집세기 육날메트리 고운 아씨의 신을 사랴오."

老僧. (신장사의 뒤에 가서 扇으로 억개를 탁 친다)

鞋商. (깜작 놀나며) "이게 무엇이냐. 네놈의 차림차림을 보니 송낙을 눌너쓰고 백팔염주를 목에 걸고 먹장삼을 입고 紅袈裟를 걸첫스니 중놈일시 분명한대 僧俗이 다르거든 양반을 보고 소승 문안이요 라는 인사는 업고 사람을 치다니 이것 웬 일이란 말이냐."

老僧. (少巫의 발을 가르치며 신 사겟다는 동작을 하고 扇으로 少巫의 신寸數를 가릘친다)

(신장사가 그 치수에 맛는 신을 끄어내랴고 등의 질머진 짐을 내리어 노코 보탱이를 끌으니까 뜻밧게 원숭이 한 마리가 뛰여나와 신

장사의 앞에 안는다)

鞋商. (깜작 놀내며 원숭이를 보고) "네가 뭣이냐. 물즘생이냐."

猿. (머리를 좌우로 살낭살낭 흔들어 부정한다)

鞋商. "그러면 물고기냐."

猿. (머리를 좌우로 흔든다)

鞋商. "농어냐."

猿. (머리를 좌우로 흔든다)

鞋商. "뱀장어냐."

猿. (머리를 좌우로 흔든다)

鞋商. "그럼 네가 四足을 가젓스니 山즘생이냐."

猿. (머리를 전후로 끄덕끄덕하야 긍정한다)

鞋商. "그럼 범이냐."

猿. (머리를 좌우로 흔든다)

鞋商. "그럼 노루냐."

猿. (머리를 좌우로 흔든다)

鞋商. "사슴이냐."

猿. (머리를 좌우로 흔든다)

鞋商. "오 이제야 알겟다. 녯날 어른들 말슴을 들은즉 원숭이가 사람의 숭내를 잘 낸다드니 네가 숭내를 잘 내는구나. 원숭이냐."

猿. (머리를 끄덕끄덕하야 긍정한다)

鞋商. "오 그러면 우리 선친께서 중국사신으로 단일 적에 중국 단이든 기념도 되고, 이놈이 힘 잇고 날램이 잇는 고로 집안에 갓다두면 가정에 보호가 될 만큼 하다 하고, 사다 두신 것을 이때것 기르고 잇섯더니, 내가 신짐을 지고 나온다는 것이 원숭이 짐을 지고 나왓구

나. 원숭아! 너는 매우 영리하고 날낸 놈이니까 내가 저- 뒷절 중놈한테 신을 팔고 신갑을 못받은 것이 잇스니 네가 가서 받어 오너라."

猿. (신갑을 받으러 가서 거긔 잇는 少巫의 등에 붓터 음탕한 동작을 한다)

鞋商. "여보오, 구경하는 이들! 내 노리개 작난감 어듸로 가는 것 못밧소."(사방으로 원숭이를 차저다니다가 少巫에게 잇는 것을 보고) "야 요런 놈 신갑 받어 오랫더니 돈을 받어 가지고 거기다가 모다 소비해 버리는구나. (원숭이를 끄을고 도라와서) 너는 少巫를 햇스니 나도 네놈의 삐약이나 한번 하여 보겟다."

(신장사가 원숭이를 업혀노코 음탕한 동작을 하면 원숭이가 뛰여 이러나서 신장수 뒤에 붓터서 음탕한 동작을 한다. 신장사와 원숭이가 이러케 한참 동안 서로서로 음탕한 동작을 하다가 이러나 안는다.)

鞋商. "신갑은 분명히 받어 왓느냐."(하며 신갑을 계산하느라고 땅에 數字를 쓴다. 원숭이는 쪼차다니면서 數字를 지워 버린다)

猿. (신장사가 신갑을 계산하랴고 애를 쓰고 잇슬 때에 또 다시 少巫에게로 가서 음탕한 동작을 거듭한다)

老僧. (원숭이가 少巫에게 와서 음탕한 동작을 하는 것을 보고 부채자루로 원숭이를 때린다)

(신장사가 원숭이 맛는 것을 보고 老僧에게로 쪼차가서 원숭이를 빼서 가지고 치료하러 간다고 하면서 퇴장한다. 이때 醉發은 울퉁불퉁한 탈을 쓰고 허리에 靑葉의 柳枝를 꼿고 큰 방울을 차고 술 취한 것처럼 비틀거리며 들어오다가 타령곡의 반주에 마추어 춤을 추며 다름질하야 등장한다)

醉發. "에크 아 그 제이미를 할 놈의 집안은 곳불인지 햇불인지 해해년년이 다달이 나날이 시시때때로 풀도라 들고 감도라 드는구나."(타령곡의 반주에 마추어 춤을 한바탕 춘다) "쉬"(악의 반주와 무는 긋친다)

(唱) "山不高而秀麗하고 水不探而澄淸이라
地不廣而平担하고 人不多而茂盛이라
月鶴은 雙伴하고 松竹은 交翠로다
箕山潁水別乾坤에 巢父 許由가 놀고
采石江明月夜에 李謫仙이 놀고
赤壁江 秋夜月에 蘇東坡 노랏스니
나도 본시 江山 誤入匹이로
金剛山 좃탄 말을 風便에 넌짓 듯고
綠陰間 수풀 속에 친구 벗을 차잣더니
親舊 벗은 한아도 업고 僧侶인가 하거든
중이 되여 절간에서 불도는 힘 안쓰고
입븐 아씨를 대려다 노코 놀고나면 꿍덕꿍."

(타령곡의 반주에 마추어 춤을 추며 老僧의 앞흐로 슬금슬금 거러간다)

老僧. (扇으로 醉發의 얼굴을 탁 친다. 악과 무는 긋친다)

醉發. "아이쿠, 아 이것이 뭣이란 말이고 아 대체 매란 것은 마저본 적이 업는데 뭐가 빽하고 때리니 아 원 이것 뭐야? 오 알겟다. 내가 人間事不聞하야 산간에 뜻이 업서 名勝處 차자가니 天下名勝 五壑之中에 香山이 높핫스니 西山大師 出入後에 上佐중 能通者로 龍宮에 出入다가 石橋上 봄바람에 八仙女 노든 罪로 謫下人間 下直

하고 太師堂 도라들 때 窈窕淑女는 左右로 벌녀 잇고 蘭陽公主 秦彩鳳이며 細雲같은 桂蟾月과 沈裊烟 白陵波로 이 세상 실토록 놀다가 집으로 도라오든 次에 마츰 이곳에 당도하고 보니 산천은 險峻하고 수목은 密立한대 이곳에 禽獸鳥鵲이 아마도 나를 희롱하는가 보다. 내가 다시 드러가서 자세히 알고 나와야겟다."(창) "寂寞은 漠漠中天에 구름은 뭉게뭉게 솟앗네."(하면서 타령곡의 반주에 마추어 춤을 추며 老僧에게로 간다)

老僧. (扇으로 또 醉發의 얼굴을 탁- 친다. 악의 반주와 무는 긋친다)

醉發. "아 잘 맛는다, 이게 뭐람. 나도 한창 소년시절에는 마자 본 일이 업는데, 아 또 마잣구나.(老僧을 바라보며) 아 원 저게 뭐람. 오 이제야 알겟군. 저- 거밋거밋한 것도 보이고 또 번득번득한 것도 보이고 휫득휫득한 것도 보이고 저- 번들번들한 것을 본즉 아마도 金인가 보다. 안이 金이란 말이 당치 안타. 六出奇計 陣平이가 黃金三萬兩을 楚軍中에 흩텃스니 거- 금이란 말이 당치안타. 그러면 玉인가.(老僧의 압흐로 가서) 네가 옥이여든 옥의 내력을 들어 바라. 鴻門宴 높흔 잔체 范正이가 깨친 옥이 玉石의 俱焚이라. 옥과 돐이 다랏거든 옥이란 말도 당치 안타. 그러면 귀신이냐. 귀신이여든 귀신의 내력을 들어바라. 白晝淸明 밝은 날에 귀신이란 말도 당치 안타. 그러면 네가 大蟒이냐."

老僧. (고개를 좌우로 흔들어 부정하며 앞흐로 두어 거름 나온다)

醉發. "아- 이것 야단낫구나. 오- 이제야 알겟다. 자세히 보니까 네 몸에다 漆布長衫을 떨처 입엇스며 百八念珠를 목에 걸고 四仙扇을 손에 들고 송낙을 눌너 썻슬 때에는 중놈일시 분명하구나. 중이면 절간에서 불도나 섬길 것이지, 중의 행세로 속가에 나와서 입분 아씨를 하나도 뭣한데 둘식 셋식 다려다 놋코 낑꼬랑 깽꼬랑."(타령곡의 반주에 맛추어 한참 동안 춤을 추다가) "쉬"(악과 무는 그친다) "이놈 중놈아! 말드러라. 너는 입분 아씨를 둘식이나 다려다 놋코 그와 같이 노니 네 놈의 행동도 잘 되엿다. 그러나 너하고 나하고 날기나 하여 보자. 네 이 전에 땜질을 잘햇다 하니, 너는 풍구가 되고 나는 불테니, 네가 못견듸면 저년을 날 주고, 내가 못견듸면 내 엉뎅이 밧게 업다. 그러면 솟을 땔가 가마를 땔가."(타령곡의 반주에 마추어 춤을 춘다) "쉬"(악과 무는 긋친다) "아- 이것도 못견듸겟군. 그러면 이번에는 너하고 내하고 같이 춤을 춰서, 네가 못견듸면 그럿케 하고, 내가 못견듸면 그럿케 하잣구나."

老僧. (고개를 끄덕끄덕 한다)

(老僧과 醉發이가 마주서서 타령곡의 반주에 마추어 춤을 춘다. 少巫 二人도 같이 춤을 춘다)

醉發. (춤을 추다가) "白首寒山에 心不老…"(라고 창하니 악과 무는 긋친다) "아 이것도 못견듸겟군. 자- 이것 야단낫구나. 그저 독개비는 방망이로 휜다더니, 이것 드러가서 막 두들겨 바야겟군." (타령곡의 반주에 마추어 춤을 추면서) "江東에 범인하니 질나래비 훨훨."(이라고 창하며 슬금슬금 少巫에게로 거러간다. 少巫는 태연히 춤을 추고 잇다)

老僧. (부채자루로 醉發의 얼굴을 탁 친다. 악과 무는 긋친다)

醉發. "아이쿠, 이게 웬 말이냐. 이놈이 때리긴 바로 때렷구나. 아 이놈이 때리긴 바로 때렷구나. 아- 피가 솟겨 올나서 코피가 나는군. 아- 이것을 엇떠케 하면 좃탄 말인가. 그저 코 터진 건 타라막는 것이

제일이라드라. 자- 그런즉 코를 차즐 수가 잇서야지. 상판이 朝鮮 半만 해서 아- 어듸가 코인지 차즐 수가 잇서야지. 그러나 只在此山中이겟지. 내 상판 가운데 잇겟지. 그런즉 이걸 차즐나면 끝에서붙어 차자 드러와야지.(손으로 머리 우에서붙어 차츰차츰 더듬어 내려온다) 아 여긔에 코가 잇는데 그러케 차잣군. 아- 이 코에다 타라막아도 피가 작고 나는구나. 옛날 醫員 말에, 코 터진 데는 문지르는 것이 제일이랬으니 손으로 문지러 볼가. 이러케 잘 낫는 것을 공연히 그러케 애를 썻다. 이제는 다시 드러가서 찬물을 먹고 이를 갈며, 이놈을 때려 쪼차버리고, 저년을 다리고 놀 수박게 업구나."(창) "蕭湘斑竹 열두 마듸…"(라고 창하며 타령곡의 반주에 마추어 춤을 추면서 老僧에게로 가서 노승을 때린다. 노승은 醉發에게 쫏겨 퇴장한다)

醉發. (창) "때렷네 때렷네 뒷절 중놈을 때렷네. 영낙 아니면 송낙이지."(하며 타령곡의 반주에 마추어 춤을 추다가 少巫 一人을 보고) "자- 이년아! 어떠냐. 뒷절 중놈만 조화하고 獅子 어금니 같흔 나는 실여? 이년아 돈 바더라."

少巫. (돈 달나고 손을 벌닌다)

醉發. "아 시럽에 아들년 다 보겟다. 대통 그름자 보고 따라 댕기겟군. 이년아 돈 바다라."(돈을 少巫의 압헤 던진다)

少巫. (돈을 주으려 온다)

醉發. (큰 목소리로 '아'하며 少巫보다 먼저 쪼차가서 돈을 도로 줍는다)

少巫. (붓그러운 듯이 두어 거름 뒤로 물너선다)

醉發. "아 그년 쇳줄 밧튼 것 보니 문고리 쥐고 엿장사 부르겟군. 그러나 너 내 말 들어보아라. 酒肆靑樓에 絶對佳人絶影하야 靑山 동무로 세월을 보냇더니만은, 오늘날에 너를 보니 세상 인물 안이로다. 卓文君의 거문고로 월노승 다시 매자, 나하고 百歲를 무양하는게 엇더냐."

少巫. (실타는 듯이 살작 도라선다)

醉發. "아 그래도 나를 마대? 그러면 그것은 다 농담이지만 참으로 너 같은 미색을 보고 주랴든 돈을 다시 내가 거두어 가진다는 것은 당치 안은 일이니, 아나 돈 바다라."(少巫에게 돈을 던저 준다)

少巫. (그 돈을 줍는다)

醉發. (타령곡의 반주에 마추어 춤을 추면서, 창) "洛陽東天 리화전."(하며 少巫에게로 와서 서로 어울너저서 춤을 추며 少巫를 다리고 한참 동안 희롱한다)

少巫. (배 압흔 표정을 하더니 少焉에 小兒를 産出한다)

醉發. (춤을 추며 少巫에게로 와서 아이를 안고 소아 목소리로) "애애애애(하다가 큰 목소리로) 애게게 이것이 왼일이냐."

(이때 少巫二人은 같이 퇴장한다)

醉發. "아 동내 양반들 말슴 들어보오. 年晩七十에 生男햇소. 우리집에 오지도 마시오. 우리 아기 일홈을 지어야겟군. 둘재라고 할가. 아 첫재가 잇서야 둘재라 하지. 에라 마당에서 낫스니 마당이라고 지을 수박게 업군. 마당 어머니 우리 아기 젓 좀 주소."(아이를 안고 웅둥이춤을 추면서)

(唱) "어허 둥둥 내 사랑
어델 갓다 이제 오나
箕山穎水別乾坤에
巢父 許由와 놀다 왓나

采石江明月夜에
李謫仙과 놀다 왓나
首陽山伯夷叔齊와
採薇하다 이제 왓나
어허 둥둥 내 사랑
아가 아가 둥둥 내 사랑."

小兒. "여보시오 아버지, 날 다리고 이러케 둥둥타령만 하지 말고, 나도 남의 집 자식들과 같이 글공부나 식혀 주시요."

醉發. "야 이거 조흔 말이로구나."

小兒. "그러면 아바지 나를 兩書로 배워 주시요."

醉發. "兩書라니 平安道하고 黃海道란 말이냐."

小兒. "아니 그것 안이라오. 諺文하고 眞書하고."

醉發. "오냐 그래라. 내가 읽는 대로 받어 일너."

小兒. "네."

醉發. "하늘 天."

小兒. "따 地."

醉發. "야 이놈 바라. 나는 하늘 天 하는데, 너는 따 地 하는구나."

小兒. "아바지 하늘 天 따 地로 배워 주시지 말고, 千字 뒤푸리로 배워 주시요."

醉發. "오냐 그것 참 조흔 말이다."(웅둥이춤을 추면서 큰 목소리로)

(唱) "子時에 生天하니 不言行四時로다 悠悠彼蒼 하늘 天
丑時에 生地하니 萬物昌盛 따 地

유현비모 黑赤色 北方玄武 가물 玄
宮商角徵羽 東西四方中央土色 누루 黃
天地四方 몃 萬里냐 巨樓廣濶 집 宇
여도國都 興盛衰旺 그 누구 집 宙
禹治洪水 긔자춘 洪範九疇 넓을 洪
田園丈夫(將蕪) 不好歸 상경취황 거츨 荒
堯舜聖德 壯하시다 취지여일 날 日
億兆蒼生 擊壤歌 康衢煙月 달 月
五車詩書 百家語 積案盈床 찰 盈
밤이 어느 때냐 月中咫尺 기울 昃
二十八宿 河圖洛書 衆星拱之 별 辰
鬪鷄少年 兒孩들아 娼家衾枕 잘 宿
絶代佳人 조흔 風流 滿盤珍羞 벌 列
夜半三更 深窓裡에 가진 情談 베풀 張"

小兒. "아바지 그건 그만두고 언문을 배워 주시요"

醉發. "그러면 이제는 언문을 배우자. 가갸 거겨 고교 구규"

小兒. "아바지 그것도 그러케 배워 주시지 말고, 언문 뒤푸리로 배워 주시요."

醉發. "그것 그래라."

(唱) "가나다라마바사 아자차 이젓구나 기억
기억 니은 디긋하니 기억자로 집을 짓고
니은 같이 사잣더니 디긋 같이 이별된다
가갸거겨 가이업슨 이내 몸이 거이 업시 되엿구나
고교구규 고생하든 요내 몸이 구구하기 짝이 업네

나냐너녀 나귀등에 솔질하여 순금안장 지여 타고
사해강산 널은 천지 周遊天下를 하잣구나
노뇨누뉴 노자노자 鸚鵡盃에 잔 갓득이 술 부어라
離別郎君 拜送할가
다댜더뎌 다닥다닥 붓텃든 정이 더지 업시 떠러를진다
도됴두듀 도창에 늙은 몸을 두고 떠나가기가 망연하다
라랴러려 랄아가는 鸚鵡새는 너와 나와 짝이로다
로료루류 路柳墻花 人皆佳絶 날로 위해 푸러를내네."

(이와같이 언문 뒤푸리를 낭랑하게 창한 다음 타령장단에 마추어 춤을 추며 아해를 안고 퇴장한다)

第五場 獅子舞

이 장면은 생불과 같은 老僧을 유인하야 타락식힌 불량배를 징계하려고 부처님의 使者로서 獅子가 출현하는 것이다. 먹중 一人이 돌연 출현한 사자에게 그 유래를 뭇다가 사자를 때리면 사자는 그 먹중을 잡아먹는다. 이어서 다른 먹중들은 사자의 온 뜻을 알고 크게 공포하야 곳 改過하기로 맹서하고 최후의 춤이라 하며 사자와 함께 춤을 추는 것이다.

먹중 八人이 먼저 살작 등장하야 한편 구석에 모여 잇슬 때에 白獅子 한 필이 설넝설넝 들어온다. 이 사자는 두 사람이 전후에 서서 사자의 全皮를 덥허쓴 것인대, 흙으로 獅子面의 模型을 만들어 가지고 白紙를 물에 적셔 이에 붓첫다가 백지가 마른 후에 흙을 빼 버리고, 그 紙型으로써 사자의 面으로 하고, 무명이나 廣木으로써 사자의 皮처럼 만들어서 그 紙型에 다이고, 실노 꾸어맨 다음, 백지를 털처럼 가늘게 올여서 그 우에 부치고, 그 면에는 붉은 칠을 하고 金箔 기타 繪具로써 눈섭 수염을 그리고, 頭로부터 尾까지 등의 중앙으로 푸른 줄을 그린 一大白獅이다.

墨僧甲. (맨 처음에 사자의 출현을 보고) "즘생 낫소."

墨僧들. "즘생이라니 이것이 무슨 즘생이냐. 노루 사슴도 안이요 범도 안이로구나."

墨僧甲. "어듸 내가 한번 무러보자. (사자의 압흐로 가서) 네가 무슨 즘생이냐. 우리 조상적붙허 보지 못한 즘생이로구나. 그런대 노루냐."

獅子. (머리를 좌우로 설넝설넝 흔들어 부정한다)

墨僧甲. "사슴이냐."

獅子. (머리를 좌우로 설넝설넝)

墨僧甲. "그러면 범이냐."

獅子. (머리를 좌우로 설넝설넝)

墨僧甲. "올타 알겟다. 예로붙허 聖賢이 나면 麒麟이 나고, 君子가 나면 鳳이 난나드니, 우리 스님이 나섯스니 네가 분명히 기린이로구나."

獅子. (머리를 좌우로 설넝설넝)

墨僧甲. "이것 야단낫구나."

墨僧들. "이것 참 야단낫다."(墨僧 八人이 모다 대소동을 이르킨다)

墨僧甲. "올치 알겟다. 齊나라 때 田單이가 소(牛)에다가 사람의

假裝을 식혀 수만의 敵軍을 물니첫다더니, 그러면 우리가 이러케 떠드니까 戰場으로 알고 뛰여드러 온 소냐."

獅子. (머리를 좌우로 설넝설넝)

墨僧甲. "이것 참 야단낫구나. 하하 그러면 이제야 알겟다. 唐나라 때 烏鷄國이 가물어서 온 백성이 떠들 때에 국왕의 초빙으로 너의 신통한 조화 다 부려서 단비를 나려주고, 烏鷄國王의 恩寵 입어 궁중에 閑居하야 가진 영화 다 보다가 宮中後苑瑠璃井에 國王을 生埋하고, 三年 동안이나 국왕으로 변장하야 부귀영화 누리다가, 西天西域國으로 불경을 구하려 가든 唐三藏이 寶林寺에 유숙할 제, 生埋된 烏鷄國王의 現夢으로 三藏法師의 首弟子로 兜率天에 行悖하든 齊天大聖 孫行者에게 본색이 탄로되야 구사일생 다라나서 文殊菩薩의 구호를 받어 근근히 생명을 보존케 되야 문수보살이 타고 단이든 사자냐."

獅子. (머리를 끄덕끄덕 하야 긍정한다)

墨僧甲. "그러면 네가 무슨 일로 謫下人間하얏는냐. 우리 스님 수도하야 온 세상이 지칭키를 생불이라 이르나니, 석가여래 부처님의 명령 듯고 우리 스님 모시랴고 여긔 왓나."

獅子. (머리를 좌우로 설넝설넝)

墨僧甲. "그러면 네가 烏鷄國에 잇슬 때에 悉耳目之所好하며 窮心志之所樂하야 인간의 가진 행락 마음대로 다 하다가, 孫行者에게 쫏기여서 천상으로 올나간 후 文殊菩薩嚴侍下에 근근히 지내다가, 우리가 이러케 질탕이 노는 마당 瀏喨한 풍악소리 천상에서 반겨 듯고, 우리와 같이 한바탕 놀아보랴고 나려왓나."

獅子. (머리를 좌우로 설넝설넝)

墨僧甲. "그러면 네가 假王노릇 三年동안 山海珍味 다 먹다가

人間飮食趣味 붓처 다시 한번 맛보랴고 왓는냐."

獅子. (머리를 좌우로 설넝설넝)

墨僧甲. (화가 나서) "그러면 네 어미 아비를 잡아 먹으려 왓는냐."(하며 막대기로 사자의 머리를 때린다. 사자는 大怒하야 장내로 뛰여 다니며 墨僧 甲을 잡아먹으랴고 한다. 墨僧甲은 쫏겨다니다가 마츰내 사자에게 잡아 먹히고 만다)

(사자의 腹中으로 들어갓든 墨僧 甲은 한참 잇다가 사자의 꼬리 밋흐로 살작 나와서 사자의 腹中에서 본 것을 才談하는 일도 잇고, 이를 略하는 때도 잇는대, 이번은 후자의 例에 의한 것이다.)

墨僧乙. (사자를 가르치며 크게 공포하야 다른 먹중들을 보고) "저놈이 우리중(僧)을 잡아먹을 적에는 우리가 아마도 스님을 꾀엿다고 우리들을 다 잡아먹으랴는 모양이다."

墨僧들. "아마도 그럴 모양이야."

(여러 먹중들이 모두 공포하야 대소동을 한다)

墨僧丙. "그러니 다시 한번 무러 보아서 그러타고 하면, 우리들이 마음과 행실을 곳처야 할 것이 안이냐."

墨僧들. "그래그래 네 말이 올타."

墨僧丙. "그러면 내가 한번 자세히 무러보고 올나."(사자의 압흐로 가서) "여바라 사자야, 내 말 들어 바라. 우리 스님 수도하야 온 세상이 생불이라 이르드니 우리가 음탕한 길로 꾀여내여 파계가 되섯다고 석가여래 부처님이 우리들을 징계키로 이 세상에 너를 보내시드냐."

獅子. (머리를 끄덕끄덕한다)

墨僧丙. "그러면 너는 우리들을 한 사람도 남기지 안코 다 잡아

먹으라는냐."

獅子. (머리를 끄덕끄덕한다)

(여러 먹중들이 한데 모여서 벌벌 떨며 떠든다)

墨僧丁. "우리들이야 무슨 죄가 잇는냐. 실상은 醉發이가 우리 스님을 시긔하야 그러케 만든 것이 안이냐. 그러면 우리들은 이왕 잘못한 것을 씨서 바리고, 곳 회개하잣구나."

墨僧들. "그러타. 네 말이 올타. 어서 회개하자."

(여러 먹중들이 서로 회개하기로 맹서한다)

墨僧丙. (사자의 압흐로 다시 가서) "사자야 너의 온 뜻을 잘 알앗다. 우리는 회개하야 이제붙허 부처님을 잘 섬길 터이니, 우리들의 이왕의 잘못한 것을 용서하여 다오. 그러고 마즈막으로 너도 우리와 함께 춤이나 한번 추고 헤여지잣구나."

獅子. (머리를 끄덕끄덕한다)

(이로붙어 사자는 여러 먹중들과 함께 타령곡 장단에 마추어 쾌활한 춤을 한참 춘 다음 각각 동시에 퇴장한다)

第六場 兩班舞

이 장면은 양반의 婢夫 말둑이가 주역이 되야 시골 양반의 생활상을 자미스럽게 풍자표현하는 것으로서, 마츰내 그 威로써 방탕무뢰한 醉發을 체포하는 것이다. 그러나 前五場과는 별개의 것인 듯하다.

말둑이는 붉은 빗갈에 짧은 웃옷을 입고 울눅불눅한 검붉은 탈을 쓰고 머리에는 흑색 말둑 벙거지를 쓰고 바른편 손에는 챗직을 쥐고, 굿거리 장단에 마추어 우수운 춤을 추며 兩班 三兄弟를 인도하야 등장한다.

양반 삼형제는 모다 점잔은 체로 발자최를 드문드문 띄며 갈之字 거름으로 말둑이 뒤를 따라 등장한다. 兩班兄과 仲弟는 소매 너른 힌 氅衣를 입고 亭子冠을 쓰고 긴 담뱃대를 입에 물엇는대, 형은 힌 수염이 가슴 아레까지 느러진 힌 빗갈의 노인탈을 쓰고, 仲第는 두서 너치 되는 검은 수염이 달니고 붉은 빗이 약간 도는 장년의 탈을 썻으며, 末弟는 藍色 快子를 입고 복숭아 빛같이 붉으레한 빛갈의 少年 탈을 쓰고 그 우에 福巾을 썻다.

말둑이. (채직을 좌우로 휘둘니며) "쉬-"(악의 반주와 춤은 긋친다) "양반 나오신다. 양반 나오신다. 양반이라니 壯元及第하야 玉堂, 承旨, 三提學 다 지내고, 吏曹, 戶曹, 兵曹, 禮曹, 刑曹, 工曹, 六判書를 다 지내고, 左右領相, 三政丞 다 지내고, 老退宰相으로 계신 老論少論 양반인 줄은 아지 마오. 개잘량이란 양字에 개다리 小盤이란 반字 쓰는 양반나온다."

兩班伯·仲. "야 이놈 뭐야."

(양반 伯·仲 二人은 노기등등하엿스나 末弟는 아모 말도 하지 안코 형들의 떠드는 동작만 보고 가만히 섯다)

말둑이. "아- 이 양반 엇지 듯는지 모르겟소. 玉堂, 承旨, 三提學, 六判書, 三政丞을 다 지내시고, 老退宰相으로 계신 老論 少論 兩班 李生員님네 三兄弟 분이 나오신다고 그리햇소"

兩班伯·仲. "老論 少論 兩班 李生員이라네."(라고 하며 굿거리 장단에 마추어 춤을 춘다. 이때 末弟인 道令은 도라단이며 형들의 면상을 톡톡 친다)

말둑이. "쉬- (악과 무는 긋친다) "여보오 구경하는 양반들! 말슴 드르시요. 잘다란 골부랑 담배대로 잡수지 말고, 저 煙竹廛으로 가서 돈이 업스면, 내게 寄別해서라도, 양칠 簡竹 紫紋竹을 한발아웃式 되는 것을 사다가 六모깍지 喜字竹, 梧桐壽福寧邊竹을 사다 이리저리 마춰 가지고, 저- 載寧 나우리가에 낙시 걸 듯 죽- 거러 노코 잡수시오."

兩班伯·仲. (노염이 나서 큰 목소리로) "이놈 뭐야."

말둑이. "아- 이 양반 엇지 듯소. 양반이 나오시는데 담배 피우지 말고 떠들지 말아고, 그리하얏소."

兩班伯. "담배 피우지 말고 떠들지 말아고 하엿다네."(라고 하며 굿거리 장단에 마추어 仲弟와 같이 춤을 춘다)

말둑이. "쉬-. (악과 무는 긋친다) "여보오 악공들! 三絃六角 다 버리고 저- 버드나무 홀뚜기 뽑아다 불고 바지장단 좀 처주소."

兩班伯·仲. "야 이놈 뭐야."

말둑이. "아- 이 양반 엇지 듯소. 용두 해금 북 장고 피리 젓대 한 가락도 빼지 말고 건건드러지게 치라고 그리하얏소."

兩班伯·仲. "저놈이 건건드러지게 치라고 하엿다네."

(양반 三兄弟가 같이 굿거리장단에 마추어 춤을 춘다)

兩班伯. "말뚝아-" (악과 무는 긋친다)

말둑이. "예- 이."

兩班伯. "이놈 너는 양반을 모시지 안코 어듸로 그리 단이는냐."

말둑이. "예- 양반을 차즈려고 찬밥국 마라 일즉이 먹고, 馬죽間에 들어가서 노새님을 끌어내다 등에 솔질 솰솰하야 말둑이님 내가 타고 팔도강산 다 도라 물은 메주 밟듯하얏는대, 東은 여울이오 西는

九月이라. 동여울 서구월 넘드러 北漢山下 방방곡곡이 바위 틈틈이 모래 짬짬이 참나무 결결이 다 차저 단여도 샌님 빗둑한 놈도 업기로, 落鄕士夫라 서울 본택을 차저가니 샌님도 안계시고 둘재 샌님도 안 계시고 종가집 도령님도 안 계시고 마나님 혼자 계시기로, 이 벙거지 쓴 채로 이 채직 찬 채로 이 감발 한 채로 두 물팍을 꿀고, 하고 하고 再讀으로 뱃습니다."

兩班伯. "이놈 뭐야."

말둑이. "하- 이 양반 엇지 듯고. 문안을 들이고 들이고 하니까 마나님이 술상을 차리는대, 벽장 열고 목이 길다 황새병, 목이 잘다 자라병에 江麯酒 이강酒를 내여놋차, 鸚鵡盞을 마님이 친히 드러 잔 갓득 술을 부어 한 잔 두 잔 一二三盃 마신 후에 안주를 내여 놋는대, 대양푼에 갈비찜 소양푼에 猪肉 초고추 저린 김치 문어 전복 다 버리고, 작년 八月에 샌님댁에서 등산갓다 남아 온 좃대갱이 하나 줍듸다."

兩班伯. "이놈 뭐야."

말둑이. "아- 이 양반 엇지 듣소. 등산 갓다 남아 온 魚頭一尾이라고 하면서, 조긔 대갱이 하나 주시더라고 그리하엿는데."

兩班伯・仲. "魚頭가 一味라네."(하며 굿거리 장단에 마추어 춤을 춘다)

兩班伯. "이놈 말둑아-"

말둑이. "예-. 아이 제미를 부틀 양반인지 좃반인지 허리꺽거 折半인지 개대가리 소반인지 꾸레미전에 白饕인지, 말둑아 꼴둑아 밧가운데 췻둑아 五六月 밀둑아 잔대둑에 메둑아 불어진 다리 절둑아 胡桃 엿장사 온 데 한애비 찻듯 외 이리 찻소."

兩班伯. "너 이놈, 양반을 모시고 단이면 새처를 정하는 것이 안이고 어듸로 그리 단이느냐"

말둑이. (채직으로 도야지 울을 가르키며) "이마만큼 터를 잡아 참나무 울장을 드문드문 꼿고 깃을 푹운푹운이 두고 문은 하늘노 내인 집으로 벌서 잡아노앗습나다."

兩班伯. "이놈 뭐야."

말둑이. "아 이 양반 엇지 듯소. 子坐午向에 터를 잡고 欄干八字 五聯閣에 입口字로 집을 짓되, 琥珀주초에 珊瑚기동에 翡翠椽木에 金波도리를 걸어 입口字로 푸러짓고, 치어다보니 天반자요 내려다보니 張板房이라. 花紋席 칫다펴고 付壁書를 바라보니 동편에 부튼 것이 淸白明正 네 글자가 완연하고, 서편을 바라보니 百忍堂中有泰和가 완연히 붓터잇고, 남편을 바라보니 仁義禮智가 분명하고, 북편을 바라보니 孝悌忠義가 뚜렷이 붓텃스니 가위 양반에 새처房이 될 만하고, 文房諸具 볼작시면, 옹장, 봉장, 櫃두지, 자개 함롱, 반다지, 샛별 같은 놋뇨강을 놋대야 밧처 요긔조긔 느러놋코 양칠簡竹 자紋竹을 이리저리 마춰놋코 썹벌같은 칼담배를 저- 평양 東푸루 船倉의 되지 똥물에다 축축이 축여 놧습니다."

兩班伯. "이놈 뭐야."

말둑이. "아 이 양반 어찌 듣소. 소털같은 칼담배를 꿀물에다 축여 놧다고 그리하앗습니다."

兩班伯. "꿀물에다 축엿다네."(라고 하며 아우들과 같이 굿거리 장단에 마추어 한참 춤을 춘다)

(악과 무가 긋치자 양반 三兄弟가 새처를 정한다)

兩班伯. "여보게 동생! 우리가 본시 양반이라. 각급도 한데 글이나 한 首식 지여보세."

兩班仲. "형님 그것도 조흔 말슴이요. 형님이 먼저 지으시요."

兩班伯. "그러면 동생이 韻字를 하나 부르게."

兩班仲. "그리하오리다. 산字 영字외다."

兩班伯. "아- 그것 어렵다. 여보게 동생, 되고 안되고 내가 부를 것이니 드러 보게."

(詠) "울눅 줄눅 作大山하니 黃川豊山에 洞仙嶺이라."

兩班仲. "거 형님 잘 지엿소." (형제가 같이 웃는다)

兩班伯. "이번엔 동생이 한 句 지여 보게."

兩班仲. "형님이 韻字를 부르시요."

兩班伯. "총字 못字세."

兩班仲. "아 그 운자 僻字로군.(조곰 생각다가) 형님 드러 보시오."

(詠) "집세기 압총은 헌겁총이요. 나막신 뒤측에 거밀못이라."

말둑이. "샌님 저도 한 首 지을 터니 운자를 하나 불너 주시요."

兩班伯. "齋狗三年에 能風月이라더니, 네가 양반의 宅에서 몃 해를 잇더니 기특한 말이다. (고개를 끄덕끄덕하며) 그래라. 우리는 두 字式 불넛지만 너는 單子로 불너 줄게 한字식이나 달고 지여 보아라. 운자는 강字다."

말둑이. "아 그 운자 어렵습니다."(조곰 생각하다가 웅둥이 춤을 추면서)

(唱) "썩정바자 구녕에 개대강이요 헌바지 구녕에 좃대강이라."

兩班伯. "아- 그놈 문장이로구나. 잘- 지엇다. 잘- 지엇서."(담배대를 입에 물고 고개를 끄덕끄덕하며 仲弟를 바라본다.)

兩班仲. "아 과연 그놈이 큰 문장이올시다."

兩班伯. (仲弟를 보고) "그러면 이번에는 破字나 하나 하여 보잣구나."

兩班仲. "그도 조흔 말슴이올시다."

兩班伯. "주둥이는 하얏코 몸덩이는 알낙달낙한 字가 무슨 字일가."

兩班仲. "녜 그것 참 벽잔(僻字)데요. 거 韻考玉篇에도 업는 字인데요.(조곰 생각하다가) 그것 피마자(蓖麻子)란 字가 아닙니까."

兩班伯. "아- 거 동생이 용세."

兩班仲. "형님 제가 한 字 부르라우."

兩班伯. "그것 그리하게."

兩班仲. "논두럭에 살피 집고 섯는 字가 무슨 字요."

兩班伯. (한참 생각하다가) "아 그것은 논임자란 字가 안인가."

兩班仲. "아 형님 참 용하올시다."

(이때 醉發이가 살작이 입장하야 장내에 한편 구석에 선다)

兩班伯. "이놈 말둑아-."

말둑이. "예-."

兩班伯. "나라돈 노랑돈 七分 잘나 먹은 놈의 상통이 무루익은 대초(棗) 빗갓고 울눅줄눅 매미 잔등이 같은 놈이니 그놈을 잡아드려라."

말둑이. "그놈이 심이 無量이요, 날냄이 飛虎 같은데 샌님의 傳令이나 잇스면 잡아 올른지 그저는 잡아올 수가 업습니다."

兩班伯. "오- 그리하여라."(紙片에 체포장을 써서 말둑이에게 준다)

말둑이. (양반이 주는 체포장을 받아 가지고 醉發에게로 가서) “당신 잡히엿소.”

醉發. “어데 傳令 잇나 보자.”

말둑이. “전령 업시 올 理가 잇소. 자 이것 보아.”(하며 체포장을 내어 醉發에게 준다. 醉發은 체포장을 바다 본 다음 말둑이에게 잡혀 온다. 말둑이는 醉發이를 체포하여 가지고 와서 醉發의 웅둥이를 양반의 면전에다 내민다)

兩班伯. “아 이놈 이것이 무슨 냄새냐.”(하며 고개를 설넝설넝 흔들며 얼굴을 집프린다)

말둑이. “이놈이 피신을 하여 다니기 때문에 양취를 못하여서 그러케 냄새가 나는 모양이외다.”

兩班伯. “그러면 이놈의 목아지를 뽑아 밋구녕에 갓다 박아라.”

말둑이. “아 이놈의 목쟁이를 뽑아다 밋구녕에다 꼿는 수가 잇다면, 내 좆으로 샌님의 입술을 때려 드리겟습니다.”

兩班伯. (노하야 담배대를 내저으며 큰 목소리로) “이놈 뭐야?”

(이때 醉發은 고개를 푹 숙이고 가만히 업듸여 잇다)

말둑이. “샌님! 그러케 怒여워 마시고 말슴 드르시요. 금전이면 그만인데 하필 이놈을 잡아다 죽이면 무엇하오. 돈이나 몃 百兩 내라고 하여 우리끼리 논아 쓰도록 합시다. 그러면 샌님도 조코 나도 돈兩이나 얻어 쓰지 안켓소. 그러니 샌님은 못 본 체하고 가만히 계시면 내가 다 처리하고 갈 것이니 그리 알고 계시오.”

(양반 三兄弟와 말둑이와 醉發이가 일제히 퇴장한다)

第七場 미얄舞

미얄은 巫女. 그의 남편은 절구장이로 오래간만에 부부가 반갑게 만나 그동안 서로 그리워 하든 정회를 주고 밧다가 질투사홈으로 인하야 마츰내 영영 이별을 하고마는 것인대, 이 장면은 前記 각장면과는 아모 連絡이 업는 개별의 것으로서 일종의 餘興이다. 혹은 미얄의 부부는 주막주인으로서 醉發, 老僧, 墨僧 등에게 酒食을 제공하야써 그들을 방탕의 길로 빠지게 하엿기 때문에 마츰내 神罰을 받게 된 것이라는 설도 잇스나, 이는 이상 각장면과 연락식히랴는 억설인 듯하다.

미얄은 검은 빗갈의 얽은 탈을 쓰고 右手에는 붓채를 들고 左手에는 방울 한 쌍을 들고 굿거리장단에 맛추어 춤을 추면서 등장한다.

미얄. (악공 앞에 와서) "에 에 에 에 에 에"(하고 운다. 악공중 한 사람이 미얄에게 말을 붓친다)

樂工. "웬 할맘임나."

미얄. "나도 웬 할맘이더니 덩덕궁하기에 굿만 녁이고 한 거리 놀고 갈나고 드러온 할맘이올세."

樂工 "그럼 한거리 놀고 갑게."

미얄 "노든지 마든지 허름한 영감을 일코 영감을 차저 단기는 할맘이니 영감을 찻고야 안이 놀겟습나."

樂工. "할맘 난 本鄕은 어데메와."

미얄. "난 본향은 全羅道 濟州 망막골이올세."

樂工. "그러면 영감은 엇재 일엇습나."

미얄. "우리 고향에 난리가 나서 목숨을 구하랴고 서로 도망하엿더니 그 후로 아즉까지 종적을 알 길이 업습네."

樂工. "그러면 영감의 貌色을 한 번 뎁소."

미얄. "우리 영감의 모색은 馬貌色일세."

樂工. "그러면 말색기란 말인가."

미얄. "아니 소모색일세."

樂工. "그러면 소색기란 말인가."

미얄. "아니 마모색도 안이고 소모색도 안이올세. 우리 영감의 모색은 알아서 무엇해. 아모리 바로 꼭 대인들 여긔서 무슨 소용 잇습나."

樂工. "모색을 자세히 대이면, 혹 차즐 수 잇슬지도 몰으지."

미얄. (웅등이춤을 추면서) "우리 영감의 모색을 대, 모색을 대, 모색을 대, 모색을 꼭 바로 대면 조곰 흉한데. 난간이마에 주개턱 웅케눈에 개발코 상통은 갓발은 관녁 갓고, 수염은 다 모즈러진 귀알 갓고, 상투는 다 가라먹은 망좃 갓고, 키는 석자 세치 되는 영감이올세."

樂工. "올치 고 영감 마루 넘어 등 넘어로 망 쪼으러 갑데."

미얄. "에- 그놈에 영감! 고리장이가 죽어도 버들가지를 물고 죽는다더니 상게 망을 쪼으러 단여!"(하고 한숨을 쉰다)

樂工. "영감을 한번 불러 봅소."

미얄. "여긔 업는 영감을 불너 본들 무엇함나."

樂工. "그래도 한번 불러 봐-."

미얄. "영감! "

樂工 "너무 짤바 못 쓰겟슴네."

미얄. "영- 감- 영- 감- 영- 감-."

樂工. "너무 길어서 못 쓰겟슴네."

미얄. "그러면 엇더케 불으란 말임나."

樂工. "전라도 제주 망막골 산다니 신아위청으로 한번 불너 봅소."

미얄. (웅둥이춤을 추며 바른편 손에 든 붓채를 피엿다 접엇다 하면서 신아위청으로)

(唱) "절절절절 절시구 저저리 절절시구
持花子자 절시구
어듸를 갓나 어듸를 갓나
우리 영감 어듸를 갓나
箕山穎水別乾坤에 巢父 許由 딸아 갓나
采石江 明月夜에 李謫仙 딸아 갓나
赤壁江 秋夜月에 蘇東坡 딸아 갓나
우리 영감을 찾으려고
一元山서 하로 자고
二江景서 이틀 자고
三扶助서 사흘 자고
四法聖서 나흘 자고
三國적 劉玄德이 諸葛孔明 챠즈랴고 三顧草廬하던 精誠
萬古聖君 周文王이 太公望을 챠즈랴고 渭水陽 가던 精誠
楚漢적 項籍이가 范亞父를 챠즈랴고 祈高山 가던 精誠
이 精誠 저 精誠 다 부려서 江山千里를 다 단녀도
우리 영감은 못 찻겟네
우리 영감 만나면은 귀도 대고 코를 대고 눈도 대고 입도

대고
春香이 李道令 만나 노듯이 업어도 주고 안어도 보며
건건드러지게 놀겟구만
어듸를 가고 나 찻는 줄 왜 몰으나
엉- 엉- 엉- 엉-"

(울다가 場內의 中央으로 가서 굿거리장단에 맛추어 춤을 춘다)

(이때 미얄의 夫가 龍山麻浦 덜머리집을 다리고 등장하야 악공들의 앞으로 어슬넝어슬넝 거러온다. 덜머리집은 미얄의 夫를 딸아 입장하야 한편 구석에 가만히 선다. 미얄의 夫는 엷은 먹빗갈의 웃옷을 입고 험상스러운 늙은이의 탈을 쓰고 이상스러운 冠을 썻으며, 그의 첩인 덜머리집은 얼굴 빗갈이 조곰 힌 젊은 여자의 탈을 썻다)

미얄夫. (악공의 앞으로 와서) "에- 에에 에- 에에" (운다. 이하 미얄夫를 영감이라 약칭함)

樂工. (악공중 한 사람이 미얄의 夫를 보고) "웬 영감이와?"(악과무는 긋친다)

令監. "나도 웬 영감이더니 덩덩덩 하기에 굿만 여기고 한 거리 놀나고 드러온 영감이올세."

樂工. (놀나며) "놀고 갑게."

令監. "노든지 마든지 허름한 할맘을 일헛스니 할맘을 찻고야 아니 놀겟습나."

樂工. "난 본향은 어데메와."

令監. "전라도 제주 망막골이올세."

樂工. "그러면 할맘은 엇재 일엇슴나."

令監. "우리 고향에 날리가 나서 各分東西로 도망하엿다가 일코

말앗습네."

樂工. "그러면 할맘의 모색을 한번 뎁게."

令監. "우리 할맘의 모색은 하도 흉해서 댈 수 업습네."

樂工. "그래도 한번 대봅게."

令監. "여긔서 모색을 댄들 무엇하겟습나."

樂工. "세상 일이란 그런 것이 안이야. 모색을 대면 차즐는지도 알 수 업지."

令監. "그럼 바로 대지. 난간이마에 우먹눈, 개발코에 주개턱, 머리칼은 모즈러진 비 갓고, 상통은 먹 푸는 바가지 갓고, 한켠 손엔 붓채 들고, 한켠 손엔 방울 들고, 키는 석자 세치 되는 할맘이올세."

樂工. "올치, 그 할맘이로군. 마루 넘어 등 넘어로 굿하러 갑데."

令監. "에- 고놈의 할맘, 항상긋 굿하로만 단겨."

樂工. "할맘을 한번 불너 봅소."

令監. "업는 할맘을 불너 보면 무엇합나."

樂工. "허 그럴 것이 안이야. 엇재던 한번 불너 봅게."

令監. "무슨 영문인지 알 수 업스나 하라는 대로 해 보지. 할맘 !"

樂工. "너무 짤바 못 쓰겟습네."

令監. "할-맘-."

樂工. "그것은 너무 길어서 못쓰겟습네."

令監. "그러면 엇더케 불으란 말임나."

樂工. "전라도 제주 망막골 산다니 신아위청으로 불너 봅소."

令監. (신아위청으로)

(唱) "절절절 절시구, 저저리 절절시구

얼시구 절시구 持花者 절시구

어듸를 갓나 어듸를 갓나
우리 할맘 어듸를 갔나
箕山潁水別乾坤에 巢父 許由 딸아 갓나
采石江 明月夜에 李謫仙 딸아 갓나
赤壁江秋夜月에 蘇東坡 딸아 갓나
우리 할맘 찾으랴고 一元山 二江景 三夫助 四法聖
江山千里를 다 단겨도
우리 할맘은 못 찻겟네."

(굿거리장단에 마추어 춤을 추며 미얄 서 잇는 곳으로 간다)

미얄. (춤을 추며 슬금슬금 악공 앞으로 거러오면서 신아위청으로)

(唱) "절절절 절시구, 持花者자 절시구
보고지고 보고지고 우리 영감 보고지고
七年大旱 王가물에 빗발같이 보고지고
九年洪水 大洪水에 햇발같이 보고지고
우리 영감 만나면은 눈도 대고 코도 대고
입도 대고 빰도 대고
硯滴 같은 귀를 쥐고 신작 같은 헤를 물고
건드러지 놀겟구만
우리 영감 어듸 가고 나 찾는 줄 몰으는가."

(굿거리 장단에 마추어 춤을 춘다)

令監. (미얄 잇는 곳으로 슬금슬금 뒷거름질 하여 오면서 신아위청으로)

(唱) "절절 저저리 절절시구, 얼시구 절시구 持花者 절시구

보고지고 보고지고 우리 할멈 보고지고
七年大旱 王가뭄에 빗발같이 보고지고
九年洪水 大洪水에 햇발 같이 보고지고
우리 할맘 만나면은 코도 대고 눈도 대고 입도 대고
대접 같은 젓을 쥐고 신작 같은 헤를 빨며
건드러지게 놀겟구만
우리 할맘 어듸 가고 나 찾는 줄 몰으는가."

(굿거리장단에 마추어 춤을 춘다)

미얄. (신아위청으로)

(唱) "절절절 저저리 절절시구, 얼시구 절시구 持花者 절시구
그 누가가 날 찾나, 그 누가가 날 찾나
날 찾을 사람 업건만은 그 누구가 날 찾나
술 잘 먹는 李太白이 술 먹자고 날 찾나
商山四皓 넷 노인이 바독 두자고 날 찾나
춤 잘 추는 鶴두룸이 춤을 추자고 날 찾나
首陽山 伯夷 叔齊 採薇하자고 날 찾나."

(굿거리장단에 마추어 춤을 추면서 영감 앞으로 슬금슬금 나온다)

슈監. (신아위청으로)

(唱) "절절절 저저리 절절시구, 얼시구 절시구 持花者 절시구
할맘 찾으리 누가 잇나. 할맘- 할맘-! 내야 내야."

(라고 창하며 굿거리장단에 마추어 춤을 추면서 미얄의 앞으로 나온다)

미얄. (영감을 바라보더니 깜작 놀라며) "이게 누구야, 영감이 안

인가. 아모리 보아도 영감일시 분명쿠나. 至誠이면 感天이라더니 이제야 우리 영감을 찾엇구나."

(창) "반갑도다 반갑도아
우리 영감이 반갑도다
조흘시고 조흘시고 지화자 조흘시고"

(춤을 추면서 영감에게로 매여달닌다)

令監. "여보게 할맘! 우리가 오래간만에 天佑神助로 이러케 반갑게 만낫스니 얼사안고 춤이나 한번 추어 봅세."

(창) "반갑고나 반갑고나
얼너보세 얼너보세."

(미알부부가 서로 끄러안고 굿거리장단에 맛추어 춤을 춘다. 이러케 한참 춤을 추다가 정신에 이상이 생기여 영감이 땅에 넘어지면, 미알은 영감에 머리 우으로붙어 기여넘어간다)

미얄. (이러서며) "아이고 허리야 아이고 허리야, 年滿七十에 生男子하엿스니 이런 경사가 어대 잇나."

(창) "조흘시고 조흘시고
아들 보니 조흘시고."

(라고 창하면서 춤을 춘다)

令監. (누은 채로) "야아 조키는 정 조쿠나. 그놈의 곧이 험하기도 험하다. 松林이 좌우로 욱어지고 山高谷深한데 물말은 湖水中에 구비구비 섬뚝이요 갈피갈피 유자로다. 자- 여긔서 우리 고향을 갈나면 육로로는 三千里요 수로로는 二千里니, 에라 배를 타고 수로로 갈거나. 배를 타고 오다가 풍랑을 만나 이곧에 와서 딱 붓텃스니 엇더케 떼여야 니러날 것인가. 이것 떼는 文書가 잇서야지. 올타 이제야 아랏

다. 내가 한창 소년적에 점치는 법을 배웟스니, 어듸 니러날 수 잇슬는지 占이나 한 卦 풀어볼가."(주머니에서 占筒을 끄내여 절넝 흔들며 눈을 깜고 큰 목소리로)

"祝曰 天何言哉시며 地何言哉리오만은 告之則應 하시나니 感而順通하소서. 미련한 백성이 배를 타고 오다가 이곧에 딱 붓터 노앗스니, 伏乞 李淳風 藿郭先生, 諸葛孔明先生, 程明道伊川先生, 昭康郎先生 여러 神明은 一時同參 하시와 上卦로 물비소서."(라고 낭랑하게 읽은 다음 점괘를 빼여 본다) "하- 이 卦相 고약하다. 犢聲之卦라. 송아지가 소리치고 니러나는 괘로구나. 음-매-"(하고 니러난다. 미얄을 물그럼이 바라보더니) "어허 이년! 나를 첫아들로 망신 주었지. 이런 천하에 고약한 년이 잇나. 이년에 씹중방을 꺽거 놋켓다. 웃중방은 웃툴듯툴하니 본대머리에 風簪 파주고, 아래중방은 미끌미끌하니 골패장판 만들 밧게 업구나."(라고 하며 미얄을 때린다)

미얄. "여보 영감! 설혹 내가 조곰 잘 못하엿기로 오래간만에 만나서 이러케도 사람을 한부로 친단 말이요."

令監. "야 이년 듣기 시러. 무슨 잔말이야."(미얄을 때린다)

미얄. "자아 자아 때려 죽여라, 때려 죽여라."(울면서 영감에게 매달녀 악을 스며 쥐여 뜻는다)

令監. "야 이것 바라. 이년이 도리혀 나를 물어 뜻는구나."

미얄. (부드러운 목소리로) "이봅소 영감! 우리가 이러케 만날 싸홈만 한다고 이 동내 사람들이 우리를 내여 쫏겟답데."

令監. "흥 우리를 내여 쫏겟데? 우리를 내여 쫏겠데? 그 역시 조흔 말이로구나. 나가라면 나가지. 欲去船에 順風일다. 하늘이 들장지갓고, 길이 낙지발 갓고 莫非王土이며 莫非王臣이라. 어대를 간들 못

살겟나. 내여 쫓기 전에 우리가 먼저 가잣구나. 그러나 저러나 너하고 나하고 이 동내를 떠나면 이 동내엔 人物동틔 난다. 너는 저 웃묵에 서고 내가 아레묵에 서면 이 동내의 잡귀가 犯치 못하는 줄 모르더냐."

미얄. "그건 그러치만 영감 나하구 이별한 후에 어듸어듸를 단기며 어떠케 지낫습나."

슈監. "그 험한 亂에 할맘하고 이별한 후로 나는 여긔저긔 단기면서 온갓 고생 다 하엿네."

미얄. "그러고 저러고 영감 머리에 쓴 것은 무엇입나."

슈監. "내 머리에 쓴 것에 근본을 알고 습단 말입나."

미얄. "그럼 알고 습고 말고."

슈監. "내 머리에 쓴 것의 내력을 좀 드러 보아라. 아랫녁을 당도하야 이곧저곧 단겨도 어듸 해 먹을 것이 잇서야지. 땜장이 통을 사서 걸머지고 단기다가 하로는 山臺都監을 만낫더니 산대도감의 말이 仁旺山 몰으는 호랑이가 어듸 잇스며, 산대도감 몰으는 땜장이가 어듸 잇드냐. 너도 세금 내여라 하길네, 세금이 얼마냐고 무른즉, 세금이 하로에 한돈八分이라 하기에, 하- 이 세금 빼건하고나, 벌기는 하로에 八分 버는데 세금은 하로에 한돈八分이라면 한돈을 봇태얏구나. 그런 세금 나는 못내겟다 하엿더니, 산대도감이 달녀들어 싸홈을 하야 衣冠破脫을 당하고, 어듸 머리에 쓸 것이 잇더냐. 마츰내 땜통 속을 보니 개털 가죽이 잇두구나. 이놈으로 떡 冠을 지여 쓰니 내가 同知 벼슬일다."

미얄. "同知 동지 곰동지, 님자가 무슨 벼슬을 햇나. 에- 에에"(울다가)

(唱) "절절 저저리 절절시구. 저놈의 영감의 꼴을 보게
一百열두도리 통양갓 玳瑁風簪은 어데 두고
唐공단 뒤막이 人毛網巾 어대 갓다 내버리고
개가죽冠이란 원 말인가.
그러나 영감 입은 것은 무엇임나."

令監. "내 입은 것 근본 드러 보아라. 산대도감을 뚝 떠나서 平安道 寧邊 妙香山을 들어갓다 중을 만나, 老丈님께 인사하고 하로 밤 자든 次에, 어떠한 입분 女중이 잇기로 객지에서 옹색도 하고 하기에 한번 덥첫더니, 중들이 버리떼 같이 달녀들어 無數 凌辱 때리길네, 갑작이 도망하여 나오면서 가지고 나온 것이 이 중의 칠베長衫일다."

미얄. "에- 에에"(울다가)

(唱) "절절절절 절시구
해가 떳다 日光緞
달이 떳다 月光緞
여름이면 夏節衣服
겨을이면 冬節衣服
철철이 입혓더니
어대 갓다 내버리고
중의 長衫이란 원 말이냐
그건 그러코 令監!
旣往 나와 살 적에는
얼굴이 明紬자누 메물가루 갓더니
웨 이러케 얼굴이 빠적빠적함나."

令監. "웨 내 얼굴이 엇덧탄 말이냐. 돗토리 하고 감자를 먹어서

참나무 살이젓다. 너 오래간만에 만낫스니 兒孩들 말이나 좀 무러보자. 처음 난 門烈이 그놈 엇더케 자라남나."

미알. "아- 그놈 말 맙소."(한숨을 지운다)

令監. "웨 한숨은 쉽나. 엇더케 되엿서. 어서 말 합게."

미알. "아- 영감! 하도 빈곤하야 산으로 나무하러 갓다가 불상하게도 虎患에 갓다오."

令監. (깜작 놀나며) "에 뭐야? 인제는 자식도 죽이고 아모 것도 볼 것이 업스니, 너하고 나하고는 영영 헤여지고 말자."

미알. "여보 영감! 오래간만에 만나서 엇재 그런 말을 함나."

令監. "듯기 실타. 자식도 업는데 너와 나와 살자미 조곰도 업지 안나."

미알. "헤여질나면 헤여집세."

令監. "헤여지는 판에야 더 볼 것 무엇 잇나. 네년의 행적을 덥허둘 것 조곰도 업다.(좌우를 도라 보면서) 여봅소 여러분! 내 말 드르시요. 이년의 소행 말 좀 드러 보시요. 이년이 영감 공경을 엇더케 잘 하는지. 하로는 압집 덜풍네 며누리가 나드리를 왓다고 떡을 가지고 왓는데, 그 떡을 가지고 영감 앞에 와서, 이것 하나 잡수오 하면, 내가 먹고 습허도 저를 먹일 것인데, 이년이 그 떡 그릇을 손에다 쥐고 하는 말이, 영감! 압집 덜풍네 나들이 떡 가저온 것 먹겟습나 안 먹겟습나. 안 먹겟스면 그만두지 하고, 저 혼자 먹으니, 나 대답 할 사이 어데 잇습나. 그뿐이면 차라리 괴이찬치. 동지섯달 雪寒風에 방은 찬데 발길로 이불을 툭 차고, 이마로 봇장을 칵 하고 바더서 코피가 줄줄 흘너가지고, 뱃대기를 벗적벗적 걸긔면서, 우리 요강은 파리 한 놈만 들어가도 소리가 왕왕 하는 것인데, 버리통 같은 보지를 벌치고 오즘을 쏼쏼 누며 방구를 탕탕 뀌니, 압집에 덜풍이가 보(洑)둥이 터진다고 광이하고 가레를 가지고 왓스니 이런 망신이 어데 잇슴나."

미얄. (한편 구석에 가만히 서 잇는 용산삼개 덜머리집을 가르치며) "이놈의 영감! 저러케 고흔 년을 얻어 두엇스니깨 나를 미워라고 흉만하지. 이별하면 같이 이별하고 미워하면 같이 미워하지, 어느 년의 보지는 金테두리 햇나."(삼개 덜머리집이 서 잇는 곳으로 쪼차가서 와락 달녀들며) "이년 이년, 너하고 나하고 무슨 원수가 잇길네 저놈의 영감을 환장을 식혓나. 네년 죽이고 내 죽으면 고만일다."(덜머리집을 때린다)

덜머리집. "아이고, 사람 살니우, 사람 살니우, 사람 살니우."(운다)

令監. (미얄을 때리며) "너 이년 용산삼개 덜머리집이 무슨 죄가 잇다고 때리느냐. 야 이 더러운 년, 구린내 난다."

미얄. "너는 젊은 년에게 빶어서 이같이 나를 괄세하니 이제는 나도 너 같은 놈하고 살기 실타. 너하고 나하고 같이 번- 세간이니, 세간이나 똑 같이 논아 가지고 헤여지자. 어서 논어내라. 논어내라. 논어내라. 어어- 어 어어- 어"(운다)

令監. "자 그래라. 논을나면 논으자. 물이 충충 水畓이며 사래찬 밧은 나 가지고, 鸚鵡 같은 女從이며 날매 같은 男從을낭 색기 껴서 나 가지고, 황소 암소 雌雄껴서 색기까지 나 가지고, 곡식 안 되는 노리마당 모래밧대기 너 가지고, 숫쥐 암쥐 새끼 껴서 생양쥐까지 너 가지고, 네년의 색기 너 다 가저라."

미얄. (唱) "아이고 서름이야 아이고 서름이야

나무라도 짝이 잇고

나는 새와 기는 즘생 모도 다 짝이 잇건만
우리 부부 어이하여 헤여지단 웬 말이냐
헤여질나면 헤여지자."

(춤을 추며) "얼시구 절시구 持花者 절시구. 물이 충충 수답이며 사래찬 밧도 너 가지고, 앵무 같은 女從과 날매 같은 男從도 색기 껴서 너 가지고, 황소 암소 자웅 껴서 색기까지 너 가지고, 곡식 안 되는 노리마당 모래밧대기 나를 주고, 숫쥐 암쥐 색기 껴서 새양쥐까지 나를 주고, 네년의 색기 너 가지라니, 이 늙은 할맘 혼자도 버러먹기 어려운데 색기까지 나를 주니, 엇지하야 산단말고.. 어어-어 어어-어." (운다)

令監. "그럼 조곰 더 갈나 주마."

미얄. "영감! 그럼 내가 처음 시집올 때 우리 부부 화합하야 수명장수하라고 百집을 둘래 돌아 깨진 그릇 모아다가 불니고 또 불니여 萬端精力 다 들이어 맨드러 준 놋요강은 나를 줍소. 나를 줍소."

令監. "앗다 그년 욕심 만네. 그래라. 博川 뒤지 돈 삼萬兩 별銀 세 개 나 가지고, 옹장 봉장 귀두지 자개 函籠 반다지 샛별 같은 놋뇨강 대야 밧처 나 가지고, 竹杖芒鞋 헌 집석, 만경淸風 삿부채, 입살 빠진 고리짝, 굴둑 덥흔 헌 삿갓 모도 다 너를 주고, 독기날은 내 가지고, 독기자루 너 가저라"

미얄. (춤을 추면서)

(唱) "이놈의 영감 욕심 보게. 이놈의 영감 욕심 보게
박천 뒤지 돈 삼만량 별은 세 개 너 가지고
옹장 봉장 귀두지 자개함농 반다지
샛별 같은 놋뇨강 대야 밧처 너 가지고

竹杖芒鞋 헌 집석 만경 청풍 삿부채
입살 빠진 고리짝 굴둑 덥흔 헌 삿갓
독기자룬 나를 주고 독기날은 너 가즈니
날 업는 독기자루 가진들 무엇하리
아마도 冬至섯달 雪寒風에 어러 죽는 수 밧게 업구나
영감! 이러케 여러 색기를 다리고
나 혼자 몸뎅이로 엇지 살난 말임나. 좀 더 줍소"

슈監. "너 그것 가지고 나가면 똑 굶어 죽기 조흘나."

미얄. "이봅소 영감! 엇지 그런 野俗한 말을 함나. 어서 더 갈나 줍소"

슈監. "야 이년 욕심 보게. 똑 같이 갈너 줍소 좀 더 줍소 어서 더 갈나 줍소 예 이년 아귀 숭숭스러우니 다- 짓물으고 말겟다. 땅땅 짓몰아라. 짓몰아라."(굿거리장단에 맛추어 짓모는 춤을 춘다)

미얄. "이봅소 영감! 영감! 연의 건 다 짓몰아도 祠堂을낭 짓모지 맙소 사당 동틔나면 엇지하오"

슈監. "흥 사당 동틔? 동틔나면 나라지."(여전히 짓모다가 갑작이 잡버진다. 죽은 듯이 가만히 누어 잇다. 이는 사당을 부시다가 神罰을 받어 卒倒하는 것이다)

미얄. (손뼉 치며 춤을 추면서)

(唱) "잘 되엿다 잘 되엿다. 이놈의 영감 잘 되엿다
祠堂 짓모지 말나 해도 내 말 안 듯고 짓모더니
사당 동틔로 너 죽엇구나
洞內坊內 키 크고 코 큰 總角!
우리 영감 내다 뭇고 나하고 둘이 사라 봅세.(영감의 눈을

어루만즈며) 이놈의 영감 벌서 눈깔을 가마귀가 파 먹엇구나."

슈監. (큰 목소리로) "아야!"

미얄. "죽은 놈의 영감도 말하나."

슈監. "가짓 죽엇스니 말하지.(벌덕 니러나서 미얄을 때리며) 너 이년 뭣이 엇재? 키 크고 코 큰 총각 나하고 삽세?"

미얄. (울면서) "이놈의 영감 나 슬타더니 외 날 때리나. 아이고 사람 죽는다."

슈監. "야 이년! 무슨 잔 말이야.(하며 미얄을 때린다. 미얄은 매를 맛다가 기절하야 죽는다. 죽은 미얄을 한참 드려다 보더니) 야 이년! 정말 죽지 안엇나. 성깔도 급하기도 하다."

(唱) "아이고 아이고 불상하고 可憐해라
이러케도 갑작이 죽단 말이 왼말이냐
神農氏 嘗百草하야 모든 病을 고치랴고
元氣不足症에는 六味八味十全大補湯
脾胃虛弱엔 蔘求湯, 酒滯에는 對金飮子
痰症엔 陶氏導痰湯, 黃疸鼓脹엔 溫白元
大醉難醒엔 石葛湯, 瘧疾에는 不二飮
蛔虫에는 建理湯, 小便不通엔 禹功散
大便不通엔 六神丸, 淋疾에는 五淋散
泄瀉에는 胃苓湯, 頭痛에는 二陳湯
嘔吐에는 伏令半夏湯, 感氣에는 敗毒散
關隔에는 消滯丸, 口瘡에는 甘吉湯
丹毒엔 犀角消毒飮, 房事後엔 雙和湯

癨亂에는 香薷散, 이러한 靈藥들이 世上에 갓득 하건만
藥 한 帖 못써 보고 갑작이 죽엇스니
이런 氣막힐 때가 어듸 또 잇단 말가."

(한편 구석에 서 잇든 용산삼개 덜머리집은 살작 場外로 나가랴고 한다. 영감이 달녀가서 덜머리집을 끄러안고 희롱하며 퇴장한다. 이때에 南江老人이 등장한다. 남강노인은 미얄의 媤父로서 白髮가 흐날니는 紅顔白髮의 탈을 쓰고 장고를 메고 천천히 들어와서 미얄의 죽은 것을 보며 장고를 땅에 놋는다)

南江老人. "이것들이 짜ㅡ 하더니 쌈이 난 게로구나.(미얄을 한참 바라보고) 아ㅡ 이것이 죽지 안엇나. 불상하구도 가련하구나. 제 영감 이별 몃 해에 외롭게 지내다가, 아ㅡ 매를 맞어 죽어? 하도 불상하니 넉이나 풀어 줄 박게 업다."(범벅궁調로 장고 치며 고개를 좌우로 내두르면서)

(唱) "各山大川後山神靈!
불상한 이 인생을 극락세계 가게 하소
넉은 넉盤에 담고, 魂은 魂盤에 담아
榮華峯으로 가옵소서.(춤을 춘다. 巫女로써 盛大한 굿을 하는 일도 잇다) 兒孩들아 니러나거라. 東窓 南窓 다 밝엇다."(라고 큰 목소리로 창하고 퇴장한다. 미얄도 니러나서 살작 퇴장한다)

이상으로써 劇은 전부 끝을 막는다. 그러고 卽席에서 탈, 衣裳 등 諸道를 불에 살아 버리는대, 그것이 全燒할 때까지 출연자 일동이 장작불 앞에 모여 서서 衝天하는 火光을 向하야 數업시 절을 한다.

조선의 민간오락

물질문화유물보존위원회

1. 해 설

탈(假面)을 쓰고 노는 연기(演技)는 오래전부터 조선에 있었고 그 종류도 많았다. 여기서 소개하는 것은 그중 연기의 형식과 내용이 비교적 구비되였으며 오랫동안 인민 속에 인기가 있었고 또 있는 황해도(黃海道) 봉산지방(鳳山地方)의 탈춤이다.

봉산 탈춤의 내용을 말하기 전에 먼저 탈춤(假面劇)일반에 관한 력사적 고찰 및 해설을 하려고 한다.

조선 탈놀이의 확실한 기원은 문헌상 멀리 삼국시기(三國時期)에서 찾아 볼 수 있다. 삼국사기(三國史記)에는 신라(新羅) 시기의 다섯 종류의 탈놀이에 관한 최치원(崔致遠)의 시를 게재하고 있는데 물론 그 내용은 상세하지 않으나 그 중에는 지금의 사자(獅子)탈과 같은 것이 있었던 것을 알 수 있다. 또한 동경잡기의 풍속조(東京雜記 風俗條)에 의하면 신라 태종왕 때 十六세의 어린 장군으로서 백제를 치다가 백제의 장군 계백(階伯)이 손에 죽은 용감한 관창(官昌)을 신라 사람들이 애석히 여기여 그 얼굴을 그린 탈을 만들어서 쓰고 칼춤을 추는 놀이가 후세까지 전하여 왔다고 하니 신라시기에 이미 탈을 쓰고 칼춤을 추는 풍습이 있었음을 알 수 있다. 이렇듯 신라의 탈놀이는 전해 오건만 우리 력사 문헌상 결함으로 말미암아 신라만 못지 않게 문화가 발달되였던 고구려 백제의 탈놀이에 대하여는 중요한 아무런 문헌도 남아있지 않다. 그러나 신라의 례를 미루어 생각할 때 고구려 백제에서도 탈놀이가 있었으리라는 점에 대하여 누구도 부정할 수 없을 것이다. 삼국의 뒤를 이은 고려에 와서는 사회 경제 문화의 발전에 따라 탈놀이도 많은 장성을 가져와 여러가지 탈놀이들이 성행하였으며 고려 말에 이르러서는 이들이 집대성되여 산대극(山台劇)으로 발전되였다. 이때부터 조선의 탈놀이는 그 형식과 내용이 가면극(假面劇)으로서의 기초가 확립되여 조선 연극사상 뚜렷한 자리를 차지하게 되였고 리조 시기에 와서는 탈춤의 전성기를 이루었다. 특히 리조에서는 중국 사신(中國使臣)을 영접하기 위한 연로인 평양, 황주, 서울의 모화관 등에서 탈놀이 산대극(山台劇)을 연출시키고 이를 관리하는 산대도감(山台都監)까지 두었던 것이다. 이렇게 외국 사신을 영접하는데 리용되던 산대극의 배우들은 항상 서울에 고착되여 산대도감에게 전속되여 외국사신이 왔을적만 연기를 할 것이 아니라 농한기를 리용하여 부락부락을 돌아다니면서 일반 인민들 앞에서 출연하기도 하였다.

그리하여 일반 인민과 접촉하는 과정에서 산대극의 내용이 점차 당시 인민의 감정을 많이 발생하게 되었으며 그러나 수많은 탈춤들이 지방적으로 독자적인 발전을 하여 매우 [illegible] 보게 되었다.

이렇게 지방적으로 발전한 것의 하나가 봉산 지방 탈춤이다.

황해도는 각 고을마다 거의 다 탈춤이 성행하였다. 탈춤으로 유명한 곳만 하더라도 해주(海州) 기린(麒麟) 강령(康翎) 봉산(鳳山) 황주(黃州) 서흥(瑞興) 재령(載寧) 등을 들 수 있다. 이를 다시 크게 나누면 탈춤의 유형으로 그 특징에 따라서 대략 해주 기린 강령 지방 것과 봉산 황주 서흥 재령 지방 것과는 약간의 차이가 있어서 두 가지를 유형적으로 구분할 수 있다.

탈 제조 기법(技法)에 있어서 해주 지방의 탈은 대개 『인물탈』 모습 봉산 지방 탈보다 사실적이 [illegible] 가까우나 봉산 지방 탈은 대개 『귀면탈』이라 하여 괴물이 울퉁불퉁 한 혹모가 과장된 형상이며 [illegible] 과장(誇張)을 과장하였다. 또 춤추는 방법에 있어서도 봉산 탈춤은 깨끼춤으로 가볍고 활발하나 해주 탈춤은 무거운 춤이므로 [illegible] 해서 봉산 탈의 [illegible]를 많이 쓴다.

탈춤은 황해도 일대 四月 초 八일과 五月 端午에 성행해 왔다. 그러나 해주는 五月 端午에 단오(端午)에 주로 그 놀이가 성행 했다. 단오날 해질 무렵에 시작하여 밤 [illegible] 그날 밤새껏 놀이판이 벌어지고 밤새워서 [illegible] 청사가 [illegible](眞生)를 [illegible] 처음 탈을 [illegible] 놀고 나가자 [illegible] 탈판(탈춤의 [illegible] 마당을 의미한다) [illegible] 저녁 이어 [illegible] 차차 [illegible] 탈을 쓴 탈꾼들이 [illegible] 나타나서 탈춤을 추기 시작한다. 그리하여 밤이 [illegible] 이튿날 아침 무렵 [illegible] 해 탈춤이 끝난다. 탈춤이 끝나면 탈꾼들은 사용했던 탈을 전과 [illegible] 태워 버리는 것이다.

탈춤에 사용되는 탈은 나무로 만든 것, 종이로 만든 것, [illegible] 만든 것 등이 있으나 봉산 탈은 종이로 만든다. 봉산 탈춤은 그 대본이 구전(口傳)의 기록으로 [illegible] 전하여 온 것이며 [illegible] 탈과 [illegible] 보존하여 [illegible] 만든 것을 [illegible].

이하 탈 제조 방법에 대하여 간단히 [illegible] 소개하며 나가려 한다.

탈을 만드는 방법은 [illegible](陰乾)을 [illegible](粘土)로 만들고 그 위에 종이를 [illegible] 다음 [illegible] 종이탈(紙)이 [illegible]. 그리고 그 위에 다시 [illegible] 하여 [illegible] 나게 [illegible] 한다. 그런데 울퉁불퉁하고 정교하지 못한 기이한 탈은 [illegible] 해서 [illegible] 만들어 [illegible] 보여준다.

봉산 탈춤에 사용되는 중요한 탈들과 그 모양들은 다음과 같다.

(가) 상좌(上佐)탈

흰 얼굴에 눈과 입은 먹으로 그렸다. 길이 二四·五센치 이며 폭이 一八·五센치 이다.

(나) 먹중(墨僧)탈

붉은 얼굴에 흰 점 검은 점으로 눈 가장자리를 찍고 눈알은 금박(金箔)을 박고 눈썹은 먹으로 그리고 이마와 코에는 혹이 붙어 있다. 길이 二五센치이며 폭이 二五센치 이다.

(다) 노승(老僧)탈

암색 얼굴에 붉은 점 흰 점을 찍고 눈알은 금박을 박았다. 길이 二七·五센치 이며 폭이 二二 센치 이다.

(라) 취발(醉發)탈

검은 얼굴에 눈알은 금박을 박고 눈의 길이 九센치 이며, 이마와 코에 혹 다섯개를 붙이고 머리털은 황소 꼬리를 드문드문 붙였다. 길이 三〇센치 이며, 폭이 二四·五센치 이다.

(마) 소무(小巫)탈

백색 얼굴 머리는 흑색 입술과 눈 가장자리에는 붉은 연지를 찍었다. 길이는 二四·五센치 이며, 폭이 二〇센치 이다.

(바) 양반 탈

흰 얼굴에 눈과 눈썹은 먹으로 그리고 수염은 흰 털을 붙였다. 길이 二七센치 이며, 폭이 一八센치 이다.

(사) 미얄 탈

붉으스레한 얼굴에 검고 흰 점을 찍고 입은 붉다. 길이 二六센치 이며 폭이 二〇센치 이다.

(아) 포도 비장(捕盜裨將)탈

흰 얼굴에 눈과 입과 눈썹과 수염은 검은 색깔로 그리고 이마에는 망건 쓴 모양을 그림으로 그렸다. 길이 二五·五센치 이며, 폭이 一八센치 이다.

이상과 같은 탈이 다채로운 의상(의상에 대하여는 봉산 탈춤 대사를 참조하라)을 입고 각 장면에 따라 춤과 대화로써 극이 진행되는데 이에 사용되는 악기는 피리 二, 북 一, 장고 一, 해금 一, 젓대 一과 꽹매기가 포함된다.

봉산 탈춤의 각 장면의 간단한 내용은 다음과 같다.

제1장 상좌춤(上佐舞)

상좌춤은 탈춤의 서막이므로 취발(醉發)이라고 부르는 한 거사(居士)가 생불(生佛)과 같은 마과·수행이 높았다는 노승(老僧)을 시기하여 그를 유혹하여 파계시키려고 노승의 제자인 네명의 상좌 중을 유인하여 노승의 법석(法席)앞에서 화려한 춤을 추게 한다。 이 장면은 대화(對話)가 없이 춤이므로만 끝나며 악곡(樂曲)은 영산회상곡(靈山會上曲)을 사용한다。

제二장 먹중춤(墨僧舞)

취발은 제1장의 춤으로써 시험하여 보았으나 노승의 마음이 조금도 움직여지지 아니하므로 이번에는 그 절에 있는 먹중을 유인하여 노승의 마음을 움직이게 하려고 시도한다。 먹중은 전부 八명인데 홍색 또는 황색 및 화려한 복장을 입고 한명씩 등장하여 타령조(打令調)(굿거리춤、굿거리곡 등)에 맞추어 기발한 춤을 추고 가지가지의 음탕한 대사와 재담을 주고 받고 한다。

제三장 사당춤(社黨舞)

이 장에서는 남녀 사당패가 등장하여 노래와 춤을 추면서 노승의 마음을 움직여 보려고 한다。 이 장은 타령조에 맞추어 노래와 춤이므로써 구성되고 연희는 것이다。

제四장 노승춤(老僧舞)

이 장은 제五장 취발춤 제七장 양반춤 제八장 미얄춤과 더불어 봉산탈춤 중에서 가장 중요하고 내용이 풍부한 장면이다。 여기서는 최후의 일책으로 어여쁜 소무(小巫)二명을 파송하여 노승을 유혹하여 드디어 파계(破戒)하게끔 한다。 이 장에 등장하는 탈은 소무、먹중、노승、신장수、원숭이 등이며 사용되는 악곡은 타령、염불곡이고 재담과 춤、타령、염불을 다채롭게 섞어 진행한다。

제五장 취발춤(醉發舞)

이 장에서는 취발、노승 소무 오먹에들이 등장하여 취발이 파계(破戒)한 노승과 소무를 희롱 유인한다。

제六장 사자춤(獅子舞)

이 장에서는 먹중 한명이 돌연히 나타난 사자(獅子)에게 그 유래를 물으면서 업수히 여기며 귀를 빈드다가 노한 사자에게 잡혀 먹힌다。 이에 다른 먹중들이

놀래여 사자에게 물어 본 결과 마을들이 생불과 같은 보승을·약속하였기 때문에
그것을 책하고자 부처님이 보낸 사자라는 것을 알고 사자에게 사죄하고 사자와
같이 춤을 춘다。 악곡은 타령조를 사용한다。

제七장 양반춤(兩班舞)

이 장은 양반의 비부(婢夫)말뚝이가 양반 三형제를 풍자하면서 놀리는 장면이
다。 여기서는 인민들의 봉건 지배 계급에 대한 반감을 말로하는 말이 말뚝이
입을 통하여 노골적으로 표현된다。
그리고는 쇄신한 포도부장이 나와서 대화없이 무언으로 춤을 추는 것이므로 이
막이 끝나는데 그것은 전기 타락한 양반과 대조시켜 양심적이고 우둔한 양반은
인민들의 존경은 받을 수 있다는 것을 의미하는 것이라 한다。 그러나 당시 인
민의 공포의 적이었던 존경의 대상이 아닌 포도부장을 하등의 관련도 없이 천
박 등장을 시키었다는 것은 이 장이 가리키는 본래의 목적과 배치되고 주의 진
행상 기술면으로 보아도 어색하기 짝이 없으나 아마도 이 장면을 보는 양반 계급
들의 귀찮은 간섭에 대한 광대가면극자가 아니었는가 싶다。

제八장 미얄춤

이 장에는 여흥적 요소가 많이 가미되여 별로 승패와 관계없는 무당의 놀음인
부부가 헤어진 후 오랫동안 서로 방황 끝에 찾아 다니다가 다시 만나서 즐기는
동안 바가지 싸움에 분재(分財)문제까지 제기되여 싸우다가 미얄 할멈의 죽음이
로서 비참히 끝나게 된다。 이 때에 남강 노인이 등장하여,『죽은 자만 억울하지 한
은 한들 무엇하랴』하는 위안의 말과 함께 장사를 지내게 하고 『동창이 밝아온
다 오서들 일어나거라』하는 말로써 미얄춤의 끝을 맺을 뿐만 아니라 봉산탈춤
전체의 종막을 선언한다。 그러나 『동창이 밝아온다 오서들 일어나거라』하는 최
후의 대사는 봉건 착취에 신음하던 당시 인민 전체의 소리이였다。
이상으로서 가히 짐작할 수 있지만 봉산탈춤은 봉건이고 다채로운 북무(舞)와
군무(群舞) 그리고 우리 인민들의 귀에 익은 가지가지의 노래 봉건적 통치 계급과 그의
앞잡이인 승려들의 부패상, 타락상을 폭로 야유하는 우습고도 통쾌한 재담들을 풍부히
가지고 있는 동시에 거기 사는 신장수 말뚝이 미얄부부 등 인물의 대화를 통하여 당시
사회의 모든 갈등과 인민 생활의 비참한 광경들이 적나라하게 표현되여 보는 사람으로
하여금 커다란 감명을 받게 한다。 우리는 광구한 인제 통치하에서 유만적 문화정책이

로 인하여 체계화되었던 탈춤을 옳게 보존함으로써 우리 나라 고전 예술의 진가를 리
해하는데 도움을 줄 수 있으며 또한 탈춤이 가지는 노래 춤 대사들에서 인민적 요소를
계승 발전시킬 수 있을 것이다.

二. 봉산탈춤 대본

제一장 상좌춤

一. 등장인물

1. 상좌 四명

二. 악곡 타령조, 영산회상곡

제二장 먹중춤

一. 등장인물

1. 먹중 八명

二. 악곡 타령조, 무동춤, 굿거리곡

제三장 사당춤

一. 등장인물

1. 홀아비거사
2. 거사 六명(四명은 고정, 二명은 등장인물이)
3. 사당

二. 악곡 타령조, 놀량사거리곡

제四장 노승춤

一. 등장인물

1. 소무 二명
2. 먹중 八명
3. 노승
4. 신장수

5・원숭이

二、악곡 타령조、념불곡

제五장 취발춤

一、등장인물

1・취발

2・로승

3・소무 二명

4・어린애

二、악곡 타령조、길나태비

제六장 사자춤

一、등장인물

1・먹중 八명

2・사자

二、악곡 타령조

제七장 량반춤

一、등장인물

1・말뚝이

2・량반 三형제

3・취발

4・포도비장

二、악곡 타령조、굿거리곡

제八장 미알춤

一、등장인물

1・미알

2・미알령감

3・도루마리집

4・남강로인

二、악곡 굿거리곡、시나티청(시나위청)、남강로인 춤

제1장 상좌춤(上佐舞)

상좌(上佐)들이 한 사람씩 먹중(墨僧)의 등에 업혀와 타령조(打令調)에 맞추어 춤을 추면서 등장하고 먹중은 퇴장한다.

상좌들은 모두가 흰 장삼(長衫)을 입고 붉은 가사(袈裟)를 메고 흰 고깔을 썼다.

四명의 상좌가 1렬로 서서 영산회상곡(靈山會上曲)(주1)에 맞추어 춤을 추기 시작하여 어느듯 二명씩 동서로 갈라지는가 하면 서로서로 엇갈아 오고 가면서 전곡(全曲)이 다 끝나도록 자못 화려하게 춤을 춘다.

이 장이 끝나려고 할 지음에 八명의 먹중 中에서 1목(1目)(주二)이 튀여 등장하자 四명의 상좌가 일시에 퇴장하고 영산회상곡이 타령조로 바꾸이면서 먹중춤으로 넘어간다.

제二장 먹중춤(墨僧舞)

1목이 한참 신이 나게 춤을 추고 있을 때 二목(二目)이 튀여 등장하여 1목의 낯(面)을 쳐 퇴장을 시키고는 타령조에 맞추어 쾌활히 장내를 돌면서 잠간 춤을 추다가

二목 『쉬—』(좌중이 잠잠해진다. 이하 동일함) 『산중에 무일력(無日曆)하여 시절 가는 줄 몰랐더니 꽃 피여 춘절(春節)이요, 나무와 무성하여 하절(夏節)이요, 오동잎 떨어져 추절(秋節)이라. 저 건너편 창송록죽(蒼松綠竹)에 백설이 분분(白雪紛紛)하니 동절(冬節)이 분명하다. 나도 본래는 황량하여 산간에 은거(隱居)하여 있다가 풍류성(風流聲)을 듣고 보니 염불삼매(念佛三昧)에 념(念)이 없어(주三) 이 풍류정(風流亭)을 찾아 왔노라.』

명랑한 노래(唱)에 맞추어 악공(樂工)들이 타령조를 반주(伴奏)하며 二목이 이에 흥겨워 한동안 춤을 춘다.

二목 『쉬—』

『봉제사 연후에 접빈객(奉祭祀然後接賓客)이오, 수인사 연후에 대천명(修人事然後待天命)이라 (주四) 하마니 인사 들어가오』

노래(唱) 『백수한신이 심불로(白首閑身心不老)』 (주五)

二목이 타령조에 맞추어 흥취있게 춤을 출 때 三목(三目)이 등장한다。 三목이 등장하여 二목의 낯(面)을 쳐 퇴장시키고 타령조에 맞추어 한바퀴 돌면서 춤을 추고난 다음 장내를 휘휘 돌아 보면서

三 목 『쉬―』

『멱라수(汨羅水) 맑은 물은 굴삼려(屈三閭)의 충혼(忠魂)이오, (주六) 삼강수(三江水) 짙은 여울 오자서(伍子胥)의 정령(精靈)이라。 (주七) 고사리 캐던 백이(伯夷) 숙제(叔齊) 청절(淸節)이 있다 하였건만 수양산(首陽山)에 아사(餓死)(주八)하고 말 잘하는 소진(蘇秦) 장의(張儀)(주九) 열국제왕(列國諸王)을 달랬으되 추풍세우 두견성(秋風細雨 杜鵑聲)에 슬픈 원혼이 되었고나, 초로 같은 우리 인생이야 젊어서 아니 놀고 무엇하리。』

『쉬―』

『봉제사 연후에 접빈객이오, 수인사 연후에 대천명이라 하마니 인사 들어가오。』

타령조에 맞추어 춤을 추면서

노래(唱) 『이 두견 저 두견 만첩청산이라……』

三목이 흥겨워 춤을 출 때 四목(四目)이 뛰어서 등장하여 三목의 면을 쳐서 퇴장시키고 타령조에 맞추어 장내를 휘 돌아 보면서 춤을 추며 한바퀴 돌고서

四 목 『쉬―』

『세거에 인두백(歲去人頭白)이오, 추래에 수엽황(秋來樹葉黃)이라。 세월이 가고 보면 사람의 머리 백발되고 가을이 오고 보면 나무잎 누렇지나니 청춘을 늘고야 청춘 시절이 늙고지고……』

노래 부르면서 타령조에 맞추어 춤을 춘다。

『쉬―』

『봉제사 연후에 접빈객이오, 수인사 연후에 대천명이라 하마니 인사 들어가오』

타령조에 맞추어 춤을 춘다。

노래(唱) 『경치(景致) 여산(廬山) (주10)이오, 지상은 선경이라。』

四목이 한창 춤을 출 때 五목(五目)이 등장한다。 五목이 뛰어서 등장하여 四목의 면을 쳐서 퇴장시키고 장내를 둘러 보면서

五 목 『쉬―』

『오호(五湖)로 돌아드니 범려(范蠡)(주一一)는 간 곳 없고 백빈주(白蘋洲)갈마귀는 홍요안(紅蓼岸)으로 날아든다。 심양강(潯陽江)당도하니 백락천(白樂天)(주一二) 일거후(一去後)에 비파성(琵琶聲)끊어졌다。 적벽강(赤壁江)당도하니 소동파(蘇東坡)의 상풍월(賞風月)(주一三)의 연하건만 一세 영웅 조맹덕은 지금 안재재오(一世英雄曹孟德只今安在哉)(주一四)월락오제(月落烏啼)깊은 밤에 고소성외(姑蘇城外)배를 매니 한산사(寒山寺)의 야반종성(夜半鐘聲)은 객선(客船)을 둥둥 울리누나 (주一五) 풍악소리 천란하니 내 아니 놀고 무엇하리……』

노래 부르면서 타령조를 반주로 춤을 춘다。

五목이 이렇게 춤추며 놀 때, 六목(六目)이 등장하여 五목의 면을 쳐서 퇴장시키고 장내를 휘―둘러 보면서

六 목 『쉬―』

『산은 높지 아니하여 수려(秀麗)하고 물은 깊지 아니하여 청징(淸澄)이라 땅은 넓지 아니하여 평탄(平坦)하고 숲은 많지 아니하여 무성(茂盛)이라 허과 한은 쌍쌍이 학을 짓고 송죽(松竹)은 서로서로 취록(翠綠)이라。 기산 영수 별건곤에 소부 허유 箕山潁水 別乾坤에 巢父 許由)놀아 있고 (주一六) 채석강(采石江)달 밝은 밤에 리적선(李謫仙)이 놀아 있고(주一七) 적벽강 추야월(赤壁江 秋夜月)에 소동파 선유한다。

이러한 풍류선에 한번 놀고 가세。』

노래하면서 타령조 반주에 잠간 춤을 춘다。

『쉬―』

『녹음 방초 승화시(綠陰芳草勝花時)……』

六목이 춤을 추고 있을 지음 七목(七目)이 등장하여 六목의 면을 쳐 퇴장시키고 장내를 휘 한번 둘러 보고서

七 목 『쉬―』

『천지현황 생긴 후 일월영측 되었어라。 천지개벽 후 만물이 무성하여 산도 자연, 수도 자연, 산수간에 나도 자연, 우연히 봄이 오면 산수 경치를 구경하려고 죽장 망혜 단표자(竹杖芒鞋單瓢子)로 천리 강산을 당도하니 산에 찬 홍과 목은 一년 一도(一度)에 새로이 봄이 춘색을 자랑하고 창송녹죽(蒼松綠竹)은 울울 창창한데, 기화요초 만발중(奇花瑤草 爛漫中)에 화간에 자는 호접(胡蝶)자취 없이 날아든다。

유상 앵비는 편편 금이요, 화간 접무는 분분 설이라(柳上鶯飛片片金, 花間蝶舞紛紛雪) 일시구나 삼춘 가절 도화 만개 점점홍(桃花滿開點點紅)은 무릉 도원(武陵

桃源)(주一八)이 여기로다。

양류세지 사사록(楊柳細枝絲絲綠)은 황산곡(黃山谷)(주十九)의 정절(正節)이라。나도 또한 흥취 일리는 대로 한번 놀고 갈까하여……』

타령조에 따라서 춤을 추다가

『쉬―』

노래『옥동 도화 만수춘(玉洞桃花萬樹春)……』

七목이 춤추고 있을 때 八목(八目)이 등장하여 七목의 면을 쳐서 퇴장시키고 장내를 휘 둘아 보고서

八 목 『쉬―』

『중장 절고 많하 신이 천리강산 들어 가니 폭포도 장쾌하거니와 대산(山)이여기로다。

비류직하(飛流直下)三천척은 옛말로 들었건만 의시은하 락구천(疑是銀河落九天)(주二〇)은 과연 허언이 아니로다。은하석경(銀河石徑)좋은 길로 인도하는 곳에 당도하니 상산사호(商山四皓)(주二一)바둑을 두는데 자기 않은 소무자(蘇武子)(주二二)는 무엇을 그리 슬퍼만 하는고, 소 고삐 손에 잡고 있는 허유(許由)는 기자 무슨 일로 부장 까고 앉아 있느니, 소리 좋아 배짱가 보니 확실한 봉류정이 분명하다。 한번 놀고 가세。』

타령조에 맞추어 춤춘다。 잠시 후에

八 목 『쉬―』

『만사 무심 一조간(萬事無心一釣竿) 질로 우습네。』

八목이 타령조 반주에 따라서 춤을 추고 있을 때, 퇴장하였던 七명의 먹중이 함께 등장하여 도합 八명의 먹중이 뒤섞여 무동춤 (다른 대본에는 법고춤(法鼓舞)) 을 춘다。

법고춤은 一법고, 二법고, 三법고, 四목석, 五장고, 六대중, 七목, 八법고, 이상 八목의 악기로 구성된다。

이상 악기로써 한참 떠들어지게 연주하다가 재담이 시작된다。

一 목 『안녕하』

먹중들 『그래서』

一 목 『우리가 놀기 중이 아니냐』

먹중들 『그래서』

一 목 『중이면 중의 행세를 하였고, 속인이면 속인 행세를 하지 이런 정(庭)(주二三)에 내려와서 풍류만 좋아하고 노는 것이 천만 만만 부당한 노릇이니

우리가 정신없이 노던 뽀구 놀이나 하세。』

목중들 『뽀구 놀이-아 좋다。그리 하게。』

웃옷부터 훌훌 벗기 시작하여 중의만 남겨 놓고

목중들 『다 벗었다。』

一목이 八목의 머리를 부채로 탁 치며

一 목 『야 이 자식아。이 벗고 뭬야- 무슨 흉악하는 뽀고 놀이지-』

八 목 『허허 우습고나。이러므로 자식을 낳면 글자나 가르치는 뽀이야』

자기를 가리키면서

『이것은 뽀구요』

뽀고를 가리키면서

『이것은 뽀고로다。 코 고개가 있지 코 구멍가 어데 있는가』

一 목 『그러면 코가 무식하다。』

八 목 『그렇지 그 말이 옳다。』

一 목 『그러면 뽀고를 대강이하다가 하자。 우리 둥그렇게 하자。』

八 목 『뽀고를 대강이만 하라구- 어서 하여라。 자 했다。』

八목이 뽀고를 흔들며 저다。一목이 뽀고채로 뽀고를 치는데 八목의 흔들음을 따랐다。

八 목 『아이고 코 떨어지네。아 그 치면서는 뽀고를 대강이하다. 하라하기여 흙은 놈이 저우 했더니 치라는 뽀고는 아니 치고 남의 코 대강이를 무릎을 톡 치니 이자식 정말 수 없다。 코피가 퍽지 쏟게 나는구나』

一목 八목의 머리를 가리키며

『이 자식아, 이 대강이하라 이라 말이다』

八 목 『이러므로 아까부터 무식하다고 하지 않더냐』

코를 가리키며

『이것은 코 봉가리요』

머리를 가리키며

『이것은 머리꼭이다』

一 목 『허허 이놈의 뽀고를 전부하다 쳐라』

一목이 지팡을 가리키며

뽀고를 전부하다 치고 『이리로 가는 놈도 저하를 저리로 가는 놈도 저하를 놈이나 이 자리에 와서 보고 수 있거라』

八목을 상하여 치우고 큰 북을 허우로 들고 一목이 八목의 머리를 정말하여 맞추어 올려 준다。 사공은 그 자리에서 좌우의 북을 치며 장단에 맞추어 춤을 춘다。 그는 아기와 뱃고 든 자들이 흥에 겨워 한참 놀다가 퇴장한다。

제三절 사당희(社黨戲)

사당(社黨)은 유랑하는데 그 안에 우두머리 거사(居士) 1명이 구지레한 복장을 하고 유랑하며 타령조에 맞추어 되는대로 춤을 춘다。 이 패에 화려한 복장을 한 고운 여사당(女社黨) 1명이 교자를 타고 유랑하는데 거사 四명은 교자를 메고 거사 二명은 등롱(燈籠)을 들고 교자 앞에 서서 안내를 한다。 우두머리 거사가 이것을 보고 대단히 놀래어 장고의 북소리 노래하며 듣고 있다。 六명의 거사가 교자를 중앙에 놓고 교자 곁에 모여들고 여자 사당은 교자 위에 서 있다。

음악의 반주가 멎는다。

거사갑 『어쩌다』

거사을 五명, 일제히 『예―』

거사갑 노래하며 듣고 있는 우두머리 거사를 손짓하면서

『저 거사를 향하여 인사하라。』

거사을 五명 일제히 『예』

五명의 거사가 소고(小鼓) 대고(大鼓) 징(鉦)등 악기를 치면서 우두머리 거사를 놀리며 장단을 맞추어 놀자 우두머리 거사 드디어 노래하며 퇴장한다。

이 패의 여자 사당이 교자에서 나려와 거사들과 1명이 되어 악기를 치고 『놀양 四거리』(다른 데서 하는 노래이다)를 합창하면서 춤을 춘다。

놀양 四거리(놀양)의 가사

『에헤라디여 산천초목이 다― 에… 목을 뽑아 노래하며 흥겨운 새 울어간다。 춘수는 만만 가려가는 청산 만만 장송이 와자지근 다 부러졌다。 다른 가지마다 저절로 꺾어지나 얽어지나 좋다。 잘 놀아라。 어찌 흥겨워 흥겨운 새 울어간다。 화초를 그려놓고 하고 춘향이 보고저 한다리는 남해 앉고 또 한다리 방에 앉아 옥가 어디메로 가자느냐 옥가 어디메로 가자느냐, 이 산 넘어가도 그리 보고지고 저 산 넘어가도 보고지고 어찌 남자(藍子)노래 앙앙하고 구해 좋아 보나이다。 보나이다。 보나이다。 산천 좋아 보나이다。 三월이라 유구하고 三월이라 얽어지나 꺾어지나 만물만물이 웃긴 노삼 삼월 만물 흥두께 나올 줄 바라고 여기 가을에 맺힌 두 사람 어―』

놀양 四거리가 끝나자 퇴장하고 다음이 계속된다。

제四장 노승무(老僧舞)

二명의 아름다운 소무(小巫)가 七보(七寶)로 수식한 화관(花冠)을 쓰고 색 두른 색색 의복을 입고 八명의 먹중을 교군으로 한 교자에 앉아 등장한다.

소무들은 八명의 먹중과 함께 타령조에 맞추어 극히 화려하게 춤을 춘다.

이 때에 노승이 등장하는데 노승의 차림을 보면 검은 장삼에 법의(法衣)를 입고 붉은 가사를 메고 주르고 검은 노승의 탈을 쓰고 그 위에 송낙을 쓰고 무릎까지 늘어진 염주를 목에 걸고 먹중이 四선선(四仙扇)으로 얼굴을 가리고 六환장(六環杖)을 짚고 장판 한 모퉁이에 납 물러 들어선다. 두명의 소무가 흥취로이 춤추고 있을 때 八명 먹중 중에 一명이 저 있는 노승을 발견하고 깜짝 놀랜다.

이 때에 음악과 무용이 一시에 중지되고 소무들도 잠잠히 서 있다.

一 먹 『아 뭐하라』

먹중들 七명이 함께 『무엇이야』

一 먹 노승이 서 있는 곳을 손짓하면서 『저 동편을 바라보니 뭐가 오는데 괴기가 하구나』

二 먹 『뭐가 가서 볼까』 二먹이 춤추면서 노승을 바라본다. 다시 돌아 와서 『아니야 뭐가 지금 절 보고 왔다. 날이 흐린 적이 아니라 옹기장수가 옹기를 얹어 놓은 지게를 벗어 놓았더라』

먹중들 『무엇이야』

三 먹 『뭐가 가서 절 보고 오마』

三먹이 춤추면서 노승에게 가까이 가서 잠시 노승을 보고 와서

『아니야』

먹중들 『무엇이야』

三 먹 『뭐가 지금 절 보고 왔으니 숯장수가 숯을 짊어진 지게를 벗어 놓았더라』

四 먹 『아니야』

먹중들 『무엇인가』

四 먹 『뭐가 가서 절 보고 오마』

춤을 추며 노승의 근방에 가서 이곳 저곳을 바라보고 돌아 와서

『아니야』

먹중들 『무엇이야』

四 목 『내가 가서 잘 보니 천기가 흐려서 대풍이 나와서 있더라』
모중들 『대풍이 나와서 있오』
七명의 먹중이 대단히 놀랜다。
五 목 『아느냐』
모중들 『무엇인가』
五 목 『내가 가서 보지』 五목이 허리춤을 추면서 무서워하는 동작으로 노승의 근방에 가서 이곳 저곳을 자세히 살펴 보다가 깜짝 놀래여 뒤에 떨쳐 물러서 돌아온다。
모중들 『저 놈 벼란간에 미쳤나』
五 목 신고하다가 일어나서 『아느냐』
모중들 『무엇인가』
五 목 『정말이다。 실로 큰 산봉우이드라』
六 목 『아느냐』
모중들 『무엇인가』
六 목 『사람이 이렇게 많이 모였는데 산봉우가 나오다니 되지 않은 법이다。 내가 가서 보마』
六목이 흥이 있게 춤을 추면서 뛰어가서 제 머리를 노승에게 향하여 부딪쳐 본다。
노 승 『부채를 흔들거린다』
六 목 놀래여 돌아 와서 『아느냐』
모중들 『무엇인가』
六 목 『옹기 지기나 숯점이나 대풍이나 하였더니 그런 것이 아니라 사실은 노승님이더라』
七 목 『아느냐』
『그러면 그런 데가 있나 내가 가서 보마』
七목이 태연히 춤을 추면서 노승이 서 있는 곳을 향하여 간다。 이 때에 악공이 타령조를 연주한다。
七 목 노승 앞에 가서 기립하여
『노승님』(몽우이 맺는다)
노 승 부채를 흔들면서 머리를 앞 뒤로 끄덕거린다。
七 목 뛰어 돌아 와서 『아느냐』
모중들 『무엇인가』
七 목 『확실히 노승님이다』

『유—유노유 우리 노승님이 그런 좋아 하는 것이 빠구(白髮)라멍이노카。 우리들은 일제히 빠구라멍을 노래하여 보지 아니할카』

먹중들 『유 그것 좋은 일이다』

八 목 『그러면 뭐가 가서 노승님의 의향을 들어 볼 것이나 잠간 기다리게』

八목 의기양양하여 노승 앞에 가서

『노승님 우리들이 빠구라멍을 불러서 슬쩍 귀에 들리게 할가요』

노승 머리를 앞 뒤로 끄덕거리면서 좋다는 표정을 한다。

八 목 대단히 기뻐서 춤을 추면서 돌아 와서 『유노유』

먹중들 『무엇인가』

八 목 『노승님께 빠구라멍을 불러서 슬쩍 귀에 들리게 할가요 하니까 주먼 개가 주인을 보고 꼬리를 흔드듯이 목을 선들거려 보이더라』

먹중 두명이 오개를 갖추오 노승의 좌우를 향하여 가서 빠구라멍을 합창하면 한 떼의 한명의 먹중이 쫓아 가서 두명의 오개를 한번 가볍게 치니 두명이 질겁하여 뒤를 돌아 본다。 그리고 뒤에 쫓아 온 먹중과 함께 풍악의 반주에 맞추어 빠구라멍을 합창한다。

『빠구야 저놈 나지만 그 참이며 내 아니 왔느냐』 노래와 함께 三명이 가지런이 춤을 추면서 들어 온다

四 목 『유노유』 풍악이 멎는다。

먹중들 『무엇인가』

四 목 『빠구야 저놈 나지만 노래하도 나빠지는 않으나 이번은 〃오도독이 타령〃을 하여 보지 아니할가』

먹중들 『그러면 그것도 좋지』

四 목 노승을 향하여 가서 『이번은 〃오도독이 타령〃을 귀에 슬쩍……』

노 승 머리를 앞 뒤로 끄덕거리면서 좋다고 표정한다。

四 목 돌아와서 『유노유』

먹중들 『무엇인가』

四 목 『오도독이 타령은 귀에 슬쩍……하여 보니까 노승님은 이마를 맞추고 양기 모양으로 단지 머리만 끄덕하며』

먹중들 『오도독 주악옐에 맞도 밝고 명랑하며 제도당선 취지나 가리고 단하천봉으로 돌아 간다』

八명의 먹중들은 이와 같이 서로 시조 잡가 등 각종의 노래를 노승의 귀에 들리게 한다고 하고 돌아 와서는 갖은 음담으로 노승을 모욕한다。

一 목 『유노유』

대중들 『무엇인가』
一 번 『보승모를 보고 남은 집 기다려 찰이 조교하고 생각하는 자는 제자리 우리를 이 머무르고 보승모는 이곳으로 모셔 옴이 오면할까』
대중들 『그렇지 보는 걸상이다』

八명의 대중이 보승을 향하여 가서 一번과 二번은 보승의 지팡이 끝을 잡고 앉아서 보는 八명은 보승의 뒤로부터 들려싸고 노래를 부르면서 장단 좋음으로 앞뒤를 한다。 八명의 대중이 에헤에헤하면서 보승을 인도하여 일정 도중 뒤에 붙어 어떤 방중 한명이 출처 보승의 지팡이를 빼앗았고, 보승을 대신하여 따라 앉는다。 그러자 一번 二번이 뒤를 돌아다 보고는 깜짝 놀랐다。

一 번 『우리 보승모는 어디로 갔는지 이것이 무슨 일인가。』
二 번 『그렇게 없을 리가 그것은 제자리 우리들이 생각이 부족한 것일세。 다시 보승모를 찾아 봄이 좋지 않을까』

八명의 대중이 다시 단주에 맞추어 단무하면서 보승을 찾기 위하여 처음 섰던 자리로 향하여 간다。

선두에 섰던 一번이 보승이 넘어져 있는 것을 보고 깜짝 놀랐다。

一 번 뒤로 물러서서 『아ー』 하고 무릎 꿇고 『아ー 대단한 일이 생겼다』
八 번 『무슨 일인가』
一 번 『내가 너희들 보다 먼저 여기 굿으로 찾아 보았으나 의외로 보승모가 저렇게 넘어져 있었다。 어째 보는지 사망한 것 같다』
二 번 『아니야 대중들 무엇인가 과연 그렇지 저렇지 내가 가서 보고 오마』

二번이 뛰어 가서 넘어져 있는 보승을 멀리 바라다 보다가 돌아 와서

二 번 『아ー 천만 의외 뜻 밖의 큰 일이다。 보승모가 푸푸 쟁쟁 화화(柳柳井井花花)(주二四)로 되었네』
六 번 『이 자식 무슨 말하고 있어 푸푸 쟁쟁 화화라니 확실히 죽었단 말이지』
三 번 『아니야』
대중들 『무엇이가』
三 번 『우리 보승모가 그렇지 정말하게 죽지는 않았을거야 다시 한번 내가 가서 보고 오마』

三번이 보승 있는 곳에 가서 이곳 저곳을 자세히 돌아 본다ー돌아 와서

三 번 『아니야』
『죽은 것은 확실히 틀림 없다。 그런데 七번째의 죽었는지 생은 방에서 나고 있다』

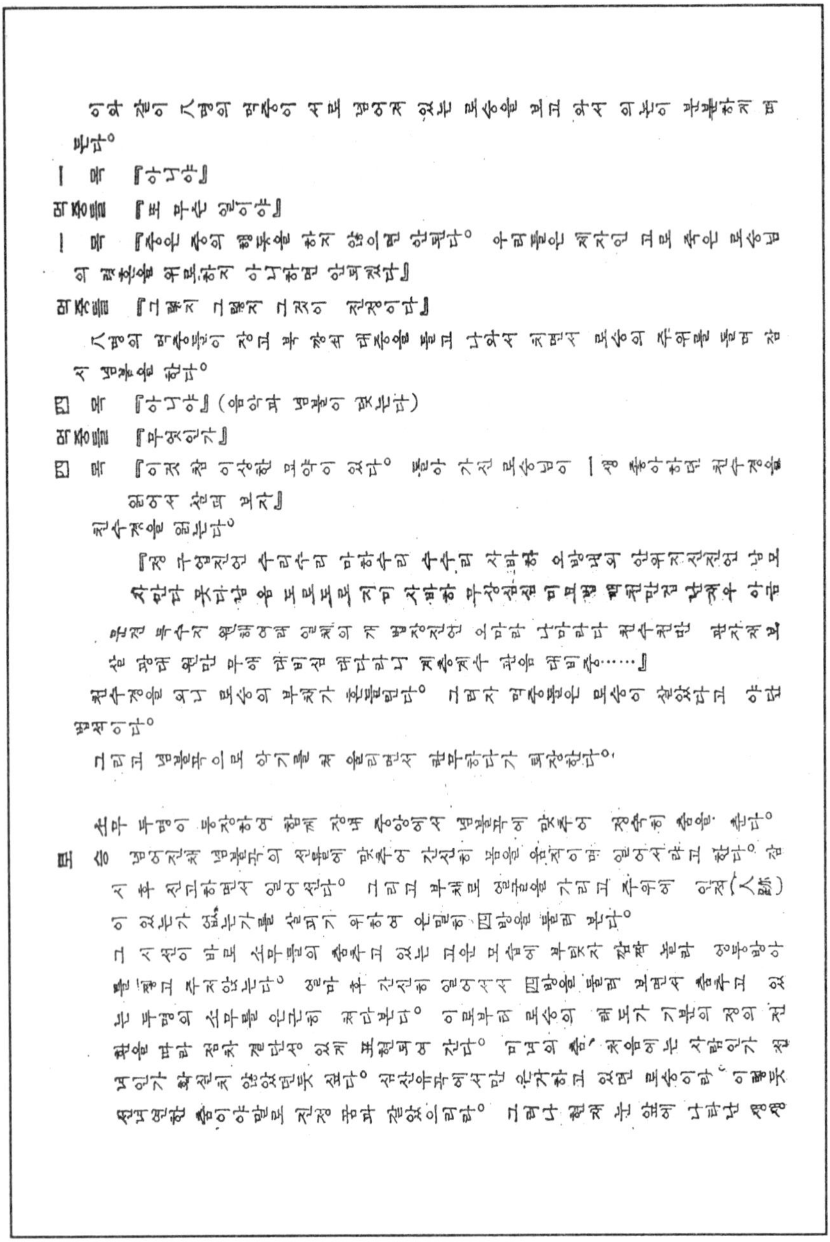

할 이 절차는 아무리 보아도 인간이지 선녀는 아니다. 그러자 인간 세상에도 저런것이 있는가고 생각이 될 때 지금까지의 자기의 생각이 얼마도 틀리며 지도록 무미건조하고 적막무료하였다는 것을 통감하게 된다.

그리하여 노승은 인간 세상의 일이 어쩌면 일인가를 처음으로 안것만 같고 이 세상에 새로운 흥미를 얻은 것만 같이 머리를 왼 편으로 크게 끄덕거리면서 마음이 흐뭇해지는듯한 표정을 한다.

부채로 낯을 가리고 엉거주춤한 몸 모양이 서서 파파보다가 지팡이를 짚고 염불곡에 맞추어 춤을 추면서 장내를 1주한다. 걸음이 자연 소무에게 가까와지게 되니 드디어 결의를 하였음인지 들리는 지팡이를 왼손으로 잡아 무릎에 걸어 놓아두고 한번 정중 파아로 보고 두손과 어깨를 수평으로 들어 활발히 춤을 추면서 소무의 근방 주위를 돈다. 이렇게 춤추면서 혹은 소무의 정면에 이르러 그 아름다운 용자에 반하기도 하고 배후로 돌아 슬쩍 바라보기도 한다.

소무 두명이 함께 경쾌히 춤을 추면서 대하는 것처럼 노승과 반대 방향으로 동작한다.

노 승 엉거주춤하듯이 나가다가 돌아서서 차차 접근하여 소무의 정면에 선다.

소 무 더욱 교태를 부리면서 멀어져서 춤을 춘다.

노 승 다시 곤란한 것처럼 머뭇거리다가 와 소무에게 달려든다.

소 무 싫다는 듯이 피하여 간다.

노 승 초면이라 피하는 것도 무리가 아니라는 듯이 머리를 왼 편으로 끄덕거리고는 자기도 춤을 추면서 한 소무 곁에 접근하여 자기의 목에 걸었던 염주를 벗어서 그 소무의 목에 걸어 준다.

노승의 얼굴은 만족으로 바뀐다.

소 무 경쾌히 춤을 추면서 목에 걸어준 염주를 벗어 던져버린다.

노 승 깜짝 놀라 그 소무의 정면에 와 앞에 돌아 다시 선다.

소 무 얼굴을 돌리고 춤을 춘다.

노 승 이번에는 하나 벗겼다고 벗어진 염주를 주워서 손에 쥐고 춤을 추며 다시 그 소무의 목에 건다.

소 무 그것은 모르는체하고 경쾌히 춤만 추고 있다.

노 승 그 태도에 만만히 만족한 듯이 춤을 추면서 그 염주의 1단을 자기 목에 건다. 한 염주에 두명을 결합하여 놓고는 처음으로 만족하여 춤을 춘다. 잠시 후에 다른 소무에도 같은 행동을 하면서 춤을 춘다.

그리하여 노승은 마침내 여유한 두 소무의 목에 미처 걸치고 만다.

이렇듯 로승이 소무의 교임에 떨어져 정신을 잃고 있을 때에 신장수가 등장한다。

신장수 『어허、장 잘 섰다。이렇게 사람 병풍을 쳤을 때는 보통 장이 아니야。분명 태평장이로구나。물건 파는 것이 내가 할 일이야。자 신이나 팔아 볼까! 물건을 팔아야지 시큼털털한 막걸리라도 한 잔 사 먹겠다。그러나 저러나 나도 본시 호부자(豪富者)의 자식으로 물이 출렁 수답이요。사래찬 텃밭이며 날매(飛鷹)같은 남종과 앵무(鸚鵡)같은 녀중도 다 우리 종이요。황소 암소 자웅 껴서 다 우리 소일러니 흥진비래(興盡悲來)요、고진감래(苦盡甘來)라、있던 재산 다 없애고 더러운 도적질 못하고 장사를 해 먹게 되였으니 장사는 사람의 상사라 어떠하리。내가 물건을 팔며고 어데어데 다닌고 하니 천리 강산을 다 구경했어도 이 장터같이 좋은 곳은 처음이야』

『곤륜산(崑崙山) 一지맥이 백두산(白頭山)이 되였고 백두산 一지맥이 명안도 묘향산(妙香山)이 되였고 향산 一지맥에 문화 구월산(文化九月山)이 뻗쳐 있고 구월산 一지맥이 이 장터되였으니 장 치고는 매우 거장일세。그러하니 어서 물건이나 팔아 보자』

『갖은 물건 다 있소。해가 떴다 일광단、도리불수 영초단、기걸명주 합사주、양뎌맹산 중산포、길주명천 호령포、전라도 세양포、화문궁추 모초단、궁추공단 세양단、해주자지、친자지、명양바지 바자지、이런 비단 다 있소。한산 세모시、잠자리 날개같은 청의동자의 도포감、오월 단오 추천하는 아씨들의 치마 적삼감、주홍당사 변매듭 우바울 남방울 땅방울 다 있으니 돈 아끼지 말고 어린 애들 사 주오』

『그러나 저러나 먹는 것이 크니 먹을 것을 팔아 볼까! 군밤 사며 삶은 밤을 사며 후추 전강의 호두 잣 엿을 사며』

『아하하 이거 큰 망신이로구나 내가 본시 호두엿 장수의 자식으로 엿소리가 입에 발며서 다른 물건 팔면서도 엿불림을 했으니 이거 큰 망신이로다。저질은 일이니 할 수 없다』

『내가 가지고 오기는 신을 가지고 나왔으니 신불림을 해야지!
신을 사며 신을 사며 육날 메투리 세코 짚신을 사며。아씨님들 신기 좋은 꽃당혜를 사며!』

로 승 신장수의 뒤로 가서 부채로 어깨를 툭 친다。

신장수 놀라 뒤를 돌아 보면서

신장수 『이게 웬말인고、너의 외형을 보니 송낙을 쓰고 백팔념주(百八念珠)를 목에 걸고 집은 강산을 얻었으니 확실히 중이 분명하되 광대의 행하오 "소승 문안 드립니다"고 인사도 없이 사람의 오계를 깨뜨리고 무슨 말인가?』

먹 승 소무의 말을 듣건하면서 부채로 신장수를 치는 시늉을 하고는 이어 고운 신을 내 보이라는 동작을 표시한다。

신장수 『귀수를 보란 말이로구나、 유— 그년 발두장이 꽤 크다。 얼른 줘』

먹 승 고개를 좌우로 흔든다。

신장수 『그러면 아흔 아홉 치 그년 발 작다。 그러면 대동강 나룻배 놀만한 신고 다니겠구나。』

먹 승 신값을 내면 놓아 주고 손짓한다。 그리하여 신장수가 신짐을 내려 놓으려고 할 제 원숭이 나타나고 맴돈다。

신장수 『아이고 죽겠다。 이놈이 사람을 따라 치니 큰일 났구나。 고놈의 신 안 팔겠다。 나는 간다』

(노래)『나 돌아간다。 나 돌아간다。 영영 남산이로 나 돌아간다』

먹 승 다시 오라고 손짓한다。

신장수 『할 수 없다。 장사 외입이라니— 할 수 있나。그러나 계집아 오늘 사람없다。 에— 고르고루 생활남 마르마루 생활남 앞산 신령 뒷산 신령 혼날은 저런 놀건 만나지 않게 점지해 줍시사』

원숭이게 돌틀러 가서 거듭 파하고 앉아 앉는다。

신장수 『이번에는 정말 간다』

(노래)『나 돌아간다。 나 돌아간다。 영영 남산이로 나는 돌아간다。 아주 좋다。 자진강 알다잤다。 섯산강 단풍이 물렀다。 황주강 배 나는 돌아간다』

먹승 이번에는 웃한다。

신장수 『안 간다。 안 가— 안 간다는데 왜 이래—』

먹승 때려간다。

신장수 『그러면 여기다 내려라— 이제는 안 속는다』

원숭이 장삼 소매를 벌려 넓고

신장수 『에— 무겁다' 어제나 팔았지가 어쨌는지 뭘 만지려나 좀 펴야겠다』

이때에 점잖에서 원숭이가 뛰어나와 망가망가 장단에 춤을 추며 소무 뒤에 가서 푹 숨는다。

신장수 『차— 이거 야단 났구나。 물건이 있어야지 팔지' 어보소 장군님 내 물건 못 봤소 좀 야단 났는데— 소시에 배워 두었던 재미나 한번 해 보자』

[illegible]
구나』

찾아 다니다가 소무 뒤에서 원숭이를 발견하고

신장수 『야, 이 물건이 여기 있구나, 꼴짝가 딱 맞는다。 어서 가자』

하고 원숭이를 끌어 당기나 원숭이가 듣지 않는다。

신장수 『자, 이거 야단났구나, 이게 무엇이란 말인고 가자 가자』

춤추며 놓지 않는다。

『이거 야단났구나 자 어서 가자 자 났다』

원숭이가 소무에게서 떨어져 나오자

신장수 『도대체 이게 무엇이란 말이오, 어데 물어보자, 무가 뭉짓하니 네가 양호
냐?』

원숭이 머리를 좌우로 흔든다。

신장수 『그러면 노루냐』

원숭이 머리를 좌우로 흔든다。

신장수 『그러면 사슴이냐』

원숭이 머리를 좌우로 흔든다。

신장수 『그러면 네가 무엇이란 말이냐』

하면서 신장수가 원숭이를 만지니 원숭이 보알이 만졌다。

신장수 『네가 산 짐승이라니 그러면 불짐승이로구나。 네가 양이냐』

원숭이 머리를 좌우로 흔든다。

신장수 『숭오냐』

원숭이 머리를 좌우로 흔든다。

신장수 『고래냐』

원숭이 머리를 좌우로 흔든다。

신장수 『오―이제야 알겠다。 우리가 그전에 봉부차로 살적에 곰잡 지점으로 적당
하다고 우리 할아버지 이 좋은 잔다 오시는 길에 사다 주신 것인데 요놈이 장
난을 몹시해서 항을 쳐서 놓으면 밑이 있는 데 내가 이번에 신장을 지고 나온
다는게 이걸 지고 나왔구나。 옳 사람의 말에는 원숭이가 잘 번다고 하더니
네가 원숭이로구나』

원숭이 고개를 왼 편으로 끄덕인다.

신장수 『아하 정말 그렇구나. 자 그러면 내가 저 노장 중놈한테 신 한켤레 외상 준 것이 있는데 내 능력으로는 받을 수가 없으니 네가 그 신값을 받아가지고 오너라』(노래)『받아 받아 받아주오』

원숭이가 춤을 추며 노승에게로 가니 노승이 글을 써서 원숭이를 준다.

신장수 편지를 읽는다.

『기체후 일향만강하옵신지 알고저하옵네』

『아 이놈 봐라 첫번부터 반말질이야 흥』

『신 값 두푼 칠푼 못갚는 장차 모두 이해서 받아보자!』

『이놈 봐라, 잡것이로 날 지켰단 말이로구나. 야, 원숭아 네가 가서 세파 날래기로하니 아무쪼록 받아 오너라. 분해 못 견디겠다. 그러나 저러나 진해 회계를 보자』

신장수가 신(鞋)을 놓는데 원숭이가 신가지를 훔쳤다가 소무에게 가 신 값을 받지 못하고 그대로 돌아 온다.

신장수 『받아 왔니?』

원숭이 머리를 좌우로 돌이켰다.

신장수 『네가 신 값으로 외도를 하고 온 것이 분명해, 그러니 나는 죽도록 신 팔아 외도 한번 못하고 네게만 호사를 시켰으니 괘씸하게 분풀이나 해야 속이 시원하겠다』

하면서 원숭이를 때리려 하니 원숭이가 잘못했다는 표정으로 손을 싹싹 부비며 간곡히 빈다.

신장수 『네가 그리 간곡히 비는데 사람의 인정을 생각해 할 수 없다. 자 우리가 이렇게 좋은 장터에 왔다가 그저 갈 수 없으니 춤이나 한번 추고 가자.』

(노래)『흑운이 만첩 천불견』(黑雲萬疊天不見)

원숭이가 춤을 추다 말고 소무에게 달려가서 어르다가 에로틱한 행동을 하자 이것을 본 노승이 원숭이를 때린다. 그러자 신장수가 달려가서 맞고 있는 원숭이를 끌고 퇴장한다.

제五장 취발이(醉發伊)

이때에 취발이 술취 [illegible]한 우스운 탈을 쓰고 허리에 푸른 [illegible] 버들가지를 꽂고 큰 방울을 차고 술 취한 행동으로 타령조 반주에 맞추어 활발히 춤을 추면서 등장한다.

취발 『에취— 이 놈이 [illegible] 다다시시(多多時時)로 [illegible]』

『쉬—』(풍악과 춤이 멎는다)

『[illegible]』

(노래) 녹음방초 승화시(綠陰芳草勝花時) 타령조에 맞추어 [illegible] 춤을 추면서 노승의 [illegible]을 본다.

노승이 [illegible] 취발이 다리를 [illegible] 때린다. 취발이 [illegible].

풍악과 춤이 멎는다.

취발 『[illegible]』

『쉬—』

(노래) 『녹수청산(綠水靑山)이』— 타령조 반주에 응하여 춤을 추면서 노승 있는 곳으로 간다.

노승 [illegible] 취발이 다리를 때린다. 취발 四, 五보 [illegible] 노승을 본다.

풍악과 춤이 멎는다.

취발 『[illegible]』

(노래) 『소상반죽(瀟湘斑竹) [illegible]…』

춤을 추면서 들어 간다. 노승이 [illegible] 취발이 [illegible] 친다.

취 발 『에끼끼— 아뿔—끝두 맛는다。 편하면 맛는다, 내가 곳곳이 다녀도 남이 한 대를 치면 나는 두대씩 때렸는데 오늘은 웬일 맛기만 하니 무슨 일일까。 알 수 없구나。 사면을 둘러보니 어부축수 애산춘(漁父逐水愛山春)에 무릉도화(武陵桃花) 복숭아꽃, 위성조우 읍경진(渭城朝雨浥輕塵)에 객사청청(客舍靑靑) 버들꽃, 목동요지 행화촌(牧童遙指杏花村)에 보기 좋은 살구꽃, 모란은 화중왕(花中王)이요。 매화는 은일사(隱逸士)라, 박꽃은 노인이요, 해당화는 무당이라, 키 큰 파초(芭蕉)잎은 너울너울 춤을 추니 이 아니 경쾌한가。 이런 경개 좋은 곳에 흥하면 나오고 파하면 지니 도대체 무엇이란 말인가。 이번에는 들어가서 자세히 알고 나오리라』

(노래) 『우봉도화만수춘』

춤을 추면서 들어 가니 로승이 또 부채로 딱 친다。

취 발 『에끼끼—아뿔—또 맛았구나。 눈에 보이지도 않는 놈이 툭하면 치고 하니 아마 얘기가 생겼이 났겠 상고에게 끌려가면 얻엉수가 분명구나。 오호 그렇지 않다。 자세히 보니 무엇이 얼떨떨한 데에는 당연하구나 내가 대명이냐』

로 승 아니라는 표정을 한다。

취 발 『그러면 스님이냐?』

로 승 부정한다。

취 발 『대명도 스님도 아니라!—오라, 이제야 알겠다。 취포 장삼을 입고 흰 고깔을 쓰고 송낙을 쓰고 세살 부채를 손에 쥐었으니 확실히 날과 함께 수도하던 로중 만석(曼碩)이로구나。

아 만석아 너는 생불이라고 세상 사람들 한때 비상한 존경을 받음에도 불구하고 젊은 미인 두명을 다리고 출가(出家)한듯이 이 파계는 대체 무슨 일이냐。 너도 드디어 날과 같이 활량이 되었구나。 그러나 너도 인간, 나도 인간이면 바이는 할 수 없는 일, 사람으로 하여금 저런 절세미인(絶世美人)을 보고서 그것을 순전, 너와 나와 춤 겨루나 하여 이기면 저 녀자를 내가 얻기로 하자』

로 승 머리를 끄덕하며 좋다고 표정한다。

소 무 두명 해연하게 조용히 춤을 계속 춘다。

취발과 로승은 타령조에 맞추어 춤내기를 시작한다。 취발이 소무의 근처로 가자 로승이 다짜고짜 취발의 머리를 친다。

취 발 『아—또 맛았구나。 이 놈 참 이상한 놈이로구나。 이번은 억지서 지승지 않고 확실히 해보자』

타령조에 맞추어 춤을 추면서 노승을 친다。

『쳤구나 쳤어'. 하는 소리를 친다。 맞았다 맞았어' 하는 소리가 맞았다』.

나래를 파미고 풍악에 맞추어 춤을 추면서 때리며 노승을 쳐부친다。

노승 못견디어 퇴장한다。

취발이 노승을 쫓고 의기 양양하여 하면서 소무에게 말을 부친다。

취발 『그러면 그렇지 쫓았다 하니면 좋았어여' 얘계 하니면 몰이로다。 취발이 놈, 말잘하고 하야도 나를 못 따랐지만 아— 이놈들아' 하는 소리와 좋아라 소무의 이 찰나 네 모양이 들리구나— 이자' 이 돈을 줄까』

돈을 소무의 앞에 내 던지며 한다。

소무 손을 내밀어 그 돈을 받으며 한다。

취발 『아— 이 좋다' 내 소리와 돈으로 사주하지나 않아 어마나' 좀 아무러 자지만 얘기' 아— 이 돈에 아무런 말' 이자 좋아라』

돈을 던진다。

소무 던진 돈을 주으며 한다。

취발 『아 이자』 라고 소리를 지르면서 던진 돈을 자기가 도로 가진다。

소무 『아' 미워 죽드 흘기며 한다。

취발 『아— 내 말 좀 들어 보아라。 나는 이 세상에 너와 같은 미인이 있다는 줄은 모르고 다못 산간에서 중과 같은 무리를 벗삼았더니 웬일인가 천행인가 지금 너를 한번 보니 처음으로 천하의 같은 미인이 있음을 알았노라。 이러하여 만남은 천우 신조로다。 정당한가 생각하니 이놈아 사랑을 맛봄이 좋을지』

소무 몸을 틀며 웃는 표정을 한다。

취발 『아— 좋다' 그러면 네가 웃는 모양이지 너와 같은 미인을 보고 놀랍지 않을 자는 천치이다。 자— 이제 돈 여기 있다。 이것을 간직하여 두게』

돈을 소무에게 준다。

소무 크게 반기어 그 돈을 받는다。

취발 벗었는 동작으로 타령조에 맞추어 춤을 추면서 소무를 희롱한다。

소무 『아이고 배야' 아이고 배야』 갑자기 배가 아프다는 동작을 한다。

그러다가 우뚝자 천막을 출산한다。 아기 울음소리 들린다。

취발이 춤을 추면서 소무에게 가서 그 동자를 안고서 기뻐한다。 아기가 응애 응애 운다。

취발 『이자식 회자이냐' 놈이로구나' 우이로구나' 어허둥둥 내 자식' 내가 어쩌서 얻었니냐 하늘같이 따라서 찾았니라。 너를 업고 너를 안고 안을 손을 내둘 사랑。 만첩산중의 호랑이 비단결의 수캐동이 어허둥둥 내사랑』
『아― 동네 사람들! 취발이 정히 생남했소。 나이 七○에 아들을 봤소。
이 애의 이름을 지으랴 하는데 돌림 아들로 할까요。 첫남이 됐으니 돌림
아들이 있을리 없고 마당에서 났으니 연남(延男) (주15)이라고 하자― 연남
의 모친도 이 애를 잘 봐 주지 않소?』

(노래) 『아―둥둥 내사랑 아―둥둥 내사랑이지. 어허 둥둥 어, 수양산(首陽山)의 백이숙제(伯夷叔齊) 고사리 캐러 갔다 일찍 왔나, 어―둥둥 내사랑 아 아―둥둥 내사랑』

애를 안고 노래를 부르면서 춤을 춘다。

어린애 『아버지 이렇게 둥둥 타령만 부르지 말고 나에게 글자 공부를 시켜주시오』

취발 『좋다 훌륭한 말 하였다』

어린애 『그러면 아버지 나에게 천자를 배워 주세요』

취발 『천자라니 그러면 평안도와 황해도를 이름인가』

어린애 『[illegible]』

취발 『오 그러냐, 천자를 말함이 백수문(白首文)이라. 자 천자를 배워보자』

『자시에 생천하니 불언행 사시하고 유유창천 하날천.
축시에 생지하니 오행만물 따지 유현비백 북방현무 감을현, 궁상각치
우 동서남북 중앙토색 누루황
천지사방 몇만리냐 하루광활 집우
연대국도 흥망성쇠 고왕금래 집주
우치홍수 기자추범 홍범구주 넓을홍
전원장무 초정귀 三경취황 거칠황, 요순성덕 장하시다 취지여일 날일, 하도
생 재앙가 창구명월 달월, 오고서서 빠가의 정일팔장 찰영, 밤자장 밤이 아니
면서 보였느냐 이십팔수 지리종종 벌중지평 기울측
이십팔수 하도낙서 진이행장 별진, 장한 금야 숙초가의 잠자자! 잘숙, 하장을
지지하고 사양말고 벌렬, 이 앉추고 조동 앉추니 베풀장
찬 가운데 있는 저 날씨 여서 찬게 오니 추워두나 찰한
추천하고 노면 무이 정든님 만나 올래
오동동 누른빛이 맺었하다 떨어지, 황혼이 가약하고 왜이 정해 갈왕, 엄저 올
까 가약하니 오동마다 가을추
백발이 장차 오게 되면 서로 봄으로 거둘수

[illegible]

[illegible] 『[illegible]』

[illegible] 『[illegible]』

『ㄱ, ㄴ, ㄷ [illegible]』

가갸 거겨 가이없은 이내 몸이 거지없이 되었구나.

고교 구규 고생하는 [illegible] 구구하기 짝이 없다.

나냐 너녀 나귀 등에 솔질하여 [illegible] 지어 타고 천리강산 구경 갈까.

노뇨 누뉴 노자 [illegible](鸚鵡盃)를 [illegible]

다댜 더뎌 다닥다닥 붙었던 정이 덧없이 떨어진다.

도됴 두듀 도장에 늙은 몸을 두고 가기 [illegible]

라랴 러려 날아가는 원앙새야 너와 나와 같이 가자.

로료 루류 노류장화 인개가절(路柳墻花人皆可折) 누를 위해 꾸몄느냐.

마먀 머며 [illegible]

모묘 무뮤 [illegible] 무정하기 짝이 없다.

바뱌 버벼 [illegible]

보뵤 부뷰 보고지고 보고지고 [illegible] 보고지고.

사샤 서셔 [illegible]

소쇼 수슈 [illegible]

아야 어여 [illegible]

오요 우유 [illegible]

자쟈 저져 [illegible]

조죠 주쥬 [illegible] 짝이 없다.

차챠처쳐 차라리 중이 되어 천리강산 구경할까.
초쵸추츄 초혜(草鞋)에 신 들메고 출입하기 무색하다。
카캬커켜 용천검(龍泉劍)(주二六)드는 칼로 요내목을 우단할까。
코쿄쿠큐 콩각콩각 울는 눈물 콸콸콸콸 소가 된다。
타탸터텨 타도타관 객지로서 떨떨거리고 나는 간다。
토툐투튜 토별하니 송경소리 날로 점점 길어간다。
과궈괴귀 과여과여 괴고과여 정든 님이 괴고과여。
파포푸퓨 푸르두 흐르는 물에 풍덩 빠져 죽어볼까。
하햐허혀 한일없이 생각하니 혈혈단신(孑孑單身)(주二七) 되었구나。
호효후휴 홀로 앉아 생각하니 후토신령(后土神靈) 분명구나。
자ㅡ 이제는 문장에 재문장이로다。
그만하면 되었으니 이제는 과거를 뵈야겠다』

어린애 『아무리 경난사 같이도 풀어도 뵈시를 못하면 어쩌해요。 문무가 겸전해야 하겠으니 활 쏘기를 배워주소。』

취발 『어나 기특하구나。 활 쏘기는 내가 너무 어려서 못쏘 배워주마, 어서 나가 서 과 혼자 연습 해 봐라。』

(노래) 『강동에 범이 나니 길나래비 훨훨』 춤을 추면서 퇴장한다。

제六장 사자춤(獅子舞)

사자와 人마종이 등장한다。 人마의 마종이 먼저 춤 등장하여 장단에 맞추어 한판 추면 사자가 꿇어 앉는다。

마종갑 처음 먼저 사자가 출현하는 것을 발견하고
『저게 뭐냐, 저게 뭐냐』

마종을 『저게이라니 그것이 대체 무슨 짐승이오, 노루 사슴이도 아니어, 별로 이상한 것 같소』

마종갑 『내가 한번 물어 볼까』 사자 앞에 가서
『너 무슨 짐승인가 우리 선조때부터 보지못한 짐승이로구나。 그러면 네가 노루냐』

사 자 머리를 흔들면서 아니라고 표정한다。

마종갑 『그러면 사슴이냐』

사 자 머리를 좌우로 흔든다。

목중갑 『허면 뭐이냐』

사 자 머리를 좌우로 흔든다.

목중갑 『하— 알겠다. 옛적부터 성인이 나면 기린이 나타나고 군자가 나면 봉황이 나온다더니 우리 도승님이 났으니까 영진 것이로구나. 너는 확실히 기린이지』

사 자 머리를 좌우로 흔든다.

목중갑 『하— 이것도 아니다』

목중들 『저런 괘씸한 일이게』 하고 떤다.

목중갑 『하— 알겠다. 옛날에 저 전단(田單)이라는 자가 소의 머리를 무섭게 꾸미고 소꼬리에 불을 달아서 화우(火牛)진을 이용하여 수만적군을 격퇴시켰다고 하였는데 마치 우리들이 이렇게 떠들고 있으니까 전단이를 알고 화여 온 소인가』

사 자 머리를 좌우로 흔든다.

목중갑 『이것참 큰 일일세』

목중들 겁이 나서 떤다.

목중갑 생각하면서 『하— 저 알았다. 그러면 그렇지 저 오계국(烏鷄國)(주二八)에 대한(大旱)이 있어서 백성들이 굶어 떠들고 있을적에 국왕께서 신령하며 신령한 조화(造化)를 다하여 감우(甘雨)를 내리게 하여 오계국이 은혜를 입고 궁중에 출거하여 어쩔 수 없이 호화롭게 지내면서 궁중 후원 유리정에 그 국왕을 살해(주二九)하고 三년간이나 국왕으로 변장하여 가지가지 부귀 호화를 향락하고 있다가 불경을 구하기 위하여 서천 서역국(西天 西域國)에 간 당나라의 삼장(三藏)이 보림사(寶林寺)에 유숙할적에 원통한 오계국왕이 몽에 현몽하며 기원하여 三장법사의 수제자인 제천대성 손행자(齊天大聖 孫行者)에게 그 정체가 발견되여 九사 一생으로 겨우 목숨만 보전하고 그 후 문수보살(文殊菩薩)을 태우고 등이 다니던 사자냐』 (주三〇)

사 자 머리를 앞 뒤로 끄덕이며 그렇다는 동작을 한다.

목중갑 『그러면 너는 어찌하여 이 세상에 나왔느냐. 우리 도승님이 도를 닦아서 세상 사람들로부터 생불이라고 하였더니 생각하되 부처님의 명령으로 우리 도승님의 시중을 받들려고 이 곳에 왔느냐』

사 자 머리를 좌우로 흔들면서 아니라고 동작한다.

목중갑 『그러면 네가 오계국에 있을때 궁이목지소호(窮耳目之所好)하고 궁심지지소락(窮心志之所樂)하여 (주三一)인간의 여러가지 향락을 다하고 있다가 손행자(孫行者)로부터 쫓겨나와 천상에 올라가 문수보살의 좌령([illegible])하여 겨우 견디다가 우리들이 이렇게 화락하게 놀고 있는데 그 유량(瀏喨)한 풍악 소리를 듣고 우리들과 같이 놀고 싶어서 왔느냐』

사자 머리를 좌우로 흔든다。

먹중갑 『그러면 너는 오의 가족을 하여 三변간을 산해진미(山海珍味)만을 먹고 있다가 그 맛을 잊지 않고서 먼 이 세상의 음식을 먹지고 먹고 하려고 이 곳에 왔느냐。』

사자 머리를 좌우로 흔든다。

먹중갑 감정을 내면서

『그러면 너의 부모라도 찾아오려 왔느냐』

하면서 채찍을 가지고 사자의 머리를 때린다。

사자 크게 놀란 것처럼 눈을 뜨면서 빼빼들며 도망하다가 무서워하는 먹중갑을 물어 먹는다。

먹중갑 물리어 사자 뱃속에 들었던 먹중갑은 잠시 뒤에 사자 밑구멍으로 솟아 나와서 뱃속에서 보고 온 일을 말한다。— 이것은 만담풍으로 있다。여기서는 이를 략한다。

먹중을 사자는 손가락질하면서 대단히 공포에 질려 다른 먹중들에게 말하여

『저 놈이 우리 동무를 물어서 먹는 것을 보면 저 우리들이 모승멈을 유인하여 내가지고 파계(破戒)하게 하였다하여 우리들 전부를 물어 먹으려고 그러는지 모르겠다』

먹중병 『아니다。 다시 한번 물어 보아서 만일 과연 그렇다면 우리들은 모두 함께 행동을 그치지 않으면 안되겠다』

먹중을 『그렇다。 그래。 너 생각 좋은 의견이다』

먹중정 『그러면 네가 가서 물어 봐라』

사자 앞에 가서

『아— 사자야 너 말하는 것을 잘 들어라。 산중에서 도를 닦고 있는 생불과 같은 우리 모승멈을 우리들이 외도(外道)에 유인해 내가지고 파계시킨 때문에 네가 석가여래 부처님의 명을 받들고 우리들을 징계(懲戒)하려고 이 곳에 왔느냐。』

사자 머리를 앞뒤로 끄덕거린다。

먹중을 이것을 보고 다— 한패 모여서서 떤다。

먹중무 『그러나 우리들이 무슨 죄가 있느냐。 실은 저 취발이가 모승멈을 시기하여 전쟁계한 것이 아니냐。 그러니까 우리들은 지금 전과를 시치 버리고 개심할 이 오면가』

먹중을 『그렇지. 그래。 네 말이 진정이다』

상좌 해정 가창

『하—상좌야—!

보가 온 것은 잘 안다。 우리들은 지금까지 수양하여 부처님 해정서 다시 보을

받기로 하였으니 우리들이 부처의 계를 유지하여 나가자。

그리고 이로부터 다시금 이로 먹어 우리들이 함께 여러 유쾌히 춤추고 즐거움

이 하세』

상좌 머리를 왜 쪼로 고개 가린다。

여기서 상좌와 목중들이 함께 타령조에 맞추어 활발하게 춤을 추며 나간다。

잠시 후 상좌와 목중들이 각각 퇴장한다。

제七장 양반춤(兩班舞)

양반 일행이 등장, 말뚝이가 벙거지 쓰고 붉은 저고리에 을루 붉은한 적흑색(赤黑色)탈을 쓰고 흑색 마뀌지를 머리에 감고 쓰고 손에 채찍을 들고 굿거리 장단에 맞추어 우스운 춤을 추면서 양반 三형제를 인내하여 등장한다。

양반 三형제는 어깨 보든지 점잖고 발걸음이 진중하게 허리춤을 추면서 말뚝이의 뒤를 좇아서 등장한다。

양반 三형중 형뻘 하우는 긴 옷을 입고 안색이 희고 수염이 긴 탈을 썼는데 탈은 백색 수염이 가슴까지 늘어진 모양의 탈이고 차제(次弟)는 흑색 수염이 연한 상반의 탈이다。

그리고 삼자형이 관을 머리에 쓰고 긴 마고자를 입어 불었으며 말제(末弟)는 남색 쾌자를 입고 짧은 가면을 쓰이며 그 우에 끈이 구멍이까지 늘어진 흑색 갑사 복건(甲紗幅巾)을 썼다。

말뚝이 『쉬—』 (장단과 춤이 멎는다。)

『양반 나오신다。 양반 나오신다。 양반이 행차요。 양이나 양반이라하니 이 양반은 문과에 등과하여 옥당(玉堂) 승지(承旨) 삼제학(三提學)을 역임(歷任)하고 공조(工曹) 형조(刑曹) 예조(禮曹) 병조(兵曹) 호조(戶曹) 이조(吏曹)의 六판서(六判書)와 우상(右相) 좌상(左相) 영상(領相)의 三정승(三政丞)을 역임하고 퇴로재상이 되어 노론(老論) 소론(少論)하는 두 양이라 양(兩)자에 일흡반이라 반(班)자 쓰는 양반이 아니라 개잘량이라 양자에 개다리 반자 쓰는 양반이 나오신다』

양반들 『야—이놈 뭐야—』 말뚝이를 책망한다。 놈이 하우는 아무 말도 없이 묵묵히 서있다。

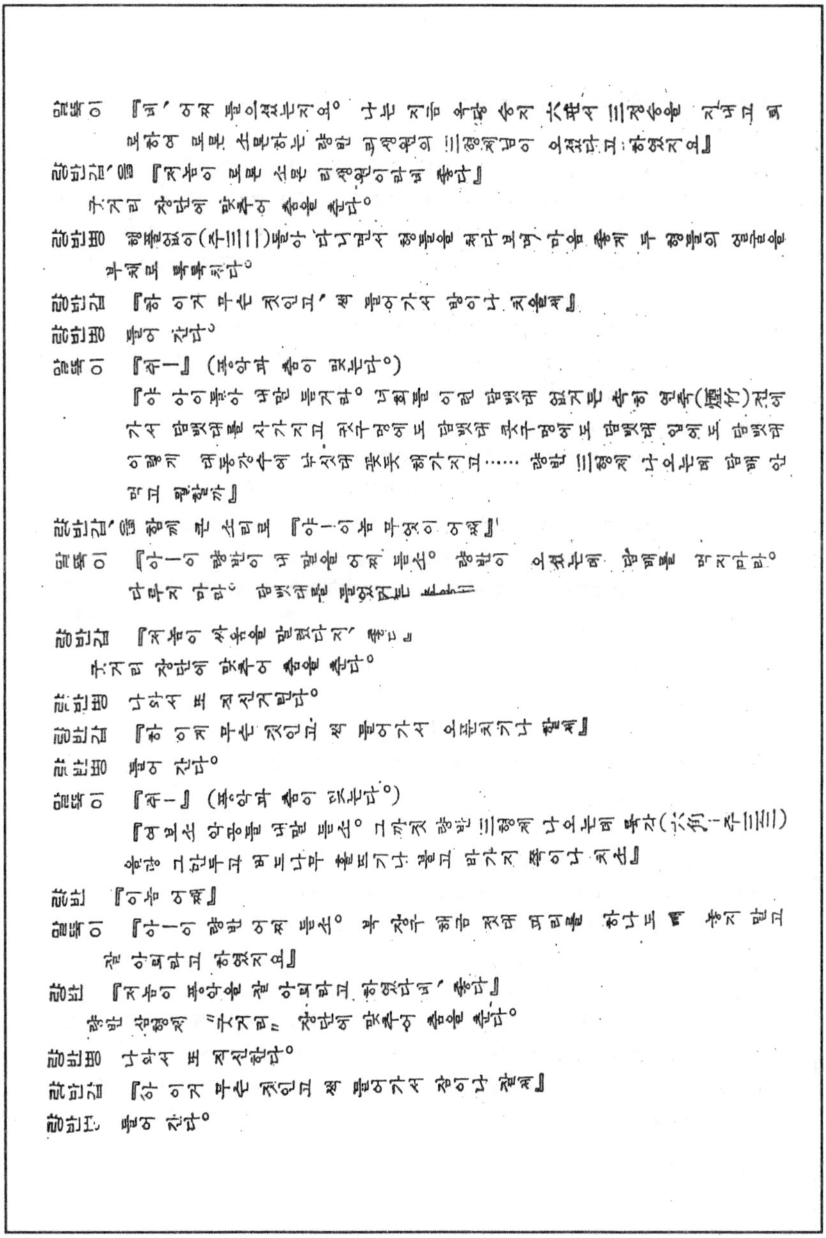

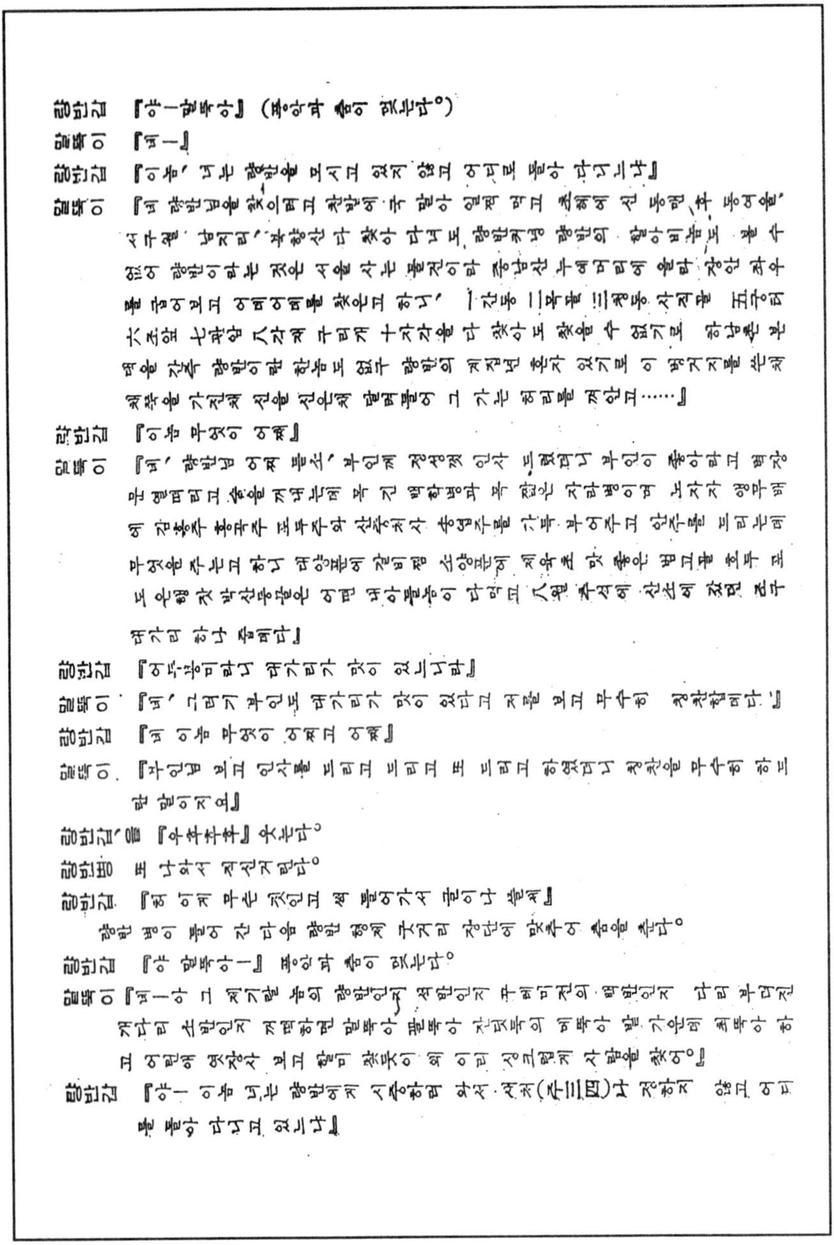

말뚝이 『채죽을 가지고 돼지우리를 가리키면서 저 곳에 처소를 정하였습니다。 훌륭하지요。
참나무 말장으로 우리를 만들고 가운데는 만문한 건초(乾草)를 깔고 문은 창공을 향하여 있는 저기올시다』

량반갑 『이놈 또 무엇이 어째』

말뚝이 『하ㅡ 량반님 무엇이 어쨌소。 자좌오향(子坐午向) 정면에 호박 지주, 산호 기둥, 비취 들보, 유리 마루, 八자 란간(八字欄干), 五련각(五聯閣)을 입구형으로 건설하였지요。 쳐다보니 소라 반자 내려다 보니 각장 장판, 화문석(花紋席)이 펼쳐 있고 四벽을 둘러보니 동벽에는 담박명정(澹泊明正) 서(西)벽에는 백인당중유태화(百忍堂中有泰和) 남벽에는 인의례지(仁義禮智) 북벽에는 효제충신(孝悌忠信)의 예서, 전자, 행초서(隸書 篆字 行草書)등 온갖 현판이 걸려 있어 말하자면 량반의 거처되기 하등 손색 없고 문방 제구를 보자시면 금구세공(錦具細工)의 문갑(文匣)ㅣ필자(筆子) 연상(硯箱)과 백동(白銅) 요강 재털이 담배갑이 여기 저기 놓여 있고 담배갑 열어보면 황금 같은 설탕담배가 평양 대동강 선창(船倉)의 돼지 똥물에 추겨져 있더라고 하였지요』

량반 『이놈 또 무엇이 어째』

말뚝이 『이 량반님 또 어찌 듣소。
설탕 같은 서산초(西山草)가 꿀물에 추겨져 있드라고 하였지요』

량반 『좋다。 설탕 같은 서산초가 꿀물에 추겨져 있다고 하여』

三인 함께 굿거리 장단에 맞추어 춤을 춘다。 말뚝이도 함께 춘다。

잠시 후 풍악과 춤이 그치고 량반 三형제 사처에 든다。 우선 량반 갑, 을이 먼저 앉는다。

량반병 또 나와서 툭 친다。

량반갑 『하 이놈 새 들어 갈게』

량반병 들어 간다。

량반갑 『여보게 동생들 우리가 본시 문장가정 자제가 아닌가, 시나 한수씩 지어 보지 않으려나』

량반을 『형님 좋소。 그러면 형님이 먼저 시작하기로 합시다』

량반갑 『그러면 자네가 운자를 내게』

량반을 『산(山)자 평(坪)자로 운자를 냅시다』

량반갑 『울룩 불룩 작대산(作大山)이오, 황주 봉산 동산평(黃州鳳山 東山坪)이다』

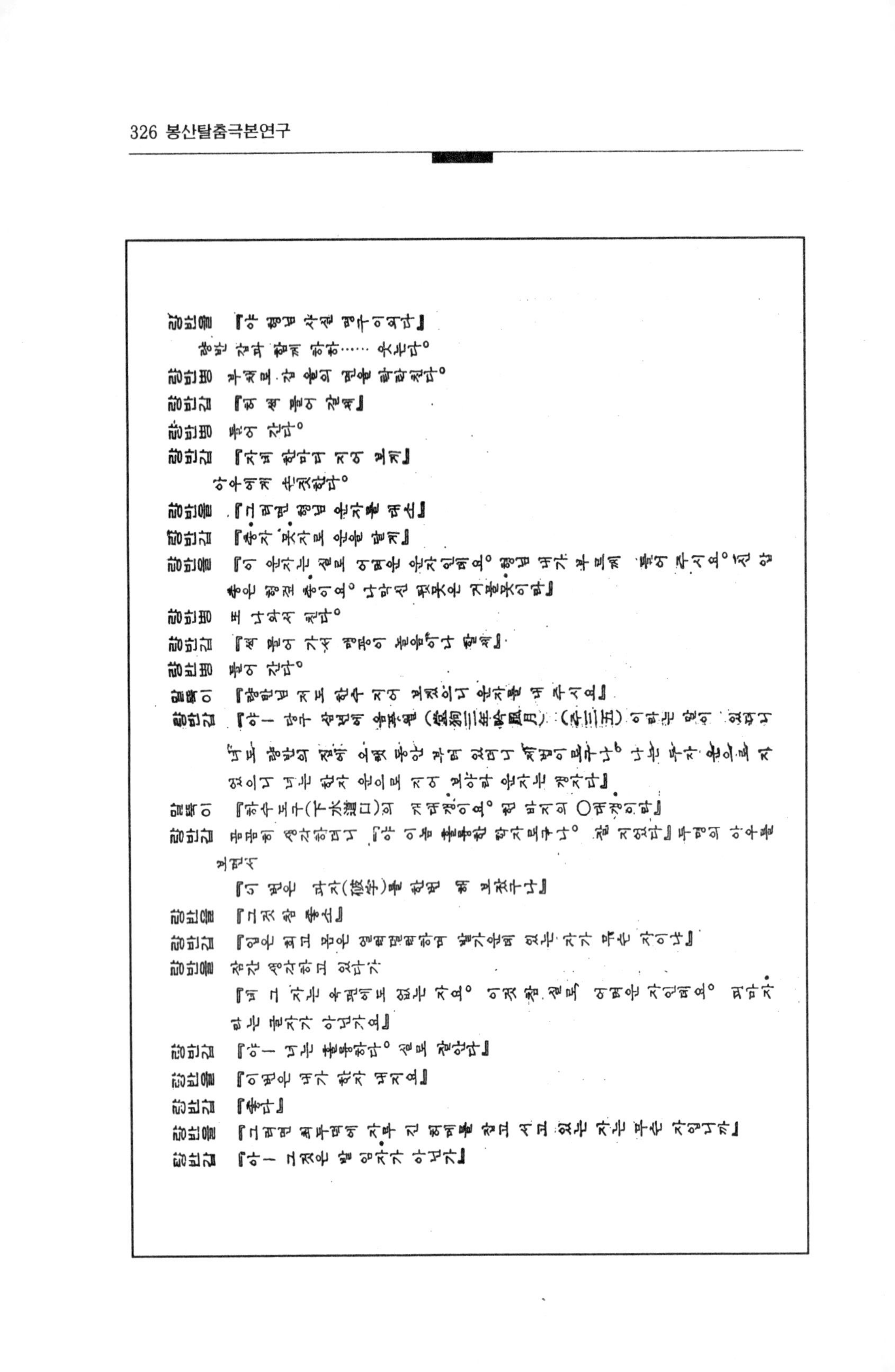

량반을 『형님 실로 대가인레요』
그때 취발이가 숨며시 등장하여 장내 한모퉁이에 선다。
량반병 또 나와 때린다。
량반갑 『이 자식 썩 들어갈세』
량반병 들어 간다。
량반갑 『야ㅡ 말뚝아』
말뚝이 『네』
량반갑 『국셋 돈 七전을 횡령한 그놈 얼굴은 마른 대추 같이 우굴 쭈굴하게 생기고 몸은 개미 허리 같이 잘룩한 놈이다。잡아 오너라』
말뚝이 『그 놈는 힘이 비상해서 나는 범같이 용감한 놈이니까 량반님의 령장이라도 있으면 잡아 올른지 모르오나 저혼자서는 어쩔 수 없습니다』
량반갑 『그러면 령장을 발할터니 잡아 오너라』 령장을 쓴다。
말뚝이 량반이 써서 준 령장을 가지고 취발이한테 간다。
『너 잡으러 왔다』
취 발 『무엇 령장을 내뵈여라』
말뚝이 가지고 간 령장을 보인다。
취 발 령장을 보고 할 수 없이 말뚝이 한테 잡히여 간다。
말뚝이 취발을 잡아서 엉둥이를 량반의 면전에 향해 대고 『이놈 잡아 왔소』
량반갑 『야ㅡ 이놈 그 모양이 무엇이냐 아ㅡ쿠며라』
말뚝이 취발을 손짓하면서 『이놈이 도망하여 뛰여 돌아 다니기에 땀이 나서 그렇소』
량반갑 『이놈 그러면 그 놈의 목을 잡아 빼여서 밑구멍에 꽂아라。』
말뚝이 우수(右手)로 취발을 손짐하면서 『이놈의 목을 잡아 뽑아서 밑구멍에 꽂은 재주가 있으면 제의 일품을 량반님의 입에 꽂아 올리겠소』
량반갑 『이놈 무엇이 어째』 (량반 크게 노한다)
말뚝이 『량반님 그렇지 않습니다。그닥지 노하지 마시고 나의 말씀 들어 보시오。세상에는 돈만 있으면 좋으니까요』 취발을 손질하면서 『이놈의 목을 잘라도 아무것도 안될바에야 그것보다는 돈 몇만량 울궈 내는 것이 어떨까요。그러면 량반님도 덕이 되고 저도 조금 생기고 이 이상 더 없을 것이 아닐까요。하니까 량반님은 모르는 체하시고 가만이 계십시오 一체 제가 처리할터이니까』
량반 三인 말뚝이 취발이 일제히 퇴장하고 포도비장(捕盜裨將)이 등장한다。
포도비장이 점잖이 등장하여 굿거리곡파 타령조에 맞추어 멋들어지게 춤을 춘다。
(대사나 재담은 없다.)

포도비장의 춤이 끝나면 할멈춤이 끝난다。

제7장 미얄춤

미얄 영감, 미얄은 제 손 화불을 쓰고 바른 손에 방울을 들고 굿거리 장단에 맞추어 춤을 추면서 등장한다。

영감 『이 할멈 웬 할멈인가』

미얄 『이 할멈은 할멈일세, 평양 평안도 소리를 듣고서 휘시 굿이나 하는가 하고 찾아 놀고 갈라고 들어온 할멈일세』

영감 『그러면 놀고 갑세』

미얄 『자―놀든지 안 놀든지 내 생각이나 다 못 죄어 영감을 찾은 다음의 일일세。사실은 영감의 행방을 몰라서 찾으며 돌아 다니는 할멈일세』

영감 『할멈은 어디 있소』

미얄 『나의 고향은 전라도 제주 망망물일세』

영감 『영감님은 어찌하여 잃었소』

미얄 『내 고향에서 난리 난 적에 생명을 보전하며 도주하여 나왔더니 그후부터는 행방을 모르겠네』

영감 『그러면 영감님의 모색(貌色)은 어떠하오』

미얄 『우리 영감의 모색 말인가 그것은 말 모색이라네』

영감 『그러면은 말새끼 같은 것일세 그려』

미얄 『아니 소 모색일세』

영감 『그러면 소새끼 같은가』

미얄 『아니 말 모색도 아니고 소새끼 모색도 아닐세。우리 영감 모색을 정말로 말하면 찾을 수가 있을까?』

영감 『모색을 똑똑히 말하면 찾을 도리가 있을지 모르지요』

미얄 『우리 영감의 모색을 말하지요』 (춤을 추면서)

『우리 영감의 모색은 좀 추수합니다。난간 이마에 우먹 눈 개발코 수염은 모조리 빠졌고 키는 三척三촌 밖에 안되는 영감이요』

영감 『아 그러면 그 영감이면 저 산 넘어로 방 축이며 갔네』

미얄 『에 그놈, 고리 백장이 배뚱가지를 입에 물고 죽는다지만 이제 만을 조만나는가』

악 공 『령감님을 한번 부르시오』

미 얄 『령감ㅡ』

악공들 『흉하구 안 되겠소』

미 얄 『그러면 어떻게 부르란 말이요』

악 공 『전라도 제주 령감을 잃었나니 "진양조곡(주三六)"으로 불러봅세』

미 얄 허리춤을 추면서 진양의 곡조로 노래를 부른다.

『제인 제인 절시구 지화자 절시구 어데로 갔나 어데를 가 우리의 령감은 어데를 갔나. 기산영수별건곤(箕山潁水別乾坤)에 소부 허유(巢父 許由)를 따라 갔나, 채석강(采石江) 명월야에 리적선(李謫仙)을 따라 갔나, 적벽강 추야월에 소동파를 따라 갔나, 우리의 령감을 찾으려고 一에 명월산에 一방하고 二에 강경(江景)에 二방하고 三에 부소(扶蘇)에 三방하고 四에 평양에 四방하고 三국시대 류현덕이 제갈공명(諸葛孔明)을 찾으려고 三고초려(三顧草廬)(주三七)한 정성, 만고성군(萬古聖君) 주문왕(周文王)이 태공망(太公望)을 찾으려고 위수지양(渭水之陽)(주三八)에 간 정성, 초한(楚漢) 때 항적(項籍)이 범아부(范亞父)(주三九)를 찾으려고 기고산(祈高山)에 간 정성을 다 하였더니 三천리 강산 구석 구석 다 돌아도 우리 령감은 보이지 않네.

우리의 령감을 만나기만 하면 이 손으로 상커를 잡고 코도 대고 입도 맞추겠네. 춘향이 리도령과 희롱하듯이 업기도 하고 안기도 하겠네. 한번 춤추며 놀고프네. 우리의 령감은 어데를 갔나 내가 찾는줄 모르나』 노래 하면서 앉아운다. 그리고 장내 중앙에 서서 굿거리 장단에 맞추어 춤추고 있다. 이때에 마침 미얄의 령감이 등장한다.

미얄령감 헐은 흑색 상의에 미운 모양의 가면과 우스운 개털관을 쓰고 한팔에 녀자를 데리고 등장한다. 이 녀자는 룡산(龍山) 마포(麻浦) 도루마리집이라고 하는 녀자인데 안색이 좀 희고 젊은 탈을 쓰고 미얄령감의 뒤를 좇아 등장하여 장내 한 구석에 선다.

악공이 그 옆에 와 서서 서서이 걷는다.

악 공 『웬 령감이냐』

령 감 『나는 웬 령감이드니 두 풍악 소리를 듣고 굿인가 생각하고 잠깐 놀고 가려고 온 령감일세』

악 공 『그러면 놀고 가오』

령 감 『자ㅡ 놀고 안노는 것은 내 생각이구 허망한 할멈을 잃고 찾으러 다니는 길이니 우리 할멈을 찾고서야 할 일일세』

악공 『대체 령감의 고향은 어드메요』
령감 『내 고향은 전라도 제주 망망꿀일세』
악공 『어찌하여 할멈의 간 곳을 모르오』
령감 『고향에서 난리 나서 일로 절로 도망을 하다가 그로하여 할멈을 잃었네』
악공 『아— 그런가요, 할멈의 모색은?』
령감 『미워서 말도 아니납네』
악공 『아무리 그러해도 잘 말씀하여 보오』
령감 『잘 말씀하더라도 할 수 없네, 찾을 길이 없는데야』
악공 『세상사물 그리 락망할 것은 아니요』
령감 『우리 할멈의 모색을 잘 말하여 보라고? 검은 안색, 개발 코, 헌 비 같은 머리, 우먹 눈, 키는 三척三촌, 바른 손에 부채를 쥐고 왼 손에 방울을 가진 할멈일세』
악공 『아— 참, 그 할멈은 저 산 넘어로 굿 갔소』
령감 『에이 그 계집년 아직껏 귀신 미쳐서 다니네』
악공 『할멈을 한번 불러 봅세』
령감 『할멈』
악공 『그렇게 짜르게 부르면 안 되오』
령감 『할멈— 할멈— 할멈—』
악공 『그것은 너무 길으오』
령감 『그러면 어드렇게 부르면 되오』
악공 『전라도 제주에서 났다니 "세나위청"으로 불러 봅소』
령감 세나위청으로 부른다。
『젤젤젤 절시구 얼시구 절지구 지화자자 절시구 어데를 갔나。어데를 가。
우리집 할멈은 어데를 가。
기산령수 별건곤에 소부허유를 따라 갔니, 채석강 명월야에 리적선을 따라 갔니, 적벽강 추월야에 소동파를 따라 갔니。
우리 할멈을 찾으려고 一에 원산, 二에 강계, 三에 부소, 四에 법성 三천리 강산을 구석 구석 없이 방방곡곡 남기는 곳 없이 돌아도 우리 할멈 보이지 않네』 하면서 "굿거리" 장단에 맞추어 춤을 춘다。그곳에 미알이 가까이 온다。
미알 『젤젤젤, 절시구 지화자자 절시구 보고 싶구나 보구 싶어, 우리집 령감 보고 싶어, 七년 대한(大旱) 왕가물에 비 바라듯이 보고 싶어, 九년 홍수에 햇발 보듯이 보구 싶어。

우리집 영감 만나고 보면 [illegible] 보고 [illegible] 춤을 추고 마음껏 놀고 싶어. 우리집 영감 어디가고 내가 찾는 줄 모르니』

노래하면서 굿거리 장단에 맞추어 활발하게 춤을 춘다. 이때 영감이 미얄의 [illegible]으로 간다.

영 감 『얼씨구 절씨구 절씨구 지화자자 절씨구나. 보고 싶어 보고 싶어 우리집 할멈 보고 싶어. 七년 [illegible] 가뭄에 비 오듯이 보고 싶어. 九년 홍수 큰 장마에 햇빛 보듯이 보고 싶어』

노래하면서 "굿거리" 장단에 맞추어 춤을 추면서 미얄의 근처에 가서 춤춘다.

영 감 『하― 할멈―』

미 얄 『하― 영감. 얼씨구 절씨구, 절씨구 지화자자 절씨구나 저 누가 날 찾소. 나 찾을이 없건만 저 누가 나를 찾나.

술 잘 먹는 리태백이 술을 먹자고 나 찾나. 상산사호(商山四皓)가 [illegible] 바둑을 두자고 나 찾나. 수양산 백이숙제 고사리 캐자고 나 찾는가』

노래 부르면서 "굿거리" 장단에 맞추어 춤을 추면서 영감의 근처로 간다.

영 감 『얼씨구 절씨구 지화자자 절씨구 [illegible] 찾는 그 [illegible] 이 세상에 나 [illegible] 할멈 할멈 할멈 [illegible]』

하면서 노래하며 "굿거리" 장단에 맞추어 춤을 춘다.

미 얄 『하― 저 누구인가 하였더니 영감이 아니오. 어찌 [illegible] 우리 영감 [illegible]. [illegible] 우리 영감을 만났네』

하면서 춤을 춘다.

『반갑구나 반갑다. 우리 영감 반가워. 좋구나 좋다 지화자자 좋구나』하며 노래한다.

영 감 『하― 할멈 천우신조(天佑神助)함인가 우리들이 [illegible] 만났으니 서로 안고 가세. 좋게 춤을 추면서 놀아 보세. 반갑구나 반갑다 이 이상 무엇이 반가울 손가』

미 얄 서로 안고 "굿거리" 장단에 맞추어 극히 활발하게 춤을 춘다.

영 감 『얼어보세 얼어보세 우리할멈 얼어보세』

미 얄 『얼어보세 얼어보세 우리영감 얼어보세』

마주 놀았다가 미얄영감을 [illegible] 미얄이 [illegible]

미 얄 『여보 영감, 여보 [illegible], [illegible] 八○[illegible] 하였으니 [illegible] 있나』

(노래) 『좋다 좋아 [illegible] 좋구나』

하면서 춤을 춘다. 미얄영감 [illegible]

령 감 『알날날날 알날날날 어허 그곳 험하기도 하다』

겨우 일어나 앉아서

『높은 산 깊은 골에 웬 술이 그리 울창하고 웬 어스력바위가 그리 많은지 출렁거리는 호수 구석 구석에 동구섬 피섬이 있기로 동구섬에 올라가서 어떤 사람을 보고 여게서 아무데를 갈랴면 얼마나 머오 한즉 그 사람 대답이 욕로로는 三천리 수로로는 三천리라 하기에 에라 배를 타라 하고 배 타고 나오다가 폭풍을 만나 획-하는 바람에 여게 와 닿았으니 메는 수가 있어야지 어찌하면 일어설 수가 있을까?

옹 알았다。 내가 젊어 소시에 점치는 법을 배웠으니 점이나 한때 쳐볼 수 밖에 없다』

회중에서 산통을 내 가지고 눈을 꿈벅꿈벅거리며

『천하언재 (天下焉在)시며 지하언재시리요마는 제신(諸神)이 감동하시사 순통하소서、무지한 백성이 배를 타고 항행중 폭풍을 만나 이 곳에 대였사오니 복걸 (伏乞) 하옵건대 곽박 리순풍 제갈공명 정명도 정이천 소강절 제선생(李淳風 諸葛孔明 程明道 程伊川 昭康節 諸先生)(주四〇)의 신명은 一시 하강하사 상효로 점지하소사』

『이 괘상(卦象) 이상하다。독성(犢聲)의 패효(주四一)이니 송아지 소리를 내고 일어설 패로군』 엄매하고 일어선다。

『야-이년 나를 장남이라고 모욕하였지 이년 충둥 부려질라 엑』미얄을 친다。

미 얄 『아- 령감 내가 좀 잘 못되였다고 이렇게 무지막지하게 때립나。 자 죽여라 죽여』

앙앙 울면서 령감에게 대든다。

령 감 끝이 나서 『야- 이년이 도리여 나를 치네』

미 얄 간사한 목소리로『아- 령감 우리들은 언제나 이리 싸움만 하니까 이 동리 사람이 우리들을 내여 쫓겠다고 한다오』

령 감 『우리들을 내쫓겠다고!

나가라고 하며는 나가지 욕거선(欲去船)에 순풍(順風)이지 막비왕토요 막비왕신(莫非王土 莫非王臣)(주四二)이니 어데를 가서 살든지 좋지 않나。내 쫓기기 전에 나가세。가세가 너와 나와 이 동네를 나가면 이 동네는 대변이 생길 것일세。이 동네 입구 서쪽 편에 자네가 서고 동쪽에 내가 서서 있으면 잡귀가 침범치 못하는 것을 모르고 있는 것일세』

미 얄 『그것은 어쨌던 령감 나와 작별하여 그후 어데 어데서 돌면서 그리고 어찌

지었소』

영 감 『아— 그 산중에 할멈과 작별한 후 나는 곳곳이 돌아 다니며 정말 고생을 하였네』

미 얄 『영감 머리에 쓰고 있는 것은 무엇이오』

영 감 『나 쓰고 있는 것은 유래를 말해볼까。
팔도강산(八道江山) 돌아도 적당한 일할 곳이 없기에 정을 착착 모아 이것을 등에 지고 돌아 다니고 있다가 어느날 산대도감(山台都監)(주四三)을 만나니 그가 나를 보고 인왕산(仁旺山) 모르는 호랑이가 어데 있으며 산대도감 모르는 석수가 어데 있느냐。 너도 채금을 물라고 하기에 채금은 얼마냐고 물어보니 하루에 한돈팔푼(一錢八分)이라고。 거기서 나는 아— 이 채금 절로 하세구나, 하루에 팔푼(八分) 밖에 못 버는데 채금은 한돈팔푼이라니 한돈을 보태여 물지 않으면 안되는가 하고 납채를 거절하니까 산대도감이 나에게 싸움을 부치며 의복과 관을 찢어 버려서 정통속에 있던 개갈양을 가지고 쓰는 관을 만들었더니 이런 관이 되였지 흉악한 동지(同知—벼슬이름) 이올일세』

미 얄 『동지 동지 없은 동지 만신은 꽈재은 어듯소』하야 운다。
『웬 원시구
이 영감의 진상을 보자니 우미동 양풍 사람이 뻔뻔뻑 광난 파모풍발(破帽風髮)과 인모망건(人毛網巾) 오데두고 저 가죽 관이 웬 일인가 그러나 영감의 의복은 무엇이오』

영 감 『의복의 유래를 들어 보게。 산대도감한테 쫓겨나서 평안도 영변 묘향산에 가서 절에 부속하고 있을 때 마침 한명의 고흔 녀승이 있었는데 이것을 정말 하였데。그 때 중들한테 박지불사(搏之不似)하게 (주四四) 맞고 잡자기 뛰여 도망할 적에 급하는 대로 입고 온 것이 이것일세。이것이 곧 중의 장삼일세』

미 얄 앙앙 운다。『웬가 늙아 일광난 날이 늙아 셀팡난、요놈에는 하루 저음에는 동부 천천이 산과 같이 맨들오 돈 그 의복 다 오데다 두고 중의 장삼이 웬 일인가。
그러나 영감 우리들이 작별할 적에 백지같이 살이 쪘었는데 오쩍하여 그리 여윘소』

영 감 『내가 여윈 것은 지금같이 비참한 고생을 하기 때문에 이리 되였는데 장남 문열이 놈은 그 후 오찌 되였나。』

미 얄 『아 그 문열이 말이오 문열이는』하고 탄식한다。

영 감 『할멈, 오째 그리 장탄식을 하나, 오째 되였는지 속히 말이나 하게』

미 얄 『아 령감 문열이란 놈은 혼자 살기 어려워서 산에 나무를 보냈더니 나무치게 펜처놓고 오푼치기 하다가 발길로 작심을 퇴겨서 칵 지게 넘어지는 바람에 깐며서 죽었습네』

령 감 『그놈 장하다。 외도하다 죽었네그려。 둘째 빵빵이란 놈은 어찌 됐나』

미 얄 『그놈은 령감 온다니까 마조 뛰여나오다가 소 발자욱 물에 빠져 죽었습네』

령 감 『아 그논 복 좋다。 배가 싫건 불러서 죽었구나。 세째놈은 어찌 됐나』

미 얄 『그놈은 마당에서 자다가 돌돌애미 (산놈팝 즉 호랑이) 한테 물며 갔습네』

령 감 『아 그놈 든든한놈 죽었다。 그 다음 네째 찔레뚜기는?』

미 얄 『찔레뚜기 만도 맙소。 앞집의 엄총각놈이 우리 숫돌 좋다고 만날 낫 갈려오더니 그년 달고 도망갔답네』

령 감 『아이고 죽겠다。 이전 정 분하구나。 그년이 열 댓살만 낫면 한 밀천 든든히 잡고 보낼랴고 했더니 그놈한테 떼웠구나。 아이고 분해라。 아들 죽고 딸 떼우고 보잘 것 없네、 너하고 살기는 다 틀렸다』

미얄이 소무를 보면서

미 얄 『령감 저것은 무엡나』

령 감 『룡산 삼개 도무마리집일다』

미 얄 『그러면 자군 마누라구만』

미얄 소무를 쏘아보며

미 얄 『너 이년아 이 천지에 시나이가 없어서 남의 시나이를 뺏느냐』

령감 소무를 향하여

령 감 『여보게 이리 오게 포악한 년한테 코 부러지리』

할멈을 향하여

령 감 『이년아 일이 이렇게 된판에 기여두어선 무엇하니! 네 흉이나 좀 봐야 겠다。 하루는 앞집 털풍네 메누리가 챗나드리 왔다고 찻떡 세개 가져온 것을 받어들고 한발을 문안에 들여놓고 「털풍네 메누리 나드리떡 먹겠습나 안먹겠습나 안먹겠슴 고만 두오」 하고는 혼자 먹어내니 내야 언제 대답할 짬 있었나。 또 오좀이 매려우면 남이 알까 모를까 가만이 추선이 탈신격 (秋蟬脫身格) 으로 일어나서 갑술 올해하고 누는 것이 아니라 저년은 아이고 오좀매려 하고 두 발길로 이불을 걷어차고 배때기를 벅저벅저 긁으면서 일어나다가 문중방에 코가 터져 이불에다 피칠을 하면서 두 다리를 쩍 벌리고 좌르르하고 싸대니 앞집의 털풍이가 동이 터졌다고 가태 얻으러 오지 안했잖나! 내가 본시 수단이 있는지라 동이 터진게 아니라 겨울이면 온하수가 터진다고 했지。

[illegible]

모주리 부시고 말자』

부시려고 하니

미 얄 『령감, 세간은 다 부셔도 사당일랑 그만 두소。사당까지 부시면 사당동티가 난답네』

령 감 『사당은 해서 무엇하나』

미 얄 『정월달만 오면 만두 차례 드리지』

령 감 『사당 없으면 나막신짝 놓고 하지 내 생각 안지! 깡깡 부셔라。망고리 나간다。재앙이 나간다。[illegible] 잡아라 사당두 잡아라』

사당을 부시다가 령감이 늙어 넘어진다。

미 얄 『이놈의 령감 내말 안 듣다가 잘 되었네。사당동티가 났구만。나는 그리 미워하더니 잘 되고 잘 되였네。그러나 저러나 죽은 령감 불상하지 아이나 새보세。신농씨 상백초(神農氏 嘗百草)는 병든 사람 고치고 죽은 사람 살리라고 했거든 우리 령감두 살려보세。원기부족에 六미 八미 十전대보탕이요、비위허약에는 삼부탕、황달고창에는 수박원、술 취한데는 석갈탕、담전에는 뇌이음、회충에는 진피탕、산후복통에는 우주산、대변불통에는 大진탕、망정에는 五령산、설사에는 위령산、두통에는 二진탕、구토에는 복령반하탕、감기에는 패독산 관격에는 소체환、구감에는 감길탕、단독에는 우각소음、방사후에는 쌍화탕、학질에는 청수산、이런 령약이 세상에는 많건마는 나 미워하다 죽은 것 잘되고 잘되였네、등어주고 가고 싶은 령감 배나 쓸어 나하고 살아보세』

울었던 령감 와닥닥 일어나면서

령 감 『이년아、오쳐구 오쳐、내 죽음이 참 죽음이냐! 네년의 근본을 보자고 했지만 보고 약한 년 너 이년 나한테 죽어봐라』

할멈을 무수히 치니 할멈 "오오" 울면서 죽는다。

령 감 『죽었구나、죽었구나 우리 할멈 죽었구나、죽을줄 알았더면 때리지나 말걸! 품으로 때린 것이 죽는단이 웬말인가、오오오 (운다)。

령감이 한참 울때 남강로인(南江老人)이 나온다。아주 점잖게 춤을 춘다。

남강로인 『이애야、우지마라、저게 저 시체는 무슨 시체냐』

령 감 『제 할멈이 올시다』

남 강 『그러면 네 떼두려구나、어째서 죽었는고』

령 감 『세간 난봉을 하다가 그만 기절했지요』

남 강 『불상하고 가련하다。그러나 할 수 없지、죽은 저만 억울하지 할멈 한을 무엇하며 오직 넋이나 풀어 주자』

[illegible]

(주一) [illegible] 부처의 이름

(주二) 一부 二부의 춤 추는 자의 순서

(주三) 중이 고행을 하는 건 정신을 고행하며 무아(無我) 무념(無念)이 되어야 하는 것인데 그렇지 못하여 고행에 마음이 없는 것

(주四) 선조를 봉사하고 부모를 정대함은 봉건 양반가의 행세이고, 인력으로 할 수 있는 일을 다 한 후에 길흉과 화복은 하늘의 명령을 기다려야 한다 함은 봉건 사회의 숙명론이었다.

(주五) 머리는 세어 늙었지만 마음만은 늙지 않았다는 말

(주六) 초회왕(楚懷王)의 신하인 三려대부(三閭大夫) 굴원(屈原)이 간신의 참소를 입어 추방을 당하게 되어 五월 五일에 돌을 안고 멱라수(汨羅水)에 빠져죽은 고사가 있다.

(주七) 오왕(吳王) 부차(夫差)가 거짓 항복한 월나라 임금 구천(句踐)의 간사한 지혜에 미혹하여 그를 신임함을 보고 구천을 제거하지 않고는 오국이 장차 구천에게 망할 것이라고 부차의 신하 오자서(伍子胥)가 간하였다. 그러나 부차가 듣지 않으매 자서가 울분하여 三강에 빠져 죽었는데 그 뒤에 과연 오나라는 구천에게 멸망되어 버린 고사(故事)가 있다.

(주八) 은말(殷末) 고죽군(孤竹君)의 두 아들인데 주무왕(周武王)이 은(殷)나라의 봉후(封侯)로서 그의 상전을 정벌하여 자신이 천자가 되매 무왕의 행위를 반역적이라 하여 주나라 곡식은 안먹겠다고 수양산에 들어가서 숨어있으면서 고사리만 캐먹다가 굶어 죽었다는 것이다.

(주九) 전국시의 유명한 세객(說客)이니 소진(蘇秦)은 합종(合從)을 주장하고 장의(張儀)는 연횡(連衡)을 주장하였다. 합종이란 약소국가들이 서로 [illegible]

(山東六國 [illegible])이 방위동맹을 맺어 강한 진나라(秦)에 대항하자는 주장이고, 連衡이란 六국이 강한 진나라에 복종하고 대항하지 않음으로써 각각 자기 나라의 안전을 보장받아야 한다는 주장이다。

(주一〇) 중국의 유명한 경승지이니 폭포가 있고 역사적으로 이름 높은 곳이다。

(주一一) 월왕 구천의 신하이니 구천이 회계산(會稽山)에서 전패하여 오왕 부차에게 항복한 치욕의 처경에 구천을 잘 도와 마침내 오국을 멸케 제패함에 큰 공을 세웠다。그러나 구천의 위인이 신고는 같이 참을 수 있을지언정 부귀는 함께 누릴 수 없음을 알아차리고 벼슬을 버리고 五호에 편주(片舟)를 띄워 도피하여 도주공(陶朱公—范蠡)이된 고사

(주一二) 당나라의 유명한 시인 백거이(白居易)

(주一三) 송나라 소식(蘇軾)의 호이다。그가 달 밝은 가을밤 적벽강에 선유한 고사가 있으니 그의 명작 전·후적벽부(前·後赤壁賦)가 전하여져 있다。

(주一四) 三국때 조조(曹操)의 자가 맹덕이다。이 문구는 소동파(蘇東坡)의 전적벽부 중에 있으니 그 뜻은 일찌기 조조가 강동 손권(孫權)을 치려하여 이 적벽강에 백만 대군을 둔(屯)치고 시를 읊은 옛일을 상기하면서 "그렇듯 一세의 영웅이던 조조가 지금은 어디 갔느냐 종적 없어졌다"하는 감회를 말한 것이다。

(주一五) 장계(張繼)의 시(詩) 월락오제상만천 강풍어화대수면 고소성외한산사 야반종성도객선(月落烏啼霜滿天 江楓漁火對愁眠 姑蘇城外寒山寺 夜半鐘聲到客船)에서 온 말이다。

(주一六) 당요(唐堯)때 기산 아래 영수 가에 숨었다는 두 은자(隱者—賢人)

(주一七) 당나라 이태백(李太白)의 자이다。그가 달밤에 채석강에서 뱃놀이를 하다가 강에 비친 달을 건지려 뛰어 들었다가 고래를 타고 하늘로 올라갔다는 전설이 있다。

(주一八) 선경이라는 뜻。

(주一九) 황산곡은 인명을 지명 비슷이 변용한 것이니 예를 들면 "이백촌"(李白村)과 같은 따위다。

(주二〇) 여산폭포를 읊은 유명한 이태백의 시。

(주二一) 상산에서 바둑을 두었다는 옛선인의 네 사람。

(주二二) 한나라 때 소무(蘇武)가 흉노에게 포로된지 一九년만에 돌아온 고사。

(주二三) 여염(閭閻)이 같은 말이니 마을이란 뜻。

(주二四) "버들버들 우줄우줄 흥흥"이란 뜻이니 죽어가는 형상을 묘사한 말。

(주二五) "꿈속"이라는 뜻。

(주二六) 옛날 이름 난 칼의 이름。
(주二七) 의지가지 없는 외로운 몸。
(주二八) 서유기에 나오는 가상국의 이름。
(주二九) 생매(生埋)의 뜻。
(주三〇) 서유기에 나오는 설화。
(주三一) 귀로 듣고 눈으로 보고 마음에 하고 싶은 것을 다 한다는 뜻이니 향락의 극치를 말한다。
(주三二) 행망이 없이와 같은 뜻이니 주책없이 또는 빈충맞게의 뜻이다。
(주三三) 풍악에 쓰이는 여섯가지 악기。
(주三四) 하처(下處)에서 온 말이니 늦어른의 숙소를 존대한 말이다。 하처방(下處房)
(주三五) 서당 개도 三년 있으면 시를 지울줄 안다는 말이다。
(주三六) "세나위청" 이라고도 하는데 제주도의 한 가요곡이다。
(주三七) 한나라 류현덕이 제갈공명(諸葛孔明)을 맞이하기 위하여 공명이 거주한 남양륭중 초려(南陽隆中 草廬)로 세번 방문한 고사가 있다。
(주三八) 주(周)나라 문왕 창(文王 昌)이 위수(渭水)가에서 낚시질하는 강태공 려상(姜太公 呂尙)을 맞이하여 국상을 삼은 고사가 있다。
(주三九) 초한 때 항우(項羽)의 이름이 항적(項籍)이고 그의 군사 범중(軍師 范仲)이 곧 범아부(范亞父)이다。
(주四〇) 고대로 점을 잘 쳤다는 이름이다。
(주四一) 점을 치면 제 몇째 패 몇째 효가 나옴으로써 길흉이 판단되는데 독성패란 송아지 소리의 패란 말이다。
(주四二) 간곳마다 내 고향이란 뜻。
(주四三) 오늘의 산림보호원。
(주四四) 끝 사납게, 모양 창피하게。

봉산탈춤극본연구

2006년 4월 28일 인쇄
2006년 4월 30일 발행

지 은 이　최창주
펴 낸 이　이승한
펴 낸 곳　도서출판 엠-애드

주　　소　서울 중구 필동3가 10-1
전　　화　2278-8063~4
팩　　스　2275-8064
등　　록　1998년 4월 29일 제2-2254
E-mail　madd1@hanmail.net

ISBN　89-88277-46-5　93680

정가 15,000원